● "悦"教育特色发展目标

● 创意剪影画

● "悦"空间文化　体现"六悦"教育　引领园本课程

● 园所文化理念墙

● 花盆小朋友
　创意小花架

● 丛林树屋

● 花团簇拥小坛流水

● 户外荷花缸
　长颈鹿花坛

● 家园共育理念墙

● 室内桃林小餐吧

● 筷子纸板民谣乐器

● 轮胎童话世界

● 楼道转角遇春色

● 快乐沙水游戏池

● 山坡滑索探险挑战区

● 门厅纱窗小花园

● 创意走廊—奶罐的梦想

● 纸浆里的童话

启智启行　慧美童真

"悦"教育理念下园所文化建设的思与行

陈会英◎著

南开大学出版社

天津

图书在版编目(CIP)数据

启智启行 慧美童真 :"悦"教育理念下园所文化
建设的思与行 / 陈会英著. —天津：南开大学出版社，
2023.9
  ISBN 978-7-310-06464-9

  Ⅰ.①启… Ⅱ.①陈… Ⅲ.①幼儿园－校园文化－建
设 Ⅳ.①G617

中国国家版本馆 CIP 数据核字(2023)第 172299 号

启智启行 慧美童真：
"悦"教育理念下园所文化建设的思与行
QIZHI QIXING HUIMEI TONGZHEN:"YUE" JIAOYU
LINIAN XIA YUANSUO WENHUA JIANSHE DE SI YU XING

南开大学出版社出版发行
出版人：刘文华
地址：天津市南开区卫津路 94 号　　邮政编码：300071
营销部电话：(022)23508339　营销部传真：(022)23508542
https://nkup.nankai.edu.cn

天津创先河普业印刷有限公司印刷　全国各地新华书店经销
2023 年 9 月第 1 版　　2023 年 9 月第 1 次印刷
240×170 毫米　16 开本　14.5 印张　4 插页　237 千字
定价：65.00 元

如遇图书印装质量问题,请与本社营销部联系调换,电话:(022)23508339

前　言

让每一位幼儿绽放光彩

　　每一朵小花都是一个美丽的生命，它会在你不经意间绽放，花香四溢，春色满园。这样的意境正如我们的幼儿教育工作，散发那种"润物无声"般"爱的气息"，品味"春风化雨"般"爱的基地"。

　　学前期是人的认知发展最为迅速、最重要的时期，在人的一生认识能力的发展中具有非常重要的奠基作用。已有研究证明，早期教育对儿童的认知发展具有重要影响。单调、贫乏的环境和适宜的学前教育的缺乏，会造成儿童认知方面的落后，适宜的学前教育可以帮助儿童形成正确的学习态度，良好的学习习惯和强烈的学习动机，从而对个体的认知发展和终身学习产生重大影响。

　　而教师，就是在这一过程中发挥着至关重要的作用的存在。我深知，热爱孩子是教师生活中最重要的东西，教育孩子发展是教师智慧最闪亮的光芒。在我的执教生涯中，我结合习近平总书记对于幼儿教育的要求，与全园老师一起，提出了"启智启行，慧美童真"的办园宗旨。以孩子的习惯、礼貌用语、健康安全为主要内容，寓教于乐，拓展教育新载体，丰富课程内容，助力幼儿成长。在我执教的天津市静海区第六幼儿园中，我和老师们一起开展主题活动：爸爸本领大、情暖重阳——爷爷奶奶我爱你、防疫安全总动员等，带给孩子更多不一样的课程体验，让他们成长的过程赋予更多生命的意义；在班级环境创设和教育中融入我园的办园理念"爱育心，美润情，悦启慧"元素。我以爱润泽生命，尊重生命个体色彩，让每个生命都精彩。"润"这样一种细致的、持续的、温和的、适宜的管理与教育方式，是一种理解与期待，是心灵的呵护和关爱。我以最真实的爱，润泽人心，润养童心。因此，我的关爱不仅得到了幼儿的喜爱还得到了家长的认可和赞许。

　　"敬畏童心，呵护成长"是我们的园训，也是我一直遵循的警言。工作中,我做到"蹲下来说话、抱起来交流、牵着手教育",带着孩子们散步时聊上几句,给小草浇水,和它们说说悄悄话。教学无须刻意,环境相关;知识并非灌输,玩乐亦可。就这样,我怀揣一股激情、一丝冷静、一颗精雕细琢反复研究学习的专业发展之心,带动着我的孩子们在六幼这个美丽的大家庭中健康成长。

有人说,生命的多少用时间计算,生命的价值用贡献计算。在六幼发展中,这句话的含义诠释得淋漓尽致。在家庭中,我们是母亲、是女儿、是儿媳、是妻子,是受到家庭爱护的"公主"。但在工作中,我们巾帼不让须眉,我们是一名老师,深知这里的每一个孩子都是每一个家庭的整个世界,我们有责任有义务,为幼儿创设终身受益的教育环境,用爱与专业守护孩子一生唯一的童年,让孩子绽放生命的光芒,为了这句承诺,我自执教以来,见证了很多教师的敬业与奉献。每当夜幕降临,六幼变成了一道亮丽的风景,灯光璀璨,虽然很累,但每个人脸上都是幸福的笑容。在这里,我曾发着烧指挥一线,每天奔波在"有活"的路上;在这里,我见证了有的老师怀着身孕依旧东奔西跑,几次面临早产危险仍保质保量完成工作;有的老师作为儿媳,每天拖着疲惫的身子奔波忙碌在岗位与父亲的病榻之间,没有歇过一天班;有的老师作为母亲,把孩子送到乡下奶奶家,因为想念孩子而多次偷偷地抹眼泪,但在工作面前她立刻又精神抖擞;有的老师手挫伤,仍一声不吭地坚持着,关键时刻绝不掉队;有的老师年龄虽然最大,但仍然奔波来往,做大家最好的榜样……在这里,你看不到身份的高低,有的只是相互理解、相互鼓励、相互帮助。在六幼这样的事迹很多很多,但每个人都有为园所奉献的精神,都有一种功成不必有我、建功必须有我的信念。不娇气,长志气,提振士气,这就是我们六幼——一个充满生机活力、有着积极正能量的团队。

艰难方显勇毅,磨砺始得玉成,我们一起度过了星光点点,一起创设"一室一景,一景一品,一品一育"的环境特色,践行"悦"教育的理念,我们的努力换来了家长的认可与赞许,我们的努力得到了同行和领导的赞许,我们的付出获得示范园达标的圆满成功。

孩子就像是一颗未发芽的种子,只有通过养分的滋养才能发育成茁壮的胚芽,而这些养分就来自这座温暖的摇篮。我们的幼儿园就像是一首平凡、真实、激情的诗,六幼的每位幼儿教师都是诗里一个幸福的信号,让我们不负每一次遇见，期待相约美好。

莫道春来早，攻坚正当时。在未来的幼教之路上，我一定会在上级党委的正确领导下，贯彻新教育理念，创新"悦"教育实践，奉献自己全部的爱心，推动幼儿学前教育在新时代的征程中，有所发展，有所提升。

本书的写作亦源于此。作为深耕幼教事业的一名教师，我将人生最美好的年华都献给了学前教育事业，在我的事业生涯中，遇到过很多问题，也有很多的经验和收获。因而本书旨在通过对于笔者日常工作经验的总结，为新时代的学前教育工作提供合理的借鉴。本书共分上下两篇。上篇关注幼儿园教育建设环节中的外部教育，从园所文化、教师队伍、课程体系、思政教育、家园共育五个方面，阐述如何为幼儿塑造更好的教育环境。下篇则从健康、艺术、科学、社会、语言五大方面入手，着力阐释"如何教好孩子"，全方位提高孩子的各方面能力。

作为一名有着多年任教经验的幼儿园教师，我通过不断对自己过往经验的总结、过往生活的回顾，写下了自己一点一滴的感悟。本书既有对过去工作的总结，也有对未来生活的期许，希望本书能够给即将踏入，或者正在进行幼教生涯的老师们一些借鉴，如有错误，欢迎批评指正。

幼教事业是一座大花园，教师的奉献就是其中最美的花，幼儿园的每一次经历都是我人生中最美的守望，在这片充满宁静，充满鲜花的幼教之路上，我愿一直坚守，直到永远……

目　录

绪　论

共绘慧美童年，共画童真人生

著名教育家陶行知曾经说过："幼职教育实为人生之基础，凡人生所需之、重要的习惯、趋向、态度多半可以在 5 岁前培养成功。"学前教育是每一个儿童接受集体教育的开启，是每一个人终身学习的开端。诸多研究和事实均反映，6 岁前是人的行为习惯、情感等基本形成的时期，是儿童养成良好社会性行为和人格品质的重要时期。并且，这一时期儿童的发展状况具有持续性影响，其影响并决定着儿童日后社会性，人格的发展方向、性质和水平。适宜的学前社会性教育有助于儿童在学前期形成良好的社会性人格品质，帮助他们积极地适应环境，顺利地适应社会生活，从而有助于他们的健康成长、成才。

进入新时代，人民群众对优质教育的需求不断提升。实现幼有所育，成了满足人民群众日益增长的优质教育需求的重要举措。学前教育作为我国学制的第一阶段，是基础教育的有机组成部分，对我国教育事业的整体发展，尤其是基础教育的发展有着重要的作用和影响。

《幼儿园教育指导纲要》总则中明确指出："幼儿教育是基础教育的重要组成部分，是我国学校教育和终身教育的奠基阶段。城乡各类幼儿园都应从实际出发，因地制宜地实施素质教育，为幼儿一生的发展打好基础。"

一、幼儿时期是人格健全的关键期

幼儿教育对幼儿的个性品质形成具有重要的作用。在幼儿时期，孩子的个性品质开始萌芽并逐渐形成。这时的孩子具有很强的可塑性，这个时候，他们的自我评价尚未建立，往往以他人的评价来评价自己。他人说好，就是"好"；他人说"坏"，就是"坏"。如果我们在这段时期对孩子施以正确的教育，并加以引导，将对其一生都有着重要影响。

二、幼儿时期是智力开发的最佳期

现代科学证明，决定一个人聪明才智的是脑神经元与神经突触的数量，神经元数量由先天决定，不可改变，但神经突触的数量在0—6岁间还有一个发育过程。幼儿教育阶段，就是要通过科学的活动，刺激神经突触发育与增长，打好生理基础。

人的潜能是多元而又巨大的，绝大多数人的潜能因为没有得到很好的开发和利用，从而错失了最佳期。我们都已知道，一个人潜能开发的关键时期在幼儿阶段。有些家长把幼教的价值放在对某一两项技能的追求方面，如此，必然会影响幼儿多元潜能的开发。幼教的责任，是要创造条件，让孩子的潜能焕发出光芒，为孩子们的全面发展打下良好的基础。

三、幼儿时期是习惯形成的重要期

有句谚语说："行动养成习惯，习惯形成性格，性格决定命运。"这句话深刻地揭示了良好行为习惯对于人一生具有重大的影响。一个人良好的行为习惯，是他独立于社会的基础。

幼儿阶段是培养幼儿形成良好习惯的一个极为重要的时期，对他们这一时期各种习惯的培养，将会是他们成功走向社会的一块坚实的基石。习惯是在长期而又漫长的生活过程中逐渐形成的，习惯一旦形成，就会在一定的情景下自然而然"自动化"地表现出来。也只有形成良好的行为习惯，才能为孩子奠定一生的幸福。

有很多孩子在进入小学之后会遇到种种问题，如不适应导致厌学、上课好动、不认真听讲、写作业丢三落四等等，实际上产生这些问题的很大一部分原因就是孩子的学前教育工作没有做好。

很多家长会单纯认为学前教育就是为小学打好知识基础，甚至为了托管孩子才将他们送去幼儿园，有些家长认为学前教育没有必要，小孩子适应能力强，过段时间就好了……这些都是家长的一些认知误区。学前教育不仅仅是简单的幼儿园知识学习，关键是培养孩子的专注力、学习能力、思维能力等各方面综合能力，养成受益一生的优秀习惯。

学前教育作为我国教育体系的重要组成部分，是整个教育活动的开端环节，承担着其他教育形式所不可比拟的关键作用。学前教育不仅关系到幼儿早期教育的全面展开，而且关系到家庭的和谐幸福，联系着社会的进步发展。因此广大学前教育工作者必须深刻领会到学前教育的重大意义，在终身教育观的指导下积极提高教育教学水平，在理论和实践上推动学前教育的发展，全身心地为培养身心健康发展的儿童奋斗。

幼儿是祖国的花朵，是我们未来的希望，幼儿教育为幼儿的一生奠定了坚实的基础，幼儿教育阶段在幼儿的成长历程中占据着举足轻重的作用。常言道，"十年树木，百年树人"，教育事业不仅是一项长期的任务，而且是极为重要的工作，幼儿教育是基础教育的重要组成部分。只有充分认识到幼教工作的重要性，才能把幼教事业做好，才能对幼儿的身心发展有所助益，才能更加有助于他们以后的健康成长。

第一篇

启智启行　幼有所教

"人生百年，立于幼学。"学前教育是国民教育体系的重要组成部分，是为终身学习和全面发展奠定基础的重要阶段。学前教育事业是重要的社会公益事业，办好学前教育，关系广大儿童的健康成长，关系千家万户的切身利益，关系国家和民族的未来。

俗话说，"3岁看大，7岁看老"，学前教育是幼儿学习的初始阶段，也是发展、形成智力最快的阶段，正确的学前教育方式对幼儿的智力发展有着极大的推动作用。有研究表明，2—3岁是个体口头语言发展的关键期；4—5岁是儿童对图像的视觉辨认、形状知觉形成的最佳时期；5—6岁是儿童掌握词汇能力发展最快的时期。而如果错过了这一时期，之后再来弥补则是比较困难的，因而学前教育至关重要。学前教育看似简单，它不像在小学中学等阶段有着明确的学习目标。但实际上，学前期的学习是孩子们日后学习的基础，这也是为什么有的小孩上了小学之后能够很快适应小学阶段的学习并且拿到较好的成绩，但有些孩子却迟迟难以适应的原因。幼儿时期是人生智力发展最为重要的阶段，也是教育的基础。正确的学前教育对幼儿智力、认知力、行为品质等各方面能力发育的重要性是举足轻重的。每个孩子都需要更科学、合理、优质的学前教育以充分发挥自身的智力和潜能，从而让孩子们都能人尽其才，成长为有益于社会和国家的人才。

本篇将从塑造良好的幼儿教育环境入手，从园所文化建设、教师队伍建设、课程体系建设、思政教育、家园共育五个方面具体阐述我在幼儿教育中的心得体会，希望能为大家从园所管理的角度，提供推动幼儿教育改革发展的借鉴经验。

第一章

造芝兰之室以化之——幼儿园园所文化建设

幼儿园文化建设的核心是园所文化。园所文化是在长期实践、琢磨中不断筛选、提炼、凝结起来的一种具有独特凝聚力的道德规范、行为方式、管理理念和文化氛围。它不是一朝一夕所能形成的，需要有一个不断推进、发展、保持的过程。幼儿园要想创建特色，树立个性，将教职员工凝聚在一起，增强幼儿园的核心竞争力，就必须打造"园所文化品牌"。

优秀园所文化的形成是一所幼儿园办园理念成熟的重要标志。教育需要健康而纯洁的文化，这种园所文化应是向上的、启智的和审美的。随着新课程改革逐步完善，幼儿园管理正在从经验管理、制度管理向文化管理转变，越来越多的有识之士逐渐意识到文化对教育、发展的重要意义。文化不仅是一种精神纽带，更是一种发展战略。

幼儿园园所文化是一种观念的形态，它由表层面物质形态、中层面制度形态、深层面精神形态构成，主要体现在幼儿园活动的指导思想、目标追求、道德准则与行为规范等内容上。幼儿园文化不仅是一种环境，更是一种氛围，是一种需要长期培育、苦心经营的教育氛围。幼儿园文化所营造的育人氛围无时无刻不在发挥着作用，它具有隐蔽性和延续性的特点，在潜移默化中发挥着育人的功能。幼儿园文化是构成幼儿园生存的基础，是幼儿园发展的动力和成功的关键，是幼儿园的灵魂。

园所文化又是一种价值观，它将学校的教育思想、教育理念体现在管理制度之中、体现在教育实践之中，体现在教职员工的行为之中，以引领教师共同成长，营造出一种积极向上、蓬勃发展的学习氛围，激发教师工作积极性、凝聚力和向心力，以文化促发展，推动幼儿园不断前进。

园所文化的构建是以园长、教师、家长等作为载体，对文化进行传承、积累和创新，其分为可见的物质形态和不可见的观念形态。当前，不少幼儿园园容漂亮，设施先进，但总缺少一种神韵和底气，就是因为它没有蕴涵自己园所文化精神。园长作为幼儿园管理的核心和灵魂，应对园所文化做出明确、自主、卓有远见的选择和追求，有意识地弘扬和倡导人文教育的理念，努力构建幼儿园文化的育人平台，使幼儿园逐步形成一种春风化雨、润物无声、潜移默化的园所精神和文化氛围，促进幼儿、教师、家长、幼儿园四位体共同发展。

文化建设是园所内涵发展的根与魂。本章将从打造园所文化的政策要求出发，阐述作为城区新建园的静海六幼，是如何在物质文化、制度文化、精神文化等方面，把园所文化建设贯穿始终，把"悦"教育理念融入文化建设全过程，不断提升文化建设软实力，努力打造现代化一流园所。

第一节　政策为本：新理念下高质量幼儿教育

在习近平总书记的领导下，中国特色社会主义事业取得了巨大成就，同时我国也迎来了社会主义事业建设的全新局面。只有依靠教育培养人才，才能为实现"两个一百年"奋斗目标和中华民族伟大复兴的中国梦筑基。习近平总书记关心幼儿教育事业，在汲取我国传统幼儿教育思想精粹的基础上，发展了马克思主义关于幼儿教育的思想内核，在新时代中国特色社会主义教育实践中形成了一系列有关幼儿教育的重要论述。

学前教育是终身学习的开端，是国民教育体系的重要组成部分，是重要的社会公益事业。习近平总书记高度重视学前教育事业，多次做出重要指示要求办好学前教育。党的十九大报告强调要"办好学前教育"，把实现"幼有所育"作为"七有"民生问题之首。今年两会期间，包括学前教育在内的教育类建议提案依旧是社会各界关注和热议的重点。

一、寻本溯源：新理念下幼儿教育观的思想源泉

（一）人的全面发展思想的继承创新

马克思主义关于人的全面发展学说是我国教育目的确立的依据，要求我们树立"以人为本"的发展理念，促进人的体力、智力、能力、道德品质、精神品质以及情感态度等方面的全面发展。列宁继承了马克思主义关于人的全面发展思想，他从当时苏俄的现实教育困境着手，将逻辑起点由针对未来人转变为针对现实人，促进马克思主义关于人的全面发展思想的具体化与实践化。

新中国成立初期是我国人的全面发展思想的初步中国化时期，毛泽东同志在1957年提出"我们的教育方针，应该是受教育者在德、智、体、美、劳方面得到发展，成为有社会主义觉悟的有文化的劳动者"的重要论断，他认为劳动是促进人全面发展的关键途径。改革开放以来，邓小平同志对人的全面发展思想进行了创新，他在人的全面发展思想中赋予了中国特色。20世纪人的全面发展的行动指南，以江泽民同志提出的"三个代表"重要思想作为依据，将物质与精神文明协调发展、可持续发展战略等作为发展的途径，是马克思主义关于人的全面发展思想在中国的进一步深化。胡锦涛同志在肯定前人思想的基础上提出了科学发展观。科学发展观作为促进人全面发展的纲领指导，认为促进人全面发展还要坚持以人为本的理念，促成了对马克思主义关于人的全面发展思想的新阐释。

习近平总书记关于人的全面发展思想是对马克思主义以及中国历代领导者思想的继承与发展。培养什么人，是教育的首要问题。习近平总书记强调，要培养德智体美劳全面发展的社会主义事业的建设者和接班人。这不仅是我国的教育目的，也是在新时代背景下对幼儿教育提出的人才培养目标。体力与智力携手进步、才能和志趣协调提升、道德精神和审美情趣平衡发展，才是真正的全面发展。这种全面发展既不是各方面的简单相加，也不同于各方面互不相交的平行发展，而是一种耦合联结、充分统一、互为促进的发展。全面发展也是社会进步对人才提出的必然要求，是国家对受教育者的期待。

迈入新时代，社会发展节奏加快，我国的国情、社情也逐渐在变化与发展，这对幼儿的综合素质与全面发展提出了新要求。因此，全面发展理念是社会发展与人发展的必然要求。从我国幼儿教育历史发展的经验中得知，只有遵

循幼儿身心发展规律，才能推动幼教事业的蓬勃发展。坚持以幼儿为本的教育思想，需要教育者在实施教育的过程中充分考虑幼儿的主体性，关注幼儿内在需要，根据思维、认知、年龄、身体等方面的独特性施以教育影响，促进幼儿德智体美劳综合素质的提升，使之成为未来社会真正需要的人才。

（二）社会主义核心价值观的理论创新

2014 年习近平总书记在庆祝儿童节活动时强调，让社会主义核心价值观的种子在少年儿童的心中生根发芽，即要以社会主义核心价值观为主线，始终贯彻于幼儿教育的全过程，做到全程、全面、全方位育人。习近平总书记新时代幼儿教育的重要论述起源和内发于社会主义核心价值观，是社会主义核心价值观在幼儿教育领域中的集中体现。

在信息技术突飞猛进的当下，世界经济和文化的交流、交融、交锋越发激烈与明显。西方国家蓄意侵蚀我国主流价值观的社会认同，不遗余力地贩卖和兜售所谓的"普世价值"。因此，要坚定社会主义文化自信，从幼儿教育阶段就要传播、学习、践行社会主义核心价值观，最大化凝聚价值力量，形成磅礴主力。自古以来，无论是哪个国家和民族都要进一步完善学前教育的政策保障体系，健全普惠性学前教育投入保障长效机制。学前教育是终身学习的开端，是国民教育体系的重要组成部分，完善普惠性学前教育保证机制是加强学前教育的关键。

实现繁荣昌盛、获得文明进步，依托多方力量的支持与推动都是必不可少的，但核心主流价值观的影响却是最持久最深沉的。幼儿期培育社会主义核心价值观，源于幼儿期的特殊价值。幼儿是祖国的未来，是民族的希望，幼儿充满活力和发展潜力，既是国家和民族获得进步的根基，更是第一见证者、直接参与者和最强后备军。一方面，0~6 岁是个体身心素质发展与成长的关键时期。这一时期幼儿的思维开始萌芽、情绪情感逐渐发展、自我意识日益显现，其行为习惯、个性倾向，对世界的看法和对人生的思考都在这一时期建立基础，并将伴随并指引他们日后的社会实践。另一方面，幼儿开创未来，社会主义核心价值观是五千年中华文化精粹的积淀，是基于国情、社情、立足中国梦而提出来的。当代幼儿的价值取向昭示着未来整个社会的价值取向。幼儿教育中融入社会主义核心价值观，不仅有利于从小培养幼儿爱父母、爱家庭、爱家乡、爱祖国的意识，还有利于培养其创新精神，为其未来发展奠定良好的思想基础。围绕爱祖国、爱家乡、讲文明、懂礼貌，将社会主义核心价值观作为幼儿价值观的引领，并对其进行全面探究及体系建构意义深远。因此，将社会主义核心价值观落实到具体实践中，形成与幼儿心智发展水平、年龄特点相适应的教育内容，实现其对幼儿价值观的引领将成为幼儿园实施社会主义核心价值观教育的重点。

（三）面向中国梦实现的时代格局

习近平总书记强调，实现中国梦不仅要依靠每一个平凡劳动者的力量，还要依靠作为促进未来社会发展的幼儿。教育中国梦的实现，不仅要着力解决基础教育以及高等教育中存在的问题，还要加大对幼儿教育的重视力度，幼儿也需要为中国梦的实现时刻准备着。

一方面，我们为幼儿提供适宜且高效的教育引导，持续增强其综合素质，培养对祖国的热爱之情，对社会的奉献之心，可进一步筑牢中国梦实现的人才基础。中国梦既需要发展公共精神，也需要物质力量与精神梦想的框架构建来承担。只有在人生精神胚胎发育的关键期——幼儿期就开始着力培养，中国梦的实现才能达到事半功倍的效果。

另一方面，不管是高端的科学技术，还是先进的管理制度，都不如一流的教育对国家发展的影响更大。国家要强大，教育强大是基础；教育要发展，幼儿教育先要筑基。

当前，我国在高质量发展的道路上不断前行，创新成为国别之间发展与博弈的关键，而创新最关键的因素即人才的数量和质量。各领域高端人才不足成为制约我国经济社会发展的一大短板，尤其是在科技发展的核心前沿领域愈发明显，人才培养成为制约中国梦实现的关键。实现中华民族伟大复兴的中国梦，不仅需要人才来支撑，同时也需要每一个平凡的人为之努力和奋斗。数以万计的华夏儿女是实现中国梦的主体，幼儿则是实现中国梦的根基。因此，"促进每一位幼儿身心健康发展"是中国梦赋予幼儿教师的强大精神力量。幼儿教师不仅要坚定自己对中国特色社会主义的"四个自信"，还要提升情感、政治认同，扎实贯彻习近平总书记在党的十八大、十九大等会议中的重要讲话精神，以中国特色社会主义理论体系武装自己，并将其作为幼儿保育保教工作的发力点，为实现中国梦贡献力量。"能顺木之天，以至其性焉尔。"无论是幼儿家长还是教师，在幼儿教育中融入中国梦，都必须遵循幼儿的身心发展规律，促进其自主性和主动性的发展，满足其好奇心与求知欲，推动其成为实现中国梦的人才生力军。

二、改革创新：新时代下《草案》对于学前教育的新要求

（一）学前教育是学校教育的准备阶段

学前教育的对象是幼儿，幼儿阶段是人的身心发展迅速、对未来影响极其深远的阶段。在这一阶段，幼儿的身体发育很快，语言、观察和认知能力会得到较快发展，基本是非观念和道德意识也会初步形成并发展。因此，在这一时期内进行的学前教育，对于幼教对象养成良好的行为习惯、具备明晰的是非观念进而塑造文明行为都非常关键，这将对幼儿日后的身心健康发展产生重要影响。从这一方面来说，抓好学前教育既是为幼儿个体未来更好发展做保障，也在一定程度上为未来国民素质打基础。

学前教育为规范化的义务教育做准备，是学校教育的前奏。《中华人民共和国学前教育法草案（征求意见稿）》（以下简称《草案》）中提到："学前教育是学校教育制度的起始阶段，是国民教育体系的重要组成部分，是重要的社会公益事业。"尽管学前教育并不属于义务教育，而是幼儿脱离开家庭进入接受社会化教育的重要一环，但其意义并不容低估。《草案》要求："幼儿园与小学应当互相衔接配合，共同帮助儿童做好入学准备和入学适应。"实际上，就学前教育阶段的教育内容来看，幼儿园不仅需要锻炼幼儿基本生活技能，也要培养其可以独立生活的能力；不仅需要传授给幼儿浅显的知识，也要培养其良好的自主学习习惯；不仅需要提高幼儿语言沟通技能，也要培养其简单的社会交往能力。因此，学前教育阶段的教育内容主要是在学习和生活上为幼儿接受学校教育做准备，这种准备尽管只是在生活能力和学习能力上打下初步基础，但却是不可缺少、不可代替、不可忽略的。学前教育的正常发展和自然延续，无疑会为幼儿成长并进入学校教育打下基础。

（二）抓好学前教育是提升国民教育的奠基工程

从世界各国教育发展的一般规律看，对学前教育的重视程度是与国家发展尤其是教育发展水平和程度紧密相关。越是经济发达的国家，越重视学前教育，赋予学前教育更大的支撑和更多的保障。伴随着人类进步和文明发展，重视学前教育将会成为全世界教育工程的重要趋势之一。这是因为，学前教育意

味着人之初的教育，而对人之初的教育则是社会、国家和世界进步的标志，是影响未来国家之间竞争发展的因素之一。对于当代中国而言，学前教育是提高国民素质的奠基工程，也是建设社会主义教育强国的必经之路。

抓好学前教育是发展儿童素质的题中之义。两会期间，全国人大代表陈佐东认为，学前教育不能单纯只看教学内容，重要的是教学方法。幼小衔接的关键在于培养幼儿的自理能力和生活习惯，在交流与合作中激发他们的认知能力和活动能力，养成健全的人格。素质教育从儿童时期就应当抓紧抓好，特别是要抓住儿童发展的敏感期。抓住儿童发展的敏感期和关键期，会对儿童后续各方面发展产生重要影响。从国民教育体系的良性循环和高效发展看，抓好学前教育有着十分重要的启蒙意义和起始价值。

抓好学前教育是提升国民素质的奠基工程。《草案》就学前教育的方针政策提到：“实施学前教育应当坚持中国共产党的全面领导，全面贯彻国家教育方针，坚持社会主义办学方向，落实立德树人根本任务，遵循儿童身心发展规律，培育社会主义核心价值观，促进儿童德智体美劳全面发展，为培养担当民族复兴大任的时代新人奠定基础。”每一位具有高尚品德和良好素养的成人都离不开其在幼儿时期所接受的良好素质教育，学前教育是国民教育体系的一部分，会对国民素质养成产生影响。只有把学前教育抓好了，国民教育体系才更加完整，国民素质才能够获得更坚实的基础。

（三）抓好学前教育，完善国民教育体系

学前教育是国民教育体系的重要组成部分，抓好学前教育也是完善我国国民教育体系的重要任务。贯彻落实党和国家关于办好学前教育，以及政府工作报告中提到的完善普惠性学前教育保障机制的要求，需要从以下几个方面开展有效工作。

首先，抓好学前教育离不开国家的支持与投入。《草案》提到：“发展学前教育应当坚持政府主导，以政府举办为主，大力发展普惠性学前教育资源，鼓励、支持和规范社会力量参与。”目前，我国学前基础的基础还比较薄弱，教育水平低、资源紧张的状况仍十分普遍。完善普惠性的学前教育保障机制仍然面临现实挑战。政府需要开展的工作有：一是构建起覆盖城乡的公益普惠学前教育公共服务体系，合理配置资源，缩小城乡之间、区域之间的发展差距；二是逐步提高学前教育财政投入和支持程度，通过多种方式支持普惠性民办幼儿

园发展；三是制定学前教育师资培养规划，提高培养层次，扩大培养规模；四是积极鼓励和支持学前教育、儿童发展的科学研究，宣传、推广科学教育理念和教育方法；五是保障学前儿童的受教育权，为学前儿童接受学前教育提供条件和支持。

其次，抓好学前教育离不开全社会的共同努力。《草案》中提到："全社会应当为适龄儿童接受学前教育、健康成长创造良好环境，公共博物馆、图书馆、美术馆、科技馆等公共文化服务机构应当提供适合学前儿童身心发展的公益性教育服务，按照有关规定对学前儿童免费或者优惠开放。"这意味着，正向、良好的社会环境对学前教育发展起到重要的推动作用。人们的社会观念和公众评价是社会环境的重要组成部分，恰当的社会评价实际上也是开展学前教育的环境。公共博物馆、图书馆、美术馆、科技馆等应在现有基础上同步打造为幼儿服务的平台，结合幼儿身心发展特点融入多种元素，使孩子们从小接受熏陶，潜移默化理解一些概念，使一些原本"有距离感"的环境和机构在儿童生活世界中"活"起来。

再次，抓好学前教育离不开对幼儿园及幼儿教师的建设培养。两会期间，全国人大代表伍辉表示，近年来，学前教育阶段在园幼儿人数增长空前，教师的培养和补充非常急迫。如何解决幼师编制及待遇等问题，补充学前教育师资队伍，让祖国未来的花朵接受高质量的学前教育值得关注。幼儿园与幼儿教师都是学前教育事业的一线执行者，抓好幼儿园建设和对幼儿教师的培养会有效提高学前教育事业的发展速率，提升教育有效性。具体来说，幼儿园内部要健全管理制度，依法规范监督，落实安全责任制相关规定，保障学前儿童在园期间的人身安全；坚持保育与教育相结合的原则，面向全体儿童，尊重个体差异，根据学前儿童年龄特点和身心发展规律，科学实施保育与教育活动；以游戏为基本活动，创设良好的生活和活动环境，与小学教育互相衔接配合，共同帮助儿童做好入学准备和入学适应，使学前儿童获得有益于身心发展的经验；幼儿园教师自身应当自律自育，忠诚于学前教育事业，以爱护儿童为本，以热爱儿童为志，同时提升专业素养和业务能力，做到为人师表。

最后，抓好学前教育离不开家庭的积极配合。《草案》指出："父母或者其他监护人应当依法履行抚养与教育儿童的责任，尊重学前儿童身心发展规律和特点，创设良好家庭环境，科学开展家庭教育。"家庭教育对儿童成长有着至关重要的影响。在家庭教育中，父母双方在家庭中给予孩子的教育缺一不可，实施教育并不只是父母任何一方的责任。作为父母，要想培养出具有健全人格和身心健康的孩子，就要营造良好家庭氛围和积极向上的学习环境，给予孩子自由的发展空间，帮助孩子锻炼健康体魄，丰富头脑知识，促进良性发展。与此同时，家园共育也是学前教育的题中之义，当幼儿进入幼儿园进行群体生活，不仅需要园方进行培养教育，更需要父母在家的配合教育。幼儿园应当主动与父母或者其他监护人交流儿童身心发展状况，指导开展科学育儿。父母或者其他监护人应当积极配合、支持幼儿园开展保育教育。只有这样，才能保证学前教育不缺场，随时随地都能发挥作用。

"人生百年，立于幼学。"作为终身教育的开篇，学前教育影响儿童一生的成长和发展。抓好学前教育，不仅是对无数幼儿的未来成长负责，还将对完善现代化国民教育体系产生积极影响。

第二节　幼儿为本：创设充满童趣的物质文化

幼儿园物质文化主要指园里的教育教学设施设备、校园环境、师生生活设施，属于校园文化的硬件，也叫校园显性文化。这些以物质形态存在的文化设施既是幼儿园教学活动的场所，又体现出幼儿园独有的文化特征。物质文化建设是幼儿园文化建设的重要组成部分，幼儿园环境是育人"土壤"，不但要注重"硬"环境条件的建设，还要更加突出"软"环境的培植。

幼儿园物质文化建设的关键要素包括专业场所、专业建筑、专业设施、专业设备和专业用品等。基本建设要求是依法建设与自主建设相结合，对室内外活动场地、公共活动区域（大厅、走廊、楼道、专用活动室等）、班级活动区域、办公活动区域等专门空间，能够因地制宜地进行亲自然、重体育、乐游戏、爱环保、富艺术、炫科技、浓乡情等特色创意文化规划设计、形象标识以及相应的设施设备用品优化配置。部分专业能力较强幼儿园可以自主设计和配置具有特定教育功能用途专业设施设备用品。

在新时期，为了克服"现代主义"以及"西式崇尚"等负面影响，迫切需要各幼儿园在国际视野拓展比较与典型案例分析借鉴的基础上，建立有学前教育行业专家与幼儿园代表参与的幼儿园发展规划与建设分类管理（含城区、郊区、乡村以及民族区域等）与立项听证制度，聚焦新型幼儿学习与教育空间建设，积极推进天人合一、生态和谐、绿色环保、民族特色、多元文化、民俗风情等先进理念的本地化、园本化整体配套落实。

苏霍姆林斯基说过："我们的教育应当使每一堵墙都说话。"幼儿园充分开发园本资源，在净化、美化、绿化和儿童化的基础上，努力营造整体化、生活化、人性化、开放化、多样化、现代化的幼儿园文化氛围，充满童趣的幼儿园环境就像是一部立体的、多彩的、富有吸引力的教科书，它有利于陶冶幼儿的情操、美化幼儿的心灵、激发幼儿的灵感、启迪幼儿的智慧、提高的幼儿素质。

对于一般的幼儿园设计而言，生活区、活动区的设计应相对独立，体现幼儿园特色，如主题走廊，内容经常调换，开展相关活动，充分发挥幼儿园的隐性教育功能。活动室环境应生动活泼，各班自己设计，体现各自的风格与追求，体现不同的集体和个人对幼儿园文化的认识与理解，赋予它丰富的生命力，形成各班独特的人文氛围，使每一个区角都成为幼儿学习、探究、实践的课题和园地，为幼儿的发展提供更为宽阔的空间。此外，培植"软"环境，最为重要的是在各种活动中确立具有明确文化内涵的指导思想，通过幼儿园有组织的活动把"文化内涵"充分体现出来，使幼儿园每一个人都能够亲历、参与和分享这种文化的教育功能。下面我结合静海六幼的建设实践，具体阐释如何建设幼儿园的物质文化。

一、硬件建设为园所文化的构建奠定基础

健康优美的园所环境就像是一部立体的、多彩的、富有吸引力的教科书，它有利于孩子陶冶情操、美化心灵、激发灵感、启迪智慧，更有利于孩子素质的提高。我们注重物质文化建设，努力让物质文化凸显个性美，发挥其熏陶功能，通过绿化、美化、净化、园林化、知识化，让幼儿园的一景一物、每面墙壁、每个角落都在无声地说话。让孩子无论身在何处都能受到文化的熏陶，使幼儿园真正成为孩子们温暖的家园、幸福的乐园。因此，在六幼的建设中，我们遵循了以下几方面原则。

（一）高起点的规划建设

幼儿园应在考虑到建筑用地空间的同时，充分扩大幼儿园建筑面积，合理设计各区，保证设施齐全、配置现代化。

（二）充足的幼儿活动场地

幼儿园应拥有较大的户外活动场地。可为幼儿设置沙池、戏水池、趣味迷宫、滑索、山丘和攀岩墙等，软硬结合的活动场所，充足的活动空间，为幼儿提供了锻炼身体增强体质的良好场所。

（三）功能完善的育人设施

幼儿园应配置设施齐全的功能室、活动室、寝室，既要解决安全问题，又要满足幼儿对活动空间的要求。卫生间、盥洗室一应俱全。宽敞明亮的多功能厅集音乐、舞蹈、体育、游戏、绘画、多媒体教室于一体，一室多用、物尽其用；科学发现室要为幼儿提供认知科学的感性材料，供孩子玩玩做做、操作探索。幼儿图书室配有适合幼儿阅读的各种图书。卫生保健室功能齐全，资料室配有供教育和教研使用的各种参考书籍、光盘、录音带、挂图等。配备大中型游戏玩具，桌面玩具丰富多彩，幼儿食堂应配置现代化厨具。活动室和寝室分别安装立式空调，室内设施齐全、实用。分别为各班配置移动式紫外线消毒灯及消毒柜等，为孩子的健康成长提供可靠保障。

二、环境创设是园所文化的重要体现

《纲要》中强调环境是重要的教育资源，应通过环境的创设和利用，有效地促进幼儿的发展。因此，除室内环境外，六幼还打造了优美的室外环境。

（一）充满生机的绿色家园

我们充分利用资源优势，因地制宜地开展家园绿化工作。可种植纵横交错的绿化带，开辟具有园林风貌的植物园，例如在果树区，幼儿亲自观察认知桃树、梨树、山楂树、石榴树等树木从开花到结果的过程，并感受收获果实带来的喜悦。在种植区，结合季节特点，教师和幼儿一起种植农作物，为幼儿提供感性课堂。

（二）赏心悦目的门厅文化

净雅的门厅，创意的设计，不但及时向社会、家长展现幼儿园风貌，宣传反映幼儿园工作动态，而且随四季及节日的变化体现季节特点和节日文化。

（三）个性凸显的班级文化

各班为幼儿创设温馨舒适的生活环境，与课程相适应的学习环境及内容丰富、材料充足的活动区，使幼儿在玩中求发展，教室的每一个角落和每一面墙壁都尽可能得到充分利用，作为向幼儿传递信息、创设氛围或展示其学习成果的有用之处。

幼儿园的物质环境质量提升，可能需要考虑足够的空间，但最终无关于园舍占地面积多大、楼层多高或园舍的豪华程度如何，而在于真正物质条件设施的完善度如何。因此，实现幼儿园物质设施的提升才是发展的重中之重。

我们相信，幼儿园崭新的面貌必将给全园师生创造更加安全舒适，更加和谐灵动的教学环境，必将给幼儿和家长们带来快乐的福音，幼儿园要抓住这一节点和机遇，以饱满的热情，倾注全部的爱心，浇开幼儿教育更艳丽的花蕾！

第三节　教师为本：创设人文关怀的制度文化

党的二十大报告强调加快建设教育强国，加快建设高质量教育体系，办好人民满意的教育。习近平总书记指出，教师是立教之本、兴教之源，要从战略高度来认识教师工作的极端重要性，坚持把加强教师队伍建设作为基础工作，努力提高教师政治地位、社会地位、职业地位。幼儿园教师队伍建设是有效提升学前教育质量、促进儿童健康发展的决定性因素。

制度是幼儿园文化建设初级阶段的产物，俗话说："不依规矩，无以成方圆。"制度是对行为的一种约束，一种规范，制度同时也是职责的表现形式。在制订规章制度中，各种条文突出目标追求价值观念、素质要求、态度作风等精神、文化方面的条款，给制度以灵魂、强调人的理想信念、奋斗方向、做人准则，把精神要求与具体规定有机地结合起来，把"软文化"与"硬制度"熔于一炉，铸造出刚柔相济、软硬相容的"合金"式的规章制度。使之既能起强制作用，又能发挥激励规范的作用；使幼师在执行制度、遵守纪律的同时，享有自尊，实现自我价值。

幼儿园制度文化首先表现为文本化的各种规章制度，这样的制度既有国家颁布的教育方针、政策、法律、规章，也有政府主管部门制定的各类章程、规则、指示、要求等，还有幼儿园结合自身实际而制定的大量有关教育教学、科研、工作、学习、日常管理等规章制度。这些外显的、物化的规章制度就是幼儿园中要求大家共同遵守的、具有科学性、思想性、教育性的办事规程或行动准则，它是幼儿园制度文化中重要的物质财富。

其作用主要表现为：一是价值导向功能，即合理的规章制度对幼儿园有关人员的政治方向、价值观念、思想品德、行为规范和生活方式的选择，有着直接的或潜移默化的导向作用；二是行为规范功能，即合理的规章制度可以通过渗透其中的道德要求和教育意志，运用暗示、舆论、从众等特殊机制对幼儿园有关人员产生潜在的心理压力和动力，让他们在自觉感受这种影响的过程中，形成规范的行为。

其次，幼儿园的制度文化内化为个体的素质，转变为个体思想观念上的、道德认识水平上的、价值观上的、内隐的"规章制度"。这种把外在的要求转化为内在的需要和个体符合制度规范的自觉要求，不仅是建立外显的、物化的规章制度的目的和归宿，也有利于幼儿园形成一种良好的制度文化氛围。它是幼儿园重要的精神财富。由此，我们可以认为，幼儿园制度文化是介于有形的物质文化和无形的精神文化之间的物质化的心理和意识化的物质，其基本特征是：

一是强制性和自觉性的统一。"强制性"是指规章制度作为幼儿园制度文化的物化形态，不仅使幼儿园有关人员在行动时"有章可循""有法可依"，而且对他们的行为有很强的约束力，即规章制度一旦形成，有关人员就必须严格遵守。"自觉性"是指幼儿园的规章制度除了作为外在的要求外，更重要的是需要幼儿园中与制度有关的人员都要按照这样的"外在要求"自觉地执行，甚至成为自己行动中的一种习惯，否则这样的要求就没有发挥它的最大作用。在制度文化建设中，制度的强制性只是达到我们所期望的自觉、自为目的的一种手段。对制度文化的强制性和自觉性辩证统一的认识，有助于我们把握制度文化的实质，并最大地发挥制度的效益。

二是科学性和经验性的统一。建立规章制度，往往需要科学理论的指导，使规章制度符合工具理性的要求，确保"科学性"。但是，在具体的实践中，依据理论建立的某些幼儿园制度，并不符合实践的要求，而那些与幼儿园的发展、建设有关的人员,在长期的工作实践中依据"经验"积累起来的关于幼儿园管理方面的制度,虽然不一定完全符合科学的规范要求,却能为大家所接受和执行。因此,制度的形成不仅需要理论的指导,也同样需要由实践中丰富的、个别化的经验通过不断地归纳、总结、提升而形成科学的理论。这样,实践与理论的相互结合,就使得幼儿园的制度文化具有了经验性和科学性的辩证统一。

三是共性和个性的统一。国家所制定的规范幼儿园办学和管理行为的教育方针及各类有关教育的政策、法律、法规是各级各类幼儿园制度文化的共性,也是幼儿园必须遵守的规范。然而,每个幼儿园在其办学的过程中,由于自身具有不同的办学情境,面对不同的文化背景及不同的教师、家长和社会参与人员,各幼儿园都会根据本园的情况,将共性的制度具体化、个性化,或者根据自身的特点制定出适应本园管理特点的、细化了的一系列的制度体系,这就是幼儿园制度文化的个性特征,也是幼儿园制度文化的特色所在。

四是稳定性和变动性的统一。幼儿园制度文化的形成是一个长期积累的过程,是幼儿园历史发展过程中所有人员共同努力创造的结果,这样的制度文化一旦形成,就相对稳定地影响着在这里工作、学习的所有人员,他们对制度的认同,又加固了幼儿园制度文化的稳定性。但是,幼儿园的发展受到整个社会政治、经济、文化的影响,社会的变化,幼儿园的制度文化也会与时俱进地随之产生变化;同时,由于幼儿园的人员构成与素质也在不断变化,因而原有的制度也需要进行适当的调整。稳定性和变动性的统一是幼儿园制度文化在继承和发展中充满活力的重要保证。

幼儿园制度文化的建设要求正确反映党和国家的教育方针、政策和法律、法规的要求,这是幼儿园制度文化建设应当遵循的一般原则。同时,幼儿园制度文化的建设是一个长期和复杂的过程,需要综合考虑各方面的因素,才能形成积极向上、高尚、文明的制度文化。

幼儿园制度文化的建设应体现对幼儿园发展应然状态的追求。每位幼儿园管理者都对幼儿园的发展有一定的目标或心中装有一个理想的幼儿园模式,这种对理想幼儿园的向往就是对幼儿园发展应然状态的理解,也是需要管理者协同幼儿园全体人员共同来实现的目标。因此,从某种意义上来说,一方面幼儿园的制度文化都蕴涵着幼儿园希望要实现的事情,它们体现着对幼儿园发展应然状态的期望；另一方面，幼儿园制度文化建设的目的，就是通过规范、引导和激励幼儿园全体人员的行为，使幼儿园发展的应然状态能够得以实现。

园长是幼儿园的代表，是幼儿园文化的设计者，又是幼儿园文化建设的指挥者。园长确定以人为本的思想，会关心人、尊重人、信任人，善于发挥人的潜能，激发人的创新精神。教师和幼儿是幼儿园的主体，他们的积极性和潜在能量是巨大的能动资源，所以文化行为的设计、出台要经过全体员工的一致认同，以达到全幼儿园师幼共建幼儿园文化，共造园风，共守园规的目的。

因此，幼儿园要营造一种积极进取，团结向上，温馨安全的情感氛围，努力为他们创造一个想说、敢说、喜欢说、有机会说，并能得到积极应答和肯定的人际沟通的环境，多关注教师的亮点，用宽容理解来关心教职工的工作，真诚地对待每一个教职工。每学期幼儿园有任务，我们的教师首当其冲，并圆满地完成各项任务后，我们就会借一些工会团活动、纪念日等开展系列活动：上田野烧烤活动、乡村采橘活动、春节迎新联欢活动等，这些看似微小的活动，不仅满足了教师的合理需求，更重要的是丰富了老师们的生活，又使老师们得到了充分的愉悦和放松；同时增进了教师相互间的理解，融洽了教师们的关系、增进了幼儿园教师的凝聚力，更是让教师知道幼儿园对自己工作的肯定，也是园长对教师的关心和尊重。

幼儿园制度文化的建设要以人为本。幼儿园教育中实施教育的主体是教师，教师是有着自己的思想和个性的活生生的人。因此，幼儿园在制定一系列制度的时候，要时刻考虑到制度是为教师的发展服务的，要充分体现以人为本的思想。事实上，也只有从以人为本出发来建设制度，才能使文本化的制度.内化为幼儿园全体人员的共识，成为他们自觉的行为和习惯，实现制度效能的最大化，并最终形成真正意义上的幼儿园制度文化。

为了将各项制度内化为全体教职工的自觉行为，在制定各类制度，特别是与教职工切身利益相关的考核奖惩制度时，都要做到深入细致的调研工作，广泛听取群众意见，在认真研究分析的基础上，经过充分讨论，一致通过后再执行。由于制度的建立有教职工自始至终的参与，教职工对制度的内容有高度的认同感，这样不但增强了教职工的责任意识，保证正常教育教学秩序，做到事事有章可循，且鼓励全体教职工为幼儿园的发展献计献策。

先用制度来强化，而后用情境来内化，建立规范的、有章、有序、有效的管理机制，是维系正常秩序必不可少的保障机制，有助于增强教职工的责任感，使幼儿园的每一项工作都有章可循，避免了许多不必要的矛盾，解除了"人情"负担，消解了内耗，不讲个别的人情，就是对全园最大的"人际情感"，用制度建立既严格又温情的管理氛围，同时不断严密制度，防止失误的出现。只有从制度上做到无懈可击，管理才能更有效。

幼儿园制度文化的建设要体现学校的传统。虽然每个幼儿园的发展历史是不一样的，但在幼儿园的发展过程中，通过一代又一代教职员工的共同努力，每个幼儿园都形成了一定的文化积淀，这些文化积淀就形成了每个幼儿园的传统，并影响着在这里活动的所有人员。因此，幼儿园在建立制度时，要考虑和继承幼儿园的传统，只有这样，才能更好地发挥制度的效能，形成良好的幼儿园文化制度和氛围。

幼儿园制度文化的建设要体现对幼儿园精神文化的塑造幼儿园发展的核心影响力是幼儿园的精神文化，它是幼儿园持续发展的精神支柱和不竭动力。因此，幼儿园制度文化的建设，重在通过制度的教育功能，使幼儿园的全体人员，都能在思想上正确认识和理解幼儿园制度的实质，在行为中充分体现制度的要求，最终为幼儿园精神文化的塑造服务。

幼儿园制度文化的建设在幼儿园的发展中具有不可替代的重要作用，制度本身也蕴含着丰富的教育意义，好的制度就是重要的教育资源。为此，幼儿园管理者要善于发挥制度文化的育人功能，通过建立积极、健康、文明的幼儿园制度文化，来营造幼儿园良好的人文氛围，办出人民满意的幼儿教育。

第四节　园所为本：创设体现园本特色的精神

幼儿园精神文化是幼儿文化建设的内核，是指幼儿园成员拥有的价值观和组织精神。这种精神信念成为幼儿园教职工的集体意识，是幼儿园教职工行动的指南。幼儿园精神文化是幼儿园组织文化发展到一定阶段的产物，是幼儿园组织文化的集中体现，是幼儿园文化建设的核心。

幼儿园精神文化与幼儿的健康成长息息相关，与教师的专业成长密不可分。优秀的幼儿园精神文化孕育着团队精神，它能凝聚人心，形成合力，引领着幼师意气风发地前进；优秀的幼儿园精神文化是最宝贵的教育资源，它熏陶浸染，润物细无声，是幼儿成才、教师成长、园所发展的肥沃土壤；优秀的幼儿园文化更是幼儿园的一种整体形象，一种内在气质，一种独特个性，一种教育品牌。结合六幼实际，我们采取了以下措施，推动六幼的精神文化建设。

一、注重领导班子建设

在一个群体中，领导班子的素质及其影响力是无法估量的，必须以"讲政治""讲学习""讲奉献"为原则建设领导班子。一个团结协作，锐利进取，作风正派，严于律己，甘愿奉献的领导班子的形成，是各项工作顺利展开的保证。"其身正，不令而行；其身不正虽令不从"。提高领导班子的思想道德修养，自觉抵御社会不良文化的腐蚀和影响，以德治园，以理服人，是幼儿园管理的基本宗旨，要求教师做到的领导班子首先做到；要求教师不能做的，领导班子首先不能做。这样才能赢得工作的凝聚力，形成良好的园风。因而在六幼的管理工作中，我自觉以身作则，在管理工作中以人为本，以真心赢得大家信赖。

二、注重教师群体精神

幼儿园基本是由女性组成的特殊群体，具有感情细腻，争强好胜，又极自尊等共性的特点，园长必须重视了解每位教师的心理需要，情感需要，引导每位教师要有容人之短的雅量，团结与自己意见相左的教师。经常提醒教师在一日活动中：说自己应该做的，做自己所说的，查自己所做的，记自己做过的，改自己不足的。彼此间相互理解，长相处，不相疑，这样能使育人环境祥和安宁，形成凝聚力，向心力，活力和创造力，也是优质幼儿园的灵魂，生命的根基。

还要养成以德为先的群体精神，严于律己强师德。作为社会人，我们要讲社会公德；作为教师，我们要重师德。我园要不断强化教职工的角色意识，面对家长的合理要求，我们要满足；面对家长的疑惑，我们要耐心解答；面对家长的误会，我们要冷静解释、真诚沟通。平等对待每一位家长和幼儿，尊重互敬。

另外，教职工也要积极规划自己的职业生涯，以向上的态度体验作为教师的乐趣，享受教育工作的快乐。明确自身的责任，追求卓越。

三、走科研兴园之路

加强教科研工作，是提升幼儿园管理水平的关键步骤，向科研要质量，向科研要生源，已成为幼儿园全体教师的共识，幼儿园要以教科研为突破口，让教师在具体的科研研究情景中提高追求事业的精神和能力，使之自觉研究教学行为规范等，从而拓宽教师专业发展的空间，给教师创造机会，增强机遇，让其才能得以发展，促使每一个人能够在自己的层面上不断完善自己，不断超越自己，创幼儿园教育教学文化的亮点。

四、结合实际，文化融入课程

教育重在课程，一所优秀的幼儿园要有优秀的园所课程，而这些课程中，幼儿园应当要结合实际融入当地特色文化、优秀传统文化，让幼儿从小感知自己所生长的环境。幼儿在启蒙阶段，家国情怀是中华民族的心灵底色，爱国主义是中华儿女最自然、最朴素的情感，从小就在幼儿的心中厚植家国情怀，使其在耳濡目染中增强文化自信和文化认同，在潜移默化中形成家国一体的概念，是幼儿园的职责所在。

五、以爱为本，塑造良好形象

幼儿园是教职工共同的家园，是教职工事业的根基，要树立"园荣我荣，园耻我耻"的思想，教育职工随时随地自觉维护幼儿园的声誉，积极为幼儿园的发展出谋划策，把个人目标和团队目标合二而一，精诚团结，谋求幼儿园的稳步快速发展。在教育工作中，要以爱为本，以爱心换取放心。面对幼儿园的强势竞争，人心的偏向，爱是最得力的砝码。爱事业，爱孩子，把爱留在心底，付之于行动，生活上细心照顾幼儿，学习上耐心引导，不得体罚幼儿，用我们的爱心换来家长的放心和幼儿的开心。

创办一流的幼儿园，必须建设一流的教职工队伍。必须提高教职工队伍的文化层次，提高教职工的整体文化素质，是现代教育的需要。只要具有所教课程的学科水平就能胜任教学、当好老师的时代正在过去。要必须满足幼儿多方面的需要，多层次的要求，就必须努力提高文化素质。幼儿园文化是一个立体化、开放、综合的系统，幼儿园文化在内容和形式是开放的——民族文化与异质文化兼收，园内资源与园外资源并蓄，幼儿园文化的传播也应该是开放的，要让周边的人们也参加进来。通过文化的融入和渗透，春风细雨，潜移默化，使之转化为幼儿园教育的生产力和竞争力。一流的幼儿园文化建设，会使每一位教职员工走进幼儿园，时刻都感受幼儿园文化历史的厚爱，文化的穿透力，时刻给教职员工一种向上的力量。

第二章

培敬业之材以教之——幼儿园教师队伍建设

党的二十大报告强调，加快建设教育强国，加快建设高质量教育体系，办好人民满意的教育。习近平总书记指出，教师是立教之本、兴教之源，要从战略高度来认识教师工作的极端重要性，坚持把加强教师队伍建设作为基础工作，努力提高教师政治地位、社会地位、职业地位。幼儿园教师队伍建设是有效提升学前教育质量、促进儿童健康发展的决定性因素。党的十八大以来，我国学前教育实现了跨越式增长。截至 2021 年，全国幼儿园教师数量达 319.10 万人，专科以上学历的园长及专任教师达到 87.8%。但是，由于底子薄、欠账多、发展不平衡，目前幼儿园教师队伍建设仍然不能满足学前教育事业发展的需要。面对新时代普及普惠安全优质的学前教育发展新征程和新阶段，需要加快推动建设一支师德高尚、业务精湛、结构合理、充满活力的高素质善保教的专业化教师队伍，为发展更高质量更加公平的学前教育提供强有力的师资保障和人才支撑。

本节我将结合政策要求，从制度建设、素质提升、监督体系三个方面，结合六幼的具体办园实践，为怎样提高幼儿园教师队伍素质，加快教师队伍建设提出自己的观点和看法。

第一节　政策为引：幼儿园教师队伍现状与政策的要求

自党的十八大以来，幼儿园教师队伍建设取得了比较大的成效，教师队伍的素质有了比较大的提升。但目前仍存在着一些问题。本节将详细阐述新时期幼儿园教师队伍建设的意义及现状，希望能够为提升幼儿园教育水平，培育新时代健康、全面发展的幼儿提供一些借鉴。

一、新时期幼儿园教师队伍建设的意义

教师队伍是培育人才的关键因素，教师良好的道德品质和教学水平能够对学生综合素养的养成产生极为关键的引导作用。因此需要重视现阶段教师队伍建设情况，明确整体实践状态，了解现存不足之处，保证强化国家教育水平和教育质量。

科教兴国战略的实施对于推动国家教育事业的稳定发展影响较大，也能适当解决国家人才短缺的问题，使得国家建设拥有源源不断的高素质人才。结合实际分析，幼儿园教师队伍建设离不开相关部门的大力支持，只有做好细致合理的规划，才能为教育事业的发展夯实基础，也才能清除多种障碍，使得科教兴国战略的实施显现出最大功能。新时期，幼儿园教师队伍建设受到广泛关注，是国家教育事业全面复兴发展的条件，也是保障国家走上中国特色社会主义道路的基础。我们应该排除多种困难，积极创设理想环境，让幼儿园教师队伍建设加快发展。

二、新时期幼儿园教师队伍建设现状

幼儿园教师队伍建设应该选择适宜路径，优化建设成果，推动教师队伍建设工作稳步发展。但是受诸多因素影响，幼儿园教师队伍建设中反映出不足之处，如建设模式不理想、资源投入不足等，直接制约了教师队伍建设的进程。

（一）建设模式存在问题

幼儿园教师队伍建设是新时期备受瞩目的焦点，为了落实好相关建设任

务，相关部门应全面解读当前的建设模式，考虑相关模式中反映出的问题。现阶段，幼儿园教师队伍中缺少与时俱进的思想，以至于建设模式过于陈旧落后，从而影响到实际工作进展，降低了幼儿园教师队伍建设质量。很多部门未能及时转变传统观念，难以创新和完善建设模式及理念，使得教师队伍建设和新时代发展相脱轨，进而影响到与时俱进的成果。教师队伍的建设脱离了时代发展轨迹，将会直接影响到国家教育事业的长足发展，还会埋下更多的教育隐患，这对于长远发展是非常不利的。

（二）缺乏资源投入

目前，幼儿园教师队伍建设情况不尽如人意，重点表现在师资力量匮乏、专业水平较低等多个方面。面对这样的问题，需要通过适宜方法加大资源投入力度，保证巩固幼儿园教师队伍的基础。尽管我国大力发展科教事业，使得幼儿园等建设进程明显加快，但是教育资金和教育资源处于匮乏状态，影响到实际的成果，阻碍了相关工作的实效性。缺少资金及资源的支持，一些地方政府也未能落实好基本行动，这在一定程度上限制了幼儿园教师队伍建设进程。资金和资源是物质条件，若是缺少细致规划，将会引发人才流失情况，严重时将会制约长远进步。应该高度重视相关的问题，通过适宜措施吸引众多人才参与到建设活动中，助力新时期幼儿园稳定发展，给国家建设输送优质人才做好铺垫。

（三）缺少人才支持

目前，教育事业的发展中人员教育水平较低的问题受到关注，有些教师未学习过专业知识，也没有掌握基本的知识和技能，不会对教育工作进行科学化的管控。还有，有些教师未能清晰了解教育工作的基本定位，加之受传统固守思想的影响，使得教育工作模式缺乏创新，直接影响到幼儿教育的发展。在新时代背景下，需要高度重视幼儿园教师队伍建设的方针，选择符合时代发展规律的路径，不断总结经验和探索模式，了解多个细节之处，助力国家教育事业的发展。

三、学前教育师资队伍发展现状

（一）教师队伍的结构不合理

幼师队伍结构不合理主要表现为：第一，幼儿教师学历参差不齐。经调查本科以上的幼儿教师不足 23%，绝大多数的教师学历停留在大专甚至高中、中专。第二，师资结构有失科学配比。目前在岗的大部分教师，几乎都是处于20—30 岁之间，而高于 30 岁的老师几乎没有，虽然这些老师年轻有活力，但是在教育经验、幼儿情感共鸣方面略有欠缺。第三，性别结构不合理，幼儿园师资队伍的建设存在明显的性别差异，女性教师居多男性教师比较少可见幼儿园教师的性别结构严重失调。

（二）社会地位和待遇相对偏低，流动量大

随着学前教育事业的不断发展，幼儿教师的流动性、不稳定性也出现了明显的变化。幼师的学历尽管与小学教师差异不大，但是地位明显偏低，存在歧视与分配不公的现象，民办的幼师中尤其如此。随着国家对于幼儿教育的重视，幼师队伍也在每年递增，但与中小学教师相比较，存在的问题与差距还是很大的。无论从教师的学历、职称、社会地位、待遇等问题，使幼教队伍的人才不断外流或转行。

我国大部分幼师都没有职称评定，直接影响了她们的社会地位和薪酬待遇，影响了工作的稳定性。经调查，发现幼儿教师队伍薪资水平处于底层阶段，教师们在为自己的生存担忧之时，怎么将注意力关注到内心世界的提升之中？怎样才能用一颗纯净的心来对待我们的孩子？当前幼儿教师存在普遍工资较低，工作强度大的问题。如果长期工作待遇方面得不到解决，必然会造成幼儿教师队伍的不稳定，很难吸收优秀人才，一旦这些教师有了更好的选择，就会离开自己的工作岗位。

（三）幼儿教师的整体素质参差不齐

目前，很多幼教的专业水准都存在明显差距。比如专业知识储备水平参差不齐、教育理论素养有高有低等。不仅如此，很多老师在教育过程中，体现出了极为差劲的素养，专业能力也十分有限，此外在启蒙教育的出发点和引导点上，也不能够精准捕捉与把控，以至于很多幼儿得不到高质量输入。

幼儿园教师队伍是幼儿教育事业健康发展的重要保障，教师的全面发展是培养应用型教育人才和复合型服务人才的基础。目前，作为基础教育的基础，学前教育受到国家的高度重视和大力支持。《国家中长期教育改革和发展规划纲要》在发展任务中明确指出，要"基本普及学前教育"，使学前教育迎来发展机遇。但当下学前教育的质量并不能满足社会发展对学前教育提出的新要

求。影响学前教育质量的因素很多，教师队伍建设则是其中一个主要因素。可见我国学前教育教师队伍建设还存在种种问题，这就需要引起重视，从园所角度加快构建一支可靠的师资队伍。

教师是幼儿园最宝贵的财富，幼儿园的每一步发展都离不开教职员工的团结奋斗。让幼儿获得全面发展的同时，实现教师的不断提升和成功，才是幼儿园的立园之本。《中共中央关于教育体制改革的决定》指出："建立一支足够数量的、合格而稳定的师资队伍，是实施义务教育，提高基础教育水平的根本大计。"幼儿教师是幼儿园建设发展的主人，幼儿教师队伍建设对幼儿园的不断发展起着尤为关键的作用。因此，我们要积极探索教师队伍建设的新路子，创新培养机制，优化培养模式，努力打造一支能适应教育教学改革和发展需要的师资队伍，为幼儿的可持续发展、和谐发展奠定坚实的基础。

第二节 制度为先：建立完善幼儿园教师队伍管理制度

"无规矩不成方圆"，幼儿园教师队伍的建设应建立在有标准、有要求、能执行的规章制度之上，人人遵守、全园认可的规章制度才能有效激发教师的工作热情。幼儿园设置各项规章制度，目的是规范管理人、约束人、培养人，以塑造教师的良好信誉与形象，并以此推动幼儿的可持续发展。

从幼儿园教师进入幼儿园工作的那天起，就要注重他们的发展与价值的体现，同时对幼儿园教师的管理渗透"以人的发展为主"的管理精神。因此，幼儿园要在教学管理中制定合理的制度和运用"以人为本"的管理方法，调动和发挥教师的工作积极性和创造性，从而提升幼儿园教师的教学能力，推动幼儿园师资队伍的整体水平提高。

一、制度体系制定的重要性

"以人为本"的教学管理制度体系，是人本化教学管理的重要基础。科学高效的教学管理包含合理的制度、科学的方法，这对规范教学工作和保证教学质量是必不可少的。

（一）合理的制度能激发教师工作的积极性

教师的工作是复杂的脑力劳动，教师工作的质量取决于教师的素质，以及积极性、主动性的发挥程度。教师备课认真与否、课内讲授出力与否，大多是个体行为，是比较难监督和量化的，所以幼儿园要有合理和完善的规章制度，才能解决深层次的一系列问题。

（二）科学的管理方法能发挥教师工作的创造性

幼儿园工作的核心是"育人"，而人是有思想、有灵魂的，不像工厂出产品、农业种庄稼那样直接。在幼儿园内，必须处理好园长与教师、教师与幼儿这两个基本关系。如果园长与教师的关系紧张，教师跟幼儿的关系也会相对紧张，倘若园长高高在上，装扮成行政长官的样子，不能与教师同甘苦、共命运，不能进行民主管理，不能集中教职工的智慧和意见，园长就无法成为卓有成效的领导，教师也不可能完全贯彻幼儿园的意见，时间一长，势必会形成"隔离层"。对幼儿园实施人本管理，"以人为本"，把师生变成幼儿园的主人，其效果肯定会大相径庭。

二、制度体系制定的原则

（一）营造和谐的人际氛围

让教师之间相互尊重。教师具有责任感强、自尊心强、求知欲盛、思想活跃、严于律己的心理特点，教师的职业特点和心理特点是教师管理的根本依据。在教师管理中，幼儿园管理者要注重平等和尊重的原则，通过考查和测验全面了解教师的需求，充分发挥教师的长处，使教师从内心深处对幼儿园产生一种归属感，从而调动教师的内在积极性和主动性。

（二）工作上给予教师尊重、成长的需要

在成长的过程中，教师的个人能力和发展水平不一样，幼儿园管理者在充分尊重教师的基础上，要最大限度地发挥他们的个人特长。根据教师的个人特点，让擅长音乐、美术、文学、体育、信息化技术的教师成为本学科的带头人，其他教师根据自己的特长、爱好自愿报名参加各个学科，与学科带头人定期开展学科会议，通过理论讲座、课程观摩等活动提高学科组内教师的业务能力。同时，幼儿园管理者还要努力为教职工创造对外学习与交流的机会。

在所有教师的共同参与下,我们已先后对幼儿园规章制度做了修订与增补。如,为调动教职工积极参与幼儿园常规教学活动,凸显幼儿教师的岗位业绩,引导教职工学历深造,我们通过教代会调整了幼儿教师的平时工作考核、教职工各岗位职责与行为准则、教师考评指标体系,并规定了考评要求和内容,为检测、评价、监督、奖励工作提供了有力依据。为培育幼儿园常规教学活动带头人,我们设立活动策划负责制,强化负责活动的教师筹划、跟进、调度、督检、反思五大块能力,通过一次次的锻炼、反思,提升教师的活动执行力;我们还成立了园本教研培训学习组织,进一步突出了教师教育培训工作的"园本化",让培训班切实地解决了教师们急需解决的问题,使培训班更有针对性,帮助教师在教育观点、教学行为、教学策略上更上一层楼。

(三)深入理解专业标准,指导教师专业发展

"以人为本"要充分体现在对教师的人本意识培养与人文关怀上,因为教师是办好幼儿园的重要力量,也是抓好教学管理的关键因素。针对幼儿园教师存在年龄、教龄、教学水平、教学能力之间的差异性,幼儿园管理者要加强对不同类别的教师提出不同的发展要求,让教师努力学习先进的理念和方法,在不断学习中,在发现问题和解决问题的循环往返中,让自己在专业的道路上越走越宽广。

三、静海六幼的制度体系制定的具体实践

参考所有老师、家长的意见,我们制定了"我心中的好老师"标准:热情开朗,每天坚持用微笑迎接幼儿和家长;端庄大方,注重个人修养,为人师表;关爱幼儿,拥有一颗妈妈般的爱心、耐心和包容心;一视同仁,由衷地爱每一个幼儿,倾听幼儿的声音;尊重幼儿,能蹲下来和幼儿讲话,态度和蔼可亲;善于沟通,具有较强的同理心,积极换位思考;耐心引导,帮助幼儿解决问题,获得自信;寓教于乐,培养幼儿的各种能力习惯,方法适宜;认真履责,学习能力强,有责任心,工作扎实认真;感受传递,让家长和幼儿能随时感受老师的爱与关心。

幼儿园教育阶段是身心发展最快、人生可塑性最强的阶段,幼儿园教师是儿童健康成长的启蒙者和引路人,应坚持加强幼儿园教师队伍的建设,落实全面从严治党要求,把政治建设摆在突出位置。一方面,我们要加强幼儿园基层

党组织建设，引导教师自觉爱党护党，认真贯彻落实立德树人根本任务，坚持把社会主义核心价值观贯穿保育教育全过程，努力帮助幼儿"扣好人生第一粒扣子"。另一方面，我们要加强教师思想政治工作，厚植教师立德树人政治信仰，加强理想信念教育，引导教师树立正确的历史观、民族观、国家观、文化观，坚定中国特色社会主义道路自信、理论自信、制度自信、文化自信，办好学前教育。

第三节 素质为本：建立完善
幼儿园教师队伍培训体系

幼儿园教师的质量直接决定学前教育的质量。经过多年的改革与发展，我国幼儿园教师培养体系经历了从封闭到开放、从固化到灵活、从单一到协同、从满足数量到追求质量的逻辑。为进一步夯实队伍建设之根本，需要进一步加快健全中国特色幼儿园教师教育体系建设，全面提高幼儿园教师教育的专业化水平，打造能够适应新时代学前教育高质量发展需要的高素质专业化创新型教师队伍。

一方面，我们应进一步深化学前教育专业改革，充实和创新幼儿园教师培养模式，优化幼儿园教师培养课程建设，不断提升学前教育师范生综合素质与能力，形成贯穿教师专业发展全过程的完整的职业素养标准体系。另一方面，我们应进一步健全幼儿园教师培训制度，加大幼儿园园长、乡村幼儿园教师、普惠性民办幼儿园教师的培训力度，同时，不断健全学前教育教研指导网络，完善教研指导责任区、区域教研和园本教研制度，坚持教研为幼儿园教育实践服务、为教师专业发展服务，切实提升教师科学保教的专业化水平与创新能力

近年来，随着人们生活水平和学前教育重视程度的提高，学前教育得以飞速发展，幼儿园教师培训也列入国家教育发展策略。《国务院关于当前发展学前教育的若干意见》及《国家中长期教育改革和发展规划纲要》等文件中明确指出，要加强幼儿教育师资培训，将幼儿教师纳入中小学教师培养培训

体系。

一、幼儿园教师培训的意义

　　教育家陶行知说:"教人要从小教起。幼儿比如幼苗,培养得宜,方能发芽滋长,否则幼年受了损伤,即不夭折,也难成材。"在国家大力发展学前教育的今天,提升幼儿教师专业素养的有效途径,就是开展务实高效的幼儿园教师培训。一方面,有利于提高幼儿园教师的保教能力和全面素质。只有建立培训质量保障体系,才能为幼儿在身体、认知、语言等方面的持续发展打好基础;另一方面,为幼儿教师的未来发展指明方向。幼儿园教师培训不仅是专业知识的培训,还包括专业能力、专业理念与师德的培训,明确新形势下学前教育的发展方向。

二、幼儿园教师培训中存在的问题分析

　　虽然,近年幼儿园教师培训逐渐常态化。但是,我们在具体的培训实施过程中,还存在一些问题,主要表现在以下几方面:

(一)培训课程设计不科学

　　内容脱离实际。针对幼儿园教师培训的项目必须定位准确,以及要贴合幼儿教育的实际,具备可操作性。目前,幼儿园教师培训课程的设计还存在严重问题,没能和幼儿园教学实际相贴合,安排不合理,可操作性不强。陈鹤琴先生提出课程应为培养目标服务。这种"活教育"思想强调,在课程设置上一定要讲究实用性。但在具体的培训项目上,培训教师往往脱离了幼儿园的教学实际,课程设计注重形式上的完美,与实际的幼儿园教学相去甚远,无法有效实现培训的目的。

(二)培训团队整体质量不高

　　培训质量的高低取决于培训团队的水平。如果培训团队师资的整体力量不强,则不能提高被培训者的保教质量和水平。在众多培训过程中,培训者过多注重名师效应,培训机构没有深入了解培训教师的实际情况,造成培训教师理论性强,但实践能力弱的情况。培训教师所讲的内容和教学方法难以在实际的幼儿园教学中有效开展和实现。这样的培训结果往往是形式主义,根本没有实效性。

（三）培训模式单一化

目前，幼儿园教师培训模式多数还是采取单一的面对面讲授法。这种培训价值取向以单向传播知识为主，培训主体缺乏实践磨炼，不能提供诊断、被雕琢的机会。这种单向信息传递，以理论知识为主，反馈效果差，教师和学员的互动少。这种培训模式已经脱离了幼儿园的教育实践，对提高教师专业水平和全面素质作用不大。

三、务实高效的幼儿园教师培训策略研究

随着幼儿教育的不断改革，幼儿园教师培训必然要讲究务实高效。务实就是讲究实际，培训工作如果脱离了实际，就成了纸上谈兵，毫无用处。高效是指效率高，指在相同或更短的时间里，完成比其他人更多的任务，而且质量与其他人一样，甚至更好。怎样才能使培训务实高效，笔者将从培训内容、培训课程设计、培训队伍建设和培训模式等方面展开讨论。

（一）精选培训内容、做好培训课程设计，提高培训实效

幼儿园教师培训课程设计必须依照《幼儿园教师专业标准（试行）》以及《3~6岁儿童学习与发展指南》的要求，把师德为先、幼儿为本、能力为重和终身学习的理念与知识，融入幼儿园教师培训课程中，形成科学完善的培训课程，才能使幼儿园教师培训务实高效。同时，培训课程设计要与目标结合起来。比如，我们要在课程设计中制定培训的效果目标，就要把培训过程、培训效果及培训后的应用效果调研连在一起。这样，设计出来的培训课程接地气，内容针对性强，才是我们需要的培训，才能够真正提高幼儿园教师培训的质量。

（二）务实高效的核心培训团队建设

随着学前教育的发展和规模的扩大，建设一支务实高效的幼儿园教师培训队伍是当前培训工作的重点。道理很简单，培训者的能力和素质不高，不能培训出高质量的幼儿园教师。建设一支务实高效的核心培训团队，是幼儿园教师培训质量的根本保证。我们在建设培训团队时，要注意以下几个重点：一是注重考查培训教师的实际能力，考查培训教师是否具备丰富的一线幼儿园教学经验。只有具备丰富的幼儿教学经验，所培训的内容才能贴合幼儿园的教学实际，才能从根本上提高被培训幼儿园教师的执教能力和水平；二是要丰富培训

团队成员的来源。培训团队成员应该多从一线幼儿教师中选择,优秀的幼儿园一线教师所拥有的丰富的一线教学经验,对被培训教师十分重要。只有具备一支务实高效的核心培训团队,才能真正实现幼儿园教师培训的意义

(三)创新培训模式

幼儿园教师培训模式应该突破传统培训模式,在传统培训模式的基础上进一步创新,尤其是充分利用互联网技术。互联网为幼儿园教师培训提供了平台,我校通过开展"网络培训",既能实现培训的目的,又能为幼儿教师培训提供充足的时间和空间。同时,利用互联网平台推行网络培训,实行培训学分管理,建立"培训学分银行",提升培训的针对性和实效性。我校要外部借智,即我们需要借助外力,利用外部的优质资源,实施教师异地培训、借师培训。

四、重视青年教师培训

幼儿园的教学工作复杂而具体,幼儿教师面对的是一群快速成长、多元发展的幼儿个体,幼儿的能力有差异、发展需求各不相同。幼儿园的教学工作不是单纯的教学,更多的是与幼儿积极互动,是教师与幼儿共同成长的过程。工作的特殊性质决定了从事幼儿教育的教师必须有较高的综合素质与职业水平,对教师开展入职前培训的重要性不言而喻。

幼儿园应科学研讨培训内容、培训模式、组织形式、评价机制等,使入职前的培训切合实际。如果为新入职教师提供的培训重理论轻实践、重技能轻反思、重表面轻内涵,方法固定、形式单一,那么一些新入职教师将来在面对复杂的工作时会出现手足无措或机械应对的情况。

(一)培训目标的重心转变

培训目标是衡量培训质量的重要指标。设定培训目标首先要找准目标的起点,要基于幼儿园教师专业发展需求、解决教师在幼儿园教育实践中的问题来设定。要通过新入职教师的规范化培训提升教师的思想政治素质、师德修养和教育教学能力。具体的分块目标体现在:一是坚定教师职业理想和规范职业行为二是胜任教学教研工作,三是胜任班级管理与家长工作,四是培养教师自我反思及终身学习的能力。

(二)职业道德素养

在设定培训目标时,要将培养幼儿教师的职业道德素养作为重点内容。"教

师的影子，就是学生的样子；教师的步子，就是学生的路子。"要为培养热爱祖国、坚决拥护党的领导、适应新时代发展所需的优秀建设者和接班人奠定基础，须从提升幼儿教师的政治素养抓起，引导幼儿教师树立正确的世界观、人生观和价值观。教师要自觉遵守国家法律法规，严格遵守职业道德规范，认真履行教师的职责，注重提升自身的人格修养，关心爱护每位幼儿，有高度的事业心和责任感，爱岗敬业、无私奉献、严于律己、为人师表、关心集体，与同事和睦相处。同时，要树立终身学习的理念，不断学习新知识，研究新教材，探索新方法，努力提高教育教学水平和教育科研能力，争做有理想信念、有道德情操、有扎实学识、有仁爱之心的"四有"好老师。

（三）教学能力和班级管理能力

提升教师的教学能力和班级管理能力要作为新入职教师培训的另一个重点。教学能力体现在教学活动的组织实施，班级管理能力体现在幼儿生活、学习、游戏等常规活动的管理。就目前学前教育的发展方向和对教师的素质要求而言，幼儿园的课程已不是传统意义上的学科课程、分科课程，而是充分体现游戏精神和游戏理念，以游戏为本的活动、行为和体验，是幼儿积极主动地与周围环境互动的过程，要让游戏点亮儿童的学习和生活。培训目标要侧重于提高教师读懂幼儿、陪伴幼儿和促进幼儿发展的能力进行定位。参与培训的教师要从开始参加培训时就应对自我目标准确定位，将培训活动当作提升自身能力的必要环节，由被动学习转变为主动学习，从而达到培训目的，取得培训实效。

（四）培训目标的分层递进

在制定培训目标时，除了依据《指南》的目标组织培训外，还要依据《幼儿园教师专业标准》，对照培训对象在各项指标上的优势和不足，确定分层递进的培训目标，在明确的目标指导下可以进行覆盖性培训，也可根据教师自身特点进行选择性培训。这种突出个性化与差异性的培训能够激发新入职教师的内在学习欲望和学习动力。设定分层递进的目标能取得更好的培训效果。

五、静海六幼青年教师培养计划

在上述策略的指导下，我们制定了静海六幼青年教师培养计划：

一是加强青年教师业务培训，辅导青年教师学习业务理论知识，提高业务理论水平，指导青年教师开展各类教育实践活动，提高其实际工作能力。二是每学期开展一次"新星杯"教师专业技能竞赛（说、弹、唱、画、舞、组织教育活动等）依据每学期实际定内容。三是鼓励并支持青年教师外出学习及进行学历的进修。四是鼓励青年教师勇于承担对外接待的任务。五是对于园级骨干教师、园里给予任务、压担子，每学期为青年教师做观摩活动，各方面工作成为园里的楷模。六是加强对青年教师教研能力的培养，帮助他们选择适合自己特点的教研专题，定期深入指导进行教研专题的研究，每学期要有教科研专题的成果。七是开展"师徒结对"活动，要求骨干教师都要带徒弟，共同发展提高。

高质量发展是新时代的主旋律，也是各项事业发展新的历史定位。教育一直是国家发展的重中之重，更是推动各项事业高质量发展的力量之源，教育事业实现更高质量发展是坚持以人民为中心的必然要求，是现阶段改革纵深推进的必然趋势。在办园条件得到基本保障的前提下，学前教育质量提升的关键在于拥有一支数量充足、结构合理、素质优良的学前教育教师队伍。若是学前教育教师数量配备、资质具备到位，影响学前教育质量的核心要素就在于学前教育人员的专业化程度。卓越幼儿园教师的培养是一个多方合力、持续养成的过程。职前教育阶段作为卓越幼儿园教师培养的重要阶段，承担着建立根基的作用，园所需要改变传统的培养模式，设计新型的培养思路，确保幼儿教师教育的质量。同时，也需要"三位一体"多方合力，为幼儿教师培养提供充足的支持与保障。

第四节 监督为辅：建立完善幼儿园教师队伍评价体制

教师评价事关教师队伍建设方向。我国正处于从高速度发展向高质量发展转型的关键期，建设高素质善保教的幼儿园教师队伍，需要积极探索建立幼儿园教师队伍建设的评价制度。为此，国家制定幼儿园保教质量评估指南，健全分级分类评估体系，建立起一支专业化质量评估队伍，将各类幼儿园全部纳入质量评估范畴。

首先，明确评价价值导向，坚持将师德师风作为教师评价的第一标准。《幼儿园办园行为督导评估办法》和《加快推进教育现代化实施方案》都强调师德师风是教师素质评价的第一标准，明确将师德师风作为教师资格定期注册、业绩考核、职称评聘、评优奖励及教职工队伍督导评估的重要方面，通过"树标杆"，积极弘扬高尚的师德精神，通过"划底线"，明确划出师德的底线标准。《评估指南》将师德师风作为教师队伍评估关键指标，提出教师要按照"四有好教师"标准履行幼儿园教师职业道德规范，爱岗敬业，关爱幼儿，严格自律，没有歧视、侮辱、体罚或变相体罚等有损幼儿身心健康的行为。其次，强调突出过程评价，建立聚焦保教过程质量的评价指标体系。针对幼儿园质量评估中重终结性结果评价、轻保教过程考察的问题，《深化新时代教育评价改革总体方案》要求注重过程性、发展性评估，指出"幼儿园教师评价突出保教实践，把以游戏为基本活动促进儿童主动学习和全面发展的能力作为关键指标"。《评估指南》强调聚焦保育教育过程及影响保教质量的关键因素，遵循幼儿发展规律和教育规律，落实立德树人根本任务，强调对班级师幼互动情况、对保教实施过程中教职工的观念和行为的专业判断进行评价，重点关注教师在活动组织、师幼互动、家园共育、环境创设等教育过程中体现出来的专业素质和保教水平。最后，着力改进评估方式，建立常态化自我评估为主、多元参与的评价机制。

针对幼儿园被动参与评估难以发挥评估激励作用的问题，《总体方案》和《评估指南》都强调将自评作为提升教师专业能力的常态化手段，关注幼儿园提升保教水平的努力程度和改进过程，坚持以评促建，充分发挥评估的引导、诊断、改进和激励功能，建立常态化的自我评估机制，促进教师主动和深度参与，通过自我检查、自我评价、自我改进、自我建设，反思自身教育行为，促进专业素质的可持续发展。同时，建立多元参与的评价机制，有效发挥外部评估的导向、激励作用，有针对性地引导教师不断完善自我评估，自觉改进保育教育工作。

针对以上要求，我们制定了一系列教师评价制度，以静海六幼骨干教师评定标准为例：

一是热爱幼儿园、热爱幼教事业、认真履行教师职责、有良好的师德修养，教书育人，为人师表，无体罚或变相体罚。二是具有学前专科毕业及以上学历，具有幼儿教师资格证，具有 3 年以上教龄。三是有基本的计算机操作能力和普通话考核合格证。四是坚持工作在教学第一线，教学工作量饱满。五是 5 年内在县级及以上教育部门组织的教育教学技能评比中获得 2 次及以上奖项（至少一次是一等奖）或在园级各类比赛中连续两次获得一等奖。同时，专业论文在区级及以上获奖，或 2 年内承担或参与市级及以上科研课题有阶段性成果。六是能够了解并尊重幼儿身心发展规律组织教学，所带过的班级一向常规秩序良好，幼儿整体综合素质好，在同类班级中表现突出，3 年内至少获得过一次园级先进班集体称号。七是近三年来没有违纪行为，工作中未出现责任事故。

建成一支师德高尚、业务精湛、结构合理、充满活力的高素质善保教的幼儿园教师队伍，是新时期党和国家全面深化学前教育改革的重要目标。党的十九大以来，尽管我国幼儿园教师队伍建设成就显著，但是由于量大、面广、线长，底子薄、欠账多、发展不平衡，目前幼儿园教师队伍建设仍然不能完全满足学前教育事业发展的需要。

面对新的改革发展任务，积极服务国家人口发展战略，进一步建立健全新时代普及普惠安全优质的学前教育公共服务体系，实现幼有所育，应继续坚持以习近平新时代中国特色社会主义思想为指导，通过政策引领幼儿园教师队伍立足新发展阶段，树立新发展理念，全面贯彻党的教育方针，扎实落实立德树人根本任务，不断推进高素质专业化创新型的专业师资队伍建设。

面对新时代学前教育高质量发展的新征程、新使命，我们应以系统思维和创新驱动进一步破解长期以来制约幼儿园教师队伍建设的桎梏与瓶颈，进一步健全幼儿园教师配备补充、工资待遇保障制度，切实依法落实幼儿园教师的地位和待遇，不断保障和提高幼儿园教师职业吸引力，真正让幼儿园教师成为令人羡慕的职业，形成幼儿园教师乐于从教、安心从教且长期从教的良好局面，努力满足人民群众对幼有所育、学有所教的美好期盼，为努力让每一名幼儿都能享有公平而有质量的教育，为加快推进学前教育治理体系和治理能力现代化提供强有力的人才支撑。

第三章

建乐教之课以育之——幼儿园课程体系建设

过去十年，我国持续、稳步推进学前教育健康发展，实现了学前教育的基本普及和普惠，追求高质量发展已成为新时代学前教育的首要任务。党的二十大报告提出，要加快建设高质量教育体系，这是对教育事业发展的基本要求。学前教育是高质量教育体系中最基础的环节，优质学前教育的保持和延续是整个高质量教育体系建设的发展诉求。

课程建设是学前教育高质量发展的重要环节，课程质量是保证教育质量的前提，也是提升教育质量的重要杠杆。已有研究表明，高质量的幼儿园课程对儿童的认知发展和日后的学业成就都有积极作用。推动优质课程建设，是幼有良育、学有优教的有力保障，是整个学前教育事业高质量发展的重要推动力。

本章将结合新时期幼儿园课程建设的具体实践，从对其本质的探讨出发，为如何建设完善、高质量的幼儿园课程体系提出自己的看法和思考。

第一节　因幼制宜：新时代幼儿园课程建设的本质

在我国，幼儿园课程是一个很特殊的领域。时至今日，在国家文件中很少见到"幼儿园课程"这个词。当然，专业人员能清楚地认识到在这些文件中课程的范畴和内涵之所在。近年来，在地方政府文件中"课程"一词出现的频率在逐步增加。直到 20 世纪 90 年代，甚至到了 21 世纪，一些教育领域的专家仍发出这样的疑问："难道幼儿园有课程吗？"在他们的心目中，课程是系统的学科知识，幼儿还不认识字，哪有幼儿园课程呢？如果幼儿园像中小学一样，人手一套课本，不就违背幼儿身心发展的规律和学习特点了吗？幼儿园教育不就小学化了吗？

幼儿园是学校教育系统的重要组成部分，是教育机构，没有课程就无法落实儿童全面发展的教育任务。因此，幼儿园课程肯定是存在的。对幼儿园课程有疑惑，正好说明幼儿园课程具有特殊性。幼儿园课程肯定跟中小学课程不同，它针对处于感觉运动和具体运算阶段的儿童，通过多样化、儿童多感官参与的活动展开教学，以满足学前儿童的特殊需要。因此，学前儿童的身心发展特点决定了幼儿园课程不是以儿童获得系统的学科知识为目的，也不是以系统地讲授书本知识为手段，它是一个让儿童通过多种感官的参与获得综合性经验的过程，儿童通过获得多方面的经验，实现全面发展。

课程理论告诉我们，课程有强调学科知识的，也有经验性的，还有活动性的。它们的理念和组织形式不尽相同，但都能实现教育的目的。幼儿园课程无疑是偏向活动和经验的。

"幼儿园课程"这一概念产生的历史既悠久又短暂。说其悠久，是因为从幼儿园建立之初，就有幼儿园课程。我国学前教育专家陈鹤琴、张雪门的教育论著中，有很多涉及幼儿园课程的理论见解和实践经验。如果把幼儿园课程看作一个实践领域，那历史就更长了，甚至在教育实践中从来没有缺失过。说其短暂，是因为"课程"这个词在我国学前教育领域有过一段时间实践上的缺失。从 20 世纪 50 年代初到 80 年代之前，很少使用"幼儿园课程"这个词，"幼儿园课程"作为一门独立的高等师范院校课程基本上是 20 世纪 90 年代中期的事了。到了 21 世纪，幼儿园课程才真正成为幼儿园教师难以回避的专业词语。但大家对幼儿园课程的理解可能存在很大的差异。

大家对课程内涵的认识，宽窄不同，焦点不同，样态不同，甚至理念上也有很大的差异。这也在一定程度上说明，幼教工作者对课程内涵尚需形成更多的共识，对课程本质的把握还需要一个过程，因此，还很有可能在观念上和实践中出现问题和矛盾。当今幼儿园课程实践中出现的问题，都与大家对课程的认识不到位、不一致有关。

其实，幼儿园课程就是为了达成教育目标而确定的实践方案及其落实的过程。课程包括不断细化的目标体系以及与目标相对应的内容体系和活动体系。课程中的活动多种多样，包括集体教学、区域活动、各类游戏以及日常生活活动等。

支撑这些活动的是课程资源，包括各种材料、工具、图画书等。幼儿园课程之间的差异往往跟课程理念相关。幼儿园课程从何而来？这要从幼儿园课程的特殊性出发加以考虑。

首先，幼儿园课程不是一个学科知识文本，不会全国采用同一个课程方案，更不会所有幼儿园教完全相同的内容。《幼儿园工作规程》《幼儿园教育指导纲要》《3~6岁儿童学习与发展指南》在不同层面上指导着幼儿园的课程建设。

我们从中可以看到幼儿园课程的基本理念、基本目标、活动原则和途径、环境创设、资源挖掘等方面的基本要求。因此，国家对幼儿园课程建设是有明确的价值指向和实践指导的。正是在国家法规和政策的指导下，不同的机构编制了不同的课程方案。课程方案还不是课程本身，这些方案只有转化为儿童获得经验的过程，才能成为真正的课程。因此，不能仅仅从方案来判断课程是否适宜，但方案的确能在一定程度上反映教育的立场、课程的理念、目标的完整性和适宜性、内容的生活化以及活动的游戏化。

任何课程方案都需要经过园本化的改造，即使是幼儿园自己编制的课程方案，也需要随着实践的逐步深入而不断完善。因此，幼儿园课程建设是一个永无止境的过程。幼儿园教师比其他基础教育阶段的教师要更理解课程建设的重要性，更理解课程的质量对教育质量的影响，更理解课程建设是一个复杂的过程。目前，我国大部分幼儿园还无法独自形成课程方案，需要参照一些现成的课程方案。

一方面，绝大部分幼儿园的课程建设都是从模仿和借鉴开始的。从国家文件到幼儿园课程的形成要经历一个复杂的研究和探索过程，需要进行系统的规划和设计，需要进行选择和比较，需要经过深入的实践和研究。因此，幼儿园借鉴一些成熟的课程方案的做法是可取的。另一方面，幼儿的身心发展规律和学习特点要求幼儿园课程一定要真正从儿童出发，而不是从书本出发，要与儿童的生活紧密结合，把游戏作为幼儿园的基本活动。

　　因此，每个幼儿园的课程是不完全相同的，同一年龄段的不同班级的课程也可能是有一定的差异的。这就要求幼儿园不能只是一味地模仿和借鉴，而应该在观察儿童活动和发展的基础上，充分挖掘课程资源，对课程进行研究和探索，进行改造和创新，进行总结和积累，使课程真正适宜于儿童的兴趣和需要，真正促进儿童的发展。好的幼儿园课程就是要能满足儿童的需要，能引发儿童积极投入，不断获得新的经验，实现全面发展。因此，幼儿园课程建设的实质就是促使幼儿园课程更加具有适宜性、有效性，从而更好地促进儿童的发展。

第二节　协同发展：新时代幼儿园课程建设的原则

　　新时期为幼儿园的课程建设提出了新要求，本节我将从幼儿园课程建设的实际情况出发，探讨幼儿园课程建设应遵循的基本原则。

一、坚持把幼儿作为课程的出发点

　　儿童是幼儿园课程的起点。幼儿园教师的基本素养之一就是了解并理解儿童的发展。教师应能从对儿童行为的观察中、从与儿童的互动中发现儿童的兴趣和需要，能用适宜的方法和手段支持并引导儿童的学习与发展，应能通过环境创设和其他适宜、有效的途径，让儿童不断接受新的挑战，获得新的经验。

　　幼儿园课程建设的首要任务就是观察儿童、研究儿童。根据《指南》的目标，幼儿园要创设丰富多样的环境，促使儿童投入到多样化的活动中，从而实现全面发展的目标。教师作为一名研究者，"要批判地观察儿童，观察你自己的教学乃至其他人的实践，并以此为鉴，不断地评估你的工作对儿童及其家庭的影响；不断探索创新，寻找能证明有效性的证据；通过观察、阅读以及参加非正式讨论和正式会议，向其他人学习；了解其他专业人员当前的工作；以探究的精神对待在教室中的工作——提问、尝试、观察、反思、再次尝试"。

　　因此，幼儿园教师的工作总是围绕着儿童及儿童教育的成效展开。幼儿园课程建设要聚焦儿童，聚焦儿童的生活。3—6岁儿童主要是通过直接经验学习的，他们学习的内容主要不是通过文字和符号呈现的。儿童需要与周围的环境相互作用，因此为儿童创设丰富多彩的环境，提供多样化的材料，引发适宜的活动，不断探索和实践，是课程建设的重要内容。重点工作就是在观察和分析儿童行为的基础上，不断完善课程内容和方法，增强课程的适宜性和有效性。观察分析儿童的行为是幼儿园教师的基本专业能力之一，也是幼儿园教师基本的职责之一。教师对儿童行为的观察和分析，意义重大，作用多样，其中有三点特别重要。

一是有观察的习惯。教师理解观察儿童行为的重要性并愿意花时间去观察，让观察变成制度性的行为，变成习惯，并真正从观察中获益。精心观察是幼儿园教师专业成长的重要途径之一，也是幼儿园教师理解儿童、理解教育及发现问题的重要途径。

一个教师若能坚持每天用心观察，哪怕花十分钟时间，都会得到苦思冥想所难以得到的收获。其实，教师对有些专业书本知识的理解也是可以在观察中不断深化的。

二是在观察和分析中理解儿童的行为。儿童在活动，其实就是在同周围环境中的人、事、物发生相互作用。儿童的外在行为往往是其内在心智的外化。因此，关注儿童的行为，就是在关注儿童的心智建构，在关注儿童的心灵世界。儿童对工具和材料的选择和使用、与同伴的交往、对自己工作的反思、对新材料和新方法的尝试、对发现的问题和现象的探索、对自己行为的记录，都体现了他们对已有经验的运用和新经验的获得，体现了他们对挑战的好奇和期待。走马观花不是真正意义上的观察，带着一定的目的、聚焦对象并有一定持续性的观察才能真正取得效果。

三是在观察和分析中形成适宜的支持策略。对于幼儿园教师来说，观察不是目的，而是了解儿童的手段。教师应对儿童的行为表现进行深入的分析，进一步理解儿童的兴趣和需要，考虑儿童的发展可能，在环境、材料等方面给予儿童适当的支持，让儿童真正面对挑战。

中班上学期，一位教师常常为班上孩子的能力而自豪，孩子们在玩钓鱼游戏时总是很快将"一池鱼"钓完，并按照大小分别放在两个大小不同的塑料筐里，然后将"鱼"重新倒入"鱼池"，继续玩，往往要连续进行好几遍。

这说明这位教师看到了孩子的活动过程，但没有真正观察，没有在意孩子的表情，至少对任务结构和行为挑战的分析不够。试想，用 40 厘米长的钓鱼竿、20 厘米长的钓鱼线、直径 1.8 厘米的磁铁"钓鱼"，且只要求孩子按照大小分类，这种活动对中班孩子来说怎么会有真正的学习呢？哪里来的挑战呢？难怪孩子的表情漠然。

其实，教师只要仔细分析，增加钓鱼竿和钓鱼线的长度，减小磁铁的面积，增加"鱼"和"鱼筐"的分类维度，对儿童的挑战难度就会增加。因此，观察后的分析非常重要。教师对《指南》目标把握越清晰，对儿童行为的分析就越透彻，对儿童相应的学习支持可能也就越适宜。

儿童是课程的出发点，只有遵循儿童发展规律，课程才有可能是科学、合理和有效的。幼儿园课程要以适宜的内容和方式引发儿童主动、充分地活动，让儿童有时间成为儿童，有时间成为真正的主动学习者。

研究课程的起点是研究儿童，教师应努力使课程满足儿童需要，灵活多样、生动有趣、行之有效。要切实创设能引发儿童主动活动并获得有益经验的环境，避免因重复教育、过度教育而浪费儿童的时间。儿童的学习不是简单的行动，是有思维参与的，富有挑战的，能获得新经验的。教师应蹲下身、贴近心，与儿童共同生活，感受儿童的需要，这是教师与儿童相处的重要原则，也是课程引发儿童主动、专注地投入学习的重要保证。

幼儿园课程建设是一项实实在在的工作，对教育质量的提升具有决定性作用。对这项工作，幼儿园要精心安排，持续努力，不断完善。要避免"拿来主义"和形式主义。

所谓"拿来主义"就是不去深入地观察和研究儿童，不考虑幼儿园周围的自然社会条件，完全照搬照抄别人的课程方案，教师成了"教书匠"，而课程不能真正引发儿童主动投入充满挑战的活动，不能有效促进儿童的发展。其中，更要避免崇洋媚外，即不考虑我国的文化因素，不考虑教师条件，盲目引进国外课程。

形式主义的主要表现在于一些幼儿园不把主要精力放在研究儿童、环境和活动上，只注重书面文字工作，把出书当作课程建设，在没有长期深入研究的情况下，拼凑课程方案。更有一些幼儿园花力气在课程的名称上，求新、求异、求洋，缺乏园内认同，缺乏研究支撑，缺乏实践成效。总之，幼儿园课程建设必须回到儿童，回到生活，回到幼儿园的现实，回到探索和实践之中。

二、关注生活，亲近自然

幼儿园课程建设不是简单的编写工作，它依赖于课程的实践。课程实践需要课程方案的指引，课程方案的制定也需要依据课程实践。不同的幼儿园在所处位置、家长状况、儿童发展、社区资源甚至区域文化上都会有一定的差异，这种差异常常反映在儿童的生活中。因此，在实践和探索幼儿园课程时一定要从文本里走出来，走进儿童的生活。

生活是幼儿园课程真正的源泉。张雪门先生说："生活就是教育，五六岁的孩子们在幼稚园生活的实践，就是行为课程。"他认为，这种课程"完全根据于生活，它从生活而来，从生活而开展，也从生活而结束，不像一般的完全限于教材的活动"。因此，他认为幼稚园课程的特质之一就是：与生活紧密关联，来自生活需要，在生活中进行，随生活而不断生发。陈鹤琴先生也同样关注儿童的生活，他在论述"五指活动"时，一方面明确指出健康、语言、社会、科学和艺术五类活动各有特点、缺一不可、有机联系、协同发挥作用；另一方面明确指出这五类活动所构成的课程是建立在儿童的生活基础之上的，生活是课程真正的源泉。因此，幼儿园课程建设必须关注儿童的现实生活，把儿童的发展目标与现实生活结合起来，让儿童在现实生活中发现问题、分析问题、解决问题，表达感受，总结经验。

幼儿园课程应该丰富儿童的生活，扩展儿童的视野，让儿童在真实的经历中学习。幼儿园课程建设要求教师关注儿童的生活，理解儿童的生活，充实儿童的生活，并与儿童共同生活。对于教师来说，与儿童共同生活是贴近儿童心灵世界的重要途径，也是了解儿童需要和兴趣的关键所在。要充实儿童的一日生活，关注和联系家庭生活，密切沟通社区生活，让儿童在生活中不断获得新的经验。关注儿童生活的课程应是生动的、具体的和充满情感的。

时至今日，在幼儿园教育中，教师中心、课堂中心、教材中心的问题还没有得到根本解决，"小学化"现象依然存在。一些教师迷信自己的讲解，迷信符号学习，迷信书面练习，这是幼儿园课程远离儿童生活、远离自然的表现，会严重影响教育质量，影响儿童的健康成长。一些幼儿园的场院设计不够专业，存在大片的塑胶地，绿化近似园林景观，与幼儿园课程、与儿童的学习和发展没有建立联系，课程难以在室外延展，自然资源缺乏或难以得到有效利用。城市公共空间尤其是公共绿地明显不足,儿童回到家里很难有机会接触大自然,一些父母又更在意让儿童进入兴趣班而不是亲近大自然。亲近自然并生发学习已经成为今天幼儿园课程建设中迫切需要关注的课题。幼儿园课程建设也要从活动室里走出来,脚踩大地,仰望蓝天,亲近自然。要充分发挥自然环境在幼儿园课程中的作用。

中共中央、国务院《关于学前教育深化改革规范发展的若干意见》提出,鼓励支持幼儿通过亲近自然、直接感知、实际操作、亲身体验等方式学习探索,促进幼儿快乐健康成长。亲近自然既是改变当今儿童自然缺失现象的需要,更是儿童获得综合的多方面生活经验的需要,还是培养儿童生态文明意识的需要。要充分利用园内、社区及所在区域多样化的自然环境充实幼儿园课程。

澳大利亚学者朱莉·M.戴维斯认为应注重三个不同层面的教育。

一是在环境中的教育,即自然环境就是学习的媒介,户外场地作为学习的环境和资源应被优先考虑。它通常包括对户外的探索,对大自然的研究,使用自然物的艺术游戏活动,种植活动,玩水、沙土、泥巴、木棍和树叶等活动。其目的是要为儿童提供基本的经验,使儿童真正与大自然"亲密接触",从而培养儿童的好奇心、同理心以及对大自然的热爱。

二是关于环境的教育,包括鼓励儿童认识自然系统的功能之类的内容,例如水的循环(雨从哪里来,为什么水坑会干涸)或碳循环(堆肥的过程)。它有助于儿童欣赏并重视自然世界的复杂性以及人和自然系统的相互关联。

三是为了环境的教育,这属于社会政治层面的环境教育,包括对有关社会和环境方面的做法进行分析与批判,例如午餐盒产生的浪费或者儿童排斥外貌或衣着打扮不同的人。在这种批判之后,还要合作解决问题并采取行动,让儿童了解更多社会和环境方面的可持续性策略。

俄罗斯的《幼儿园教育与教学大纲》及《幼儿园教育与教学大纲方法指南》中也有很多类似的见解。例如,提出让儿童认识生物界和非生物界,有意识地产生珍惜自然界的想法,形成生态文化的开端。

又如,提出诸如"让儿童对植物、动物、自然现象以及周围环境的认识更加明确、深刻、系统化""对所有生物的生活现象(进食、生长、发育)形成认识""对自然界内部的因果联系形成认识""在与自然界生物的交往过程中,培养儿童在情感上友善地对待它们"等要求。

儿童对大自然充满好奇，有探索和发现自然的愿望，有亲近自然的倾向。亲近自然是儿童天性的自然表露，也是儿童发展的重要推动力量。日月星辰、雨雪风霜、土石沙水、动物植物等都是儿童乐意探索的对象，也是儿童成长不可缺少的环境资源。儿童与大自然之间有割不断的联系，正是这种联系充实了儿童的经验。亲近自然意味着心理上的接受和靠近，它让儿童获得接触和感受自然的条件和机会，让儿童亲近自然的天性得以展现。亲近自然意味着多感官的相互作用，儿童有机会用自己的方式，调动多种感官，去发现、感受、探索和表达自然，从而获得相应的经验。亲近自然意味着儿童浸润于自然环境中，关注自然的特点、规律、联系，形成生态化的认知和情感以及对待大自然的方式。在大自然中学习有利于儿童理解和适应可持续发展的未来世界。朱莉·M.戴维斯指出，儿童在大自然中获得的经验激发了他们对自然世界的情感认知，或者帮助他们熟悉、亲近自然。儿童在探究自然界时表现出的好奇心和热情是情感认知的主要体现。

在大自然中游戏的儿童有可能发展认知、社会以及身体方面的技能，这些技能和为所有人创造的可持续发展的未来世界息息相关。具有可持续的思维模式要求一个人决定什么是可能的最好生活，而且愿意去质疑、去行动、去参与挑战并表现出适应力。在自然中游戏赋予儿童的地域感和自主感带给他们的是现实生活的经验，这些经过训练而来的经验可以帮助他们在成年后应对更大的问题、做出更重要的决定。这也是联合国和世界学前教育组织所倡导的可持续发展理念在幼儿园中的实践和探索。亲近自然不只是表面的观察，还是整体深入的感知；亲近自然不只是任务的完成，还是愿望的激发；亲近自然不只是单一的学习，还是综合经验的共生；亲近自然不只是短暂的行为，还是持续探究的行动；亲近自然不只是信息的了解，还是思考的不断深入；亲近自然不只是空间的拓展，还是鲜活课程的生发。

亲近自然是儿童学习的重要途径，在幼儿园众多的课程内容中，有自然及其内在相互关系、自然与人类相互关系、自然与文化相互关系的内容，自然学习是幼儿园课程的有机组成部分。亲近自然是儿童学习的重要途径，亲近自然的课程和学习一定是开放的、生动有趣的、充满情感的、持续的和不断拓展的。

三、开展有效的课程审议

课程审议的实质是对课程建设尤其是课程实施过程中存在的问题进行深入思考、讨论和决策。甚至，课程审议就是课程编制的一种模式。通过课程审议，人们真正投入到课程编制中。通过这个过程，教师可以阐明自己的教育理想和价值观，弄清楚什么是应该学习和教授的，明确教育自身的功能。李德指出，课程审议最适合用来解决那些在课程编制过程中造成障碍的、不确定的实际问题。审议是建立在系统的思考、反馈、测评以及控制论原理基础之上的。狄龙也指出，要通过系统思考来进行课程审议，认为审议活动必须经历一个从问题到建议到解决办法的过程。

课程审议不是盲目的和随意的，它有一定的步骤和机制。李德提出了搜集问题、搜集数据、寻求解决方案及制定决议四个步骤。诺伊提出了课程审议的六阶段模式。借鉴这一模式，结合幼儿园课程的特点，可以对这个模式的六个阶段有一个基本的认识。

第一阶段是公众共享。可以从两个层面上看。一是从幼儿园课程的基本问题如价值立场、整体期待、内容体系及实践方式上看，可能不同的人有不同的见解，大家亮出自己的看法，对于课程建设来说非常重要，是真正凝聚智慧和使课程审议取得成效的关键。二是从课程实践过程中遇到的重大问题来说，大家也应该充分表达和分享各自的想法，否则难以达到审议并解决问题的目的。

第二个阶段是聚焦一致的和不一致的意见。这样，一方面可以提升共识，凝聚智慧，避免没有价值的讨论；另一方面可以集中和概括认识上的差异，以便推动讨论不断深入。

第三个阶段是解释立场，尤其是要对不同的观点加以解释，有些不同的观点经过解释是可以相互靠近的，有些不同的观点经过解释能让他人受到启发。经过他人的解释和自己的思考，有人甚至会转变自己的观点。这就是第四个阶段——立场的转变。在课程审议中，如果自己的立场转变了，应该让他人明白，以便大家在新的水平上和视角里进行更加深入的讨论或聚焦更重要的问题。第五个阶段是协商共识，就是经过讨论和协商，大家聚焦问题，说服他人或说服自己去认同所采取的解决问题的行动或措施是正确的。

最后阶段是采取决议，就是达成真正的共识，确定大家认同的行动方案。

以上步骤可以针对整个课程的编制。对整体的或阶段性的课程计划和实施状况尤其是出现的重大问题进行审议是必要的，有时课程审议也可以针对课程运转中的一类突出问题，如课程资源配置和利用问题、教学观念对课程成效的影响问题、不同类型活动的现实成效问题、教师培训与课程实施的适切性问题等。也就是说，用集体的力量审视课程的理念是否科学、目标是否适宜和全面、主题或领域内容的选择是否得当以及实践模式是否有效等较大的问题，这样可以避免课程建设走弯路，可以更好地凝聚共识、解决问题，促进课程的发展和完善。

至于对某一种具体的方法如何使用、某种具体活动情境如何驾驭、儿童的某一行为如何观察引导等非常具体的问题，往往可以通过教师个人或班级的教学研究加以解决。对具体问题的教研讨论很多不是真正意义上的审议，仅仅是对问题提供个人见解和建议，不一定最后形成共识。

这里有一个问题必须加以明确，课程审议作为课程编制的模式，可能具有不完整性和不确定性。它往往需要与其他方式结合起来才能进行完整的课程编制。而且，课程审议主要是针对关键问题的，并不能解决课程整体编制和完善的所有问题。幼儿园不能机械地硬性安排每日审议、每事审议，有些问题大家都清楚，并不复杂，只要落实既定要求就能解决，就不需要专门审议。有些具体问题需要教师长期探索和尝试，审议并不能马上解决问题。因此，不需要对什么活动都实施例行性的所谓"前审议""中审议""后审议"。如果大家对有些事项看法一致，没有突出的问题，就无须审议。有些幼儿园的课程审议存在走形式和应付了事的现象，有些教师觉得审议的事情根本不是问题，审议浪费时间、增加负担；有些教师认为问题是存在的，但在审议过程中没有聚焦问题，没有充分交流意见，最后形成决议时往往是领导说了算，没有真正凝聚共识。

课程审议应激发教师的创造性，让教师充分为自己的观点辩护，同时也让教师反思自己认识上和实践中的不足，因此，它是教师专业成长的重要途径，是一种专业挑战，无论是教师还是课程都可以通过有效的审议实现超越。尊重劳动，凝聚智慧，提升课程建设的成效。课程建设是幼儿园的一项重要工作，也是一项需要持之以恒、坚持不懈的工作，是永无止境的。幼儿园在课程建设中需要一步一个脚印，在实践中不断总结经验，反思教训。

根据幼儿园的现实水平和实际可能，课程建设可以在不同层面上展开。哪怕是按照别人的课程方案去实践，也有一个配备资源、采用具体的活动空间和时间以及处理特定关系的问题，这也是一种起始水平的课程建设，没有一个方案可以让你真正不假思索地去实施的。有的幼儿园对课程方案中部分自己认为不合适的观念、内容、资源和方法进行改造，逐步形成了具有自己价值立场和实践模式的课程方案。还有的幼儿园有自己独特的理念，在课程建设中部分参照其他课程方案，整体上形成了适合儿童和教师的课程方案。这都体现了课程建设的不同水平。无论哪一种水平的课程建设，都应该注重积累经验，注重凝聚智慧，注重继承传统。有些幼儿园对国家的政策法规缺乏完整的学习和理解，对自己的课程实践缺乏总结和积累，缺乏自信，盲目跟风，外面有什么流行的说法，就让教师们跟风。教师们疲于应付，在课程建设上没有实际的经验积累，但却不断地出书。其实在这种情况下，问题就会暴露得越多。国家基础教育教学成果奖获得园的一个共同经验就是：学习政策法规要深入，坚持科学理念不动摇，研究和探索不中断，总结实践有积累，不折腾，不跟风。有几个地方实行园长轮换，少数园长到另外一个幼儿园去就提出一套新的课程见解，让已经在课程建设上走入正轨的教师们无所适从，严重影响了幼儿园课程建设，浪费了教师们的实践智慧。

近年来，很多幼儿园越来越关注课程实践的过程，尤其关心儿童各类活动的过程，并注重对活动的记录，形成了很多学习故事、课程故事、活动叙事、儿童轶事、记录表格、视频、照片。有些幼儿园教师拍摄的照片已经有数百万张。这充分说明大家对活动过程越来越关注，对记录的重要性认识也越来越充分。当然，也有一些教师觉得记录是一种很重的负担。之所以觉得是负担，是因为记录是园长甚至是上级的要求，有些还有数量的规定。一些幼儿园就出现了记录被异化的现象。个别教师为了交差，临时胡编乱造、张冠李戴，或者今年抄前年的甚至去年的，反正园长不可能有时间看那么多的记录。这样既加重了教师的负担，又产生了一堆无用的文字。这是我们今天应该认真研究的管理问题。本来，对过程进行记录是它值得记，因为过程有趣、生动，其中有很多值得思考的问题，对进一步推进课程有价值。但不是人人都愿意自觉地去记录的，为了让大家都记录，就要有外在的规定，所以要求教师有每周记录的数量。越是外在的任务，部分教师越是消极被动、应付了事。如何在教师记录和园长要求之间达成"最大公约数"，让教师们逐步转向真正自觉、自发地记录并充分利用这些记录，是需要进行探索的管理问题。

　　回到记录的根本价值上来，记录是为了评价、改进和提升，记录本身不是目的。有些教师应付了事，是因为没有真正感受到记录的价值。因此，要求教师记录，首先应该让教师感受到记录对自己工作的意义和价值。教师能从记录中看懂孩子，反思自己，或者经过与同事们讨论，能感受到自我成长的力量和方向，就有可能促使自己不断去记录。如果记录仅仅是为了向园长交差，那么很可能远离记录的本质价值。教师交给园长记录，园长看过吗？反馈了吗？园长一个人的反馈足以让教师信服吗？因此，组织教师分享记录，定期讨论记录，充分发挥各种记录的作用是幼儿园业务管理的一项重要工作。不解决价值问题，一定会带来管理问题，甚至还会带来园风问题。幼儿园的课程建设需要这样一点一滴的记录，需要这样一次一次的分享和讨论，需要这样日积月累地增进实践智慧。分析记录能促进教师成长，能促进幼儿园课程的发展。因此，记录并分析活动过程是课程建设的一项重要工作。

　　幼儿园要充分利用和有效拓展教师的实践智慧，这种智慧是幼儿园课程建设的根本推动力量。从课程建设的意义上说，照搬、照抄、照做他人课程方案中的活动是低水平的建设，但如果每个学期的活动都从头开始，教师们一直忙于活动设计，也是有问题的。要避免教师之间在实践经验上的隔绝以及教师个人对既往经验的无视。优秀的活动应该被积累和分享，并在此基础上得到改造和扩展。因此，幼儿园应该建立幼儿园活动库，把教师们在实践中觉得较为有趣、有效的活动按照年龄段及活动类型保存起来，并组织年龄段教师进行讨论和分析，供大家使用、改造和实践。在不断研究儿童的基础上，经常有新的活动入库，不断有教师去改造和完善这些活动，幼儿园的优秀活动就会不断增加，教师之间的讨论和学习就会不断深入，幼儿园课程的基础就会更加扎实，教师们就会更加自信。

　　幼儿园不会轻易跟风，教师也不会轻易放弃自己幼儿园已经很有成效的活动，转而去仿效其他幼儿园的类似活动。这就是对教师劳动和智慧的尊重，也是幼儿园课程建设的基本原则。

第三节 精准施策:新时代
幼儿园课程建设的实践

随着学前教育普及普惠发展的推进,迈向高质量时代的内涵式发展,仍面临诸多挑战,幼儿园课程建设呈现出课程概念泛化、系统性较弱、目标界定不清、课程开发缺少前瞻性等问题,导致幼儿园教育教学质量参差不齐。针对此,本节结合自身实践提出了具体的幼儿园课程建设的实践方法。

一、统筹规划:构想并建设清晰的幼儿园课程愿景

幼儿园课程建设首先回应的是以下问题:最能体现学前教育理念的是什么?对儿童最有价值的是什么?学前教育期望的儿童行为是什么?我们需要在回答这些问题的基础上清晰建构并规划幼儿园的课程愿景。

幼儿园课程愿景的形成过程是幼儿园的课程发展、文化积淀和创新拓展的转变历程,是幼儿园教育目标和课程目标厘清的过程。幼儿园课程愿景是在已有的幼儿园内部及外部的生态环境基础上整合而成的。可以基于对幼儿园生态环境以及儿童发展特点、领域知识、文化基础等各种因素深入分析,形成幼儿园课程愿景。例如,幼儿园管理层和保教人员共同对幼儿园的基础条件和环境进行研讨,探寻全园教师对幼儿园课程发展的共同需求和展望,并根据这些内容建构幼儿园课程愿景。此外,也可以年级、班级或个人为单位进行勾画,之后通过审议、协商、融合构建课程愿景。例如,先由园长及管理层进行课程愿景规划,以此为基础进行全园研讨;接着,通过充分协商形成共同愿景;之后,将共同愿景转化为课程文本;最后,形成具体、细致的幼儿园课程愿景,使每一位教师明确幼儿园的课程愿景。

二、因园制宜:形成并持续改进幼儿园课程方案

幼儿园课程建设的核心是形成幼儿园课程方案。幼儿园的长远发展、保教质量提升,离不开适宜可行的课程方案,明确的课程方案能够确保课程有效实施、有纲可依。

首先，幼儿园需要在国家课程政策的规定下，基于地域文化、幼儿园的现实条件和儿童的发展需求，对课程进行整体规划。

其次，要厘清幼儿园课程方案的主要内容。幼儿园课程方案既是国家政策的具体落实，也是幼儿园课程实施的纲领性文件，直接决定着国家政策的落实情况和幼儿园保教质量，包括幼儿园课程目标、理念、内容、结构等综合内容，核心在于幼儿园提供什么样的课程，怎样安排这些课程，实施这些课程需要哪些条件。课程方案可呈现如下内容：幼儿园基本资料，归纳幼儿园课程发展的条件；幼儿园课程建设的共同体（成员、建设和规划的流程）；幼儿园课程愿景；常规主题活动及特色课程安排，包括主题活动的编排原则、弹性活动的组织与分配、特色课程的组织与安排；幼儿园课程总览，包括课程设计的原则、园本特色、幼儿园课程设计的过程和课程结构；综合主题课程计划，基于五大领域核心经验和本园儿童发展情况形成的学年或学期课程目标、主题活动网络图、主题活动、活动内容来源及选编原则、园本课程实施的计划；课程评价，包括课程评价的组织及运行方式，课程评价的计划与实施安排，评价结果及反馈的应用；课程建设的保障机制或策略，幼儿园课程的管理理念、管理组织体系和管理职责。

三、融合共生：探索多样化的课程活动与教学方式

幼儿园课程体现动态性、过程性、游戏性和情境性，是幼儿在一日生活中获得直接经验的过程。课程实施的基本途径是教学和活动组织，教师需要选择与课程目标和内容相匹配的教学方式和活动形式，才能实现课程要素之间的衔接和儿童经验的连续。幼儿园课程中的活动多种多样，包括集体教学、区域活动、各类游戏以及生活活动等，支撑这些活动的是课程资源，包括各种材料、工具、图画书等。探索多样化的课程活动，挖掘丰富的课程资源，是课程有效实施的保障。

首先，幼儿园的活动需要充分考虑儿童的学习方式，合理安排正式与非正式的学习活动，将集体教学活动、区域活动、日常活动有机结合，引导儿童在现实生活的情境中探究和学习，开展指向真实问题情境的学习，通过问题解决，积累直接经验，结合教师的"教"，形成相关概念。例如，除了幼儿园的一日常规活动外，也可以结合场馆教育，支持儿童在不同的场馆观察、体验；

基于儿童兴趣生成特殊的主题活动，与社区、家庭合作，丰富儿童的活动体验和经历。

其次，探索游戏与课程的融合共生，基于五大领域核心经验、儿童发展轨迹及园所文化，设计并生成游戏化、生活化、情境化的课程活动。幼儿园课程游戏化需要处理好游戏和课程之间的关系，拓展儿童学习的广度和深度。例如，游戏与数学融合有三种方式，嵌入游戏中的数学、以数学为中心的游戏、数学活动中的游戏，这表明儿童不仅可以在数学教学活动中学习数学，也可以在区域和日常游戏中学习数学。儿童对数学的探究和学习，不局限于某一种形式，而是真正在游戏中积累经验，在教学活动中获得概念。总的来说，课程活动和教学方式的灵活多样能够有效地支持儿童进行有意义的学习，需要教师不断提升自己的领域教学知识，及时更新教学理念，基于儿童发展的特点，组织有趣、有效、有意义的活动。

四、评建结合：形成多元、立体、动态的课程评价和反馈机制

党的二十大报告要求加快建设高质量教育体系，发展素质教育，促进教育公平。学前教育是高质量教育体系中最基础的和起始的环节，要充分发挥奠基性和持续性的作用和影响。2022 年教育部出台的《幼儿园保育教育质量评估指南》具有显著的方向性、引导性特点，正确理解和科学落实评估指南是各级教科研机构和幼儿园的重要工作。幼儿园课程开发中的评价应立足于重要幼儿的发展和教师专业技能的发展，打破幼儿体验实验、专家或同行评价的模式，打破时间和地点的限制，创造多样化的性的动态评价过程。

幼儿园课程建设中的评价应立足于儿童核心素养的提升和教师专业能力的增强，突破传统的儿童测查、专家或同行评价主导的模式，打破时间和空间上的局限，构建多元、动态的过程性评价机制。

首先，建立以儿童为本的多主体参与的评价模式。评价需要真正地观察和分析儿童在课程活动中的参与状态；教师作为主体之一，也要适时展开反思性评价，自觉地对课程活动中的问题做出反应，及时分析和解决问题；为保证课程评价的相对客观，课程开发者和管理者、家长也需要参与课程评价，多角度地反馈课程实施过程中的真问题，并以此为依据在后续课程建设中不断改善，促进课程建设的良性运作。

其次，实现课程评价的多元化和立体化。在评价内容上，既要对课程目标和内容的建设和实施效果进行评价，也要对儿童和教师的发展进行评价。例如，评价应当兼顾儿童知识、情感、能力等多维内容，关注课程实施中儿童的兴趣和参与积极性、持续性，关照儿童的个体差异等。在评价方式上，协调好过程性评价与结果性评价的关系，突出过程性评价，对儿童学习情况进行动态观察和记录，结合结果性评价，综合分析儿童发展的真实水平，并进一步分析当前的课程目标和内容是否符合实际，根据结果反馈动态调整课程方案。

第四节　优化路径：幼儿园园本课程建设实施策略

在现阶段的幼儿教育工作当中，园本课程的建设与完善已经成为当务之急的重要工作，需要真正关注幼儿园园本创新发展进程当中的变化特征，由此能够设计并提出切实可行的教学策略，不断提高现有的教学质量，促进幼儿在具体课程学习当中的综合能力与素质提升。

一、幼儿园园本课程建设的现存问题

目前，随着我国幼儿园教学体制的改革，不少幼儿园已开展了园本课程建设，但尚未形成带有自己特点的园本课程。产生这一现象的主要原因就是幼儿教师对园本课程建设的理念不一致，这就造成了目前我国幼儿园的园本课程建设进程缓慢、教学效果欠佳，影响了幼儿园园本课程建设的进一步发展。

（一）缺乏当地特色

对于很多幼儿园园本课程建设工作来说，他们经常根据墨守成规的表现形式，以既定的资源特征为主，为幼儿构建局限性的课程内容，从而忽视创新型的指导观念，不利于设计提出完善的园本课程内容，从而对幼儿的成长和发展产生一定的阻碍作用。特别是在本土化时代的到来之际，很多幼儿园的园本课程缺乏与当地特色的相互联系，从而降低课程本身的实践性价值，不利于在现有的教学阶段中获得预期的实践效果。

（二）缺乏有效联动

对于幼儿来说，其日常的成长与发展离不开家长与教师的相互配合，能够通过相互之间的有效联动，进而共同为其现有的成长和发展工作增添诸多能力支持。但是在现阶段，由于受到传统思想观念的影响，很多家长没有切实关注幼儿园园本课程的建设，从而习惯性地认为自己的孩子只有在幼儿园当中定期上学、放学即可，并不需要在幼儿阶段就接受多样化的课程教学。由此看来，很多家长都经常会忽视幼儿园园本课程的建设作用，并容易缺乏与教师之间的有效联动，从而降低园本课程建设的全面性以及完善性价值。

（三）忽视幼儿发展

随着我国教育事业的逐渐发展，能够对各个阶段的教学工作提出更加明确的要求，幼儿园的教育工作也同样如此。作为幼儿阶段的教师，其应当以幼儿的发展规律为基准，通过设置诸多符合幼儿认知特征的教学内容，从而能够真正起到一定的关键作用，并有利于逐步完善日常的教学工作。但是在许多幼儿园的园本课程建设过程当中，却很容易由于某些教学工作者急于求成，忽视幼儿成长与发展的认知与了解，导致相关的课程建设工作很难切实激发起幼儿的参与兴趣，由此经常降低课程教学效率，无法切实满足幼儿的发展需要。

（四）教师知识技能欠缺

通过走访调查发现，目前制约园本课程建设开展的最大原因就是教师觉得自己的学识和能力不够，无法参加园本课程设置，害怕自己的学识和技能无法达到要求。经过实际了解，幼儿教师的想法和说辞还是有根据的，由于目前很多教师本身的专业能力和幼儿教育改革下的园本课程建设不相适应，而其复杂程度又是人人皆知的。园本课程的设计理念是为了让儿童通过学习去认识生活和世界，不仅在教学上具备科学、艺术以及逻辑等特点，还能够发挥传承文化的作用。在课程的设计上，如果单纯依靠多年积累的教学经验来进行课程的编排，将难以真正地反映出其最初的设计目的。当前，大部分的幼儿园教师对自己的课程设定并没有形成自己的观点，也没有经过相关的专业训练，一旦让这些教师在校园开展园本课程建设活动，必然会影响到课程的质量。但也有一些教师认为自己在幼儿教育领域有了丰富的实践经验，并有自己独特的一套教学方式，不愿意离开现有的教学材料开展园本课程的建设。同时，由于自身的专业知识和技能的缺乏，使得这些教师对园本课程的建设越来越反感，从而影响到其发展和实施的成效。

（五）幼儿园管理制度匮乏

目前，我国的幼儿园管理模式主要是以等级式管理模式为主。在幼儿教育中，较为注重优化教学目标、贯彻教学任务、制定教学规范等。我们都知道，幼儿园的园本课程建设离不开幼儿园的配套制度，已启动的园本课程也必须有相应的制度来保证课程能够持续执行。因此，在幼儿园园本课程建设中，建立合理的管理体系是确保其目标得以实现的根本保障，这对于幼儿园的课程建设有着十分重要的作用。然而，由于目前的等级式管理方式，在幼儿园中教师存在着不同的职务层级，教师从平等的地位变成了上下级的关系，导致了幼儿教师之间缺少了平等、民主的沟通。在幼儿教育的进程中，幼儿园的园本课程建设都是由幼儿园的管理者来决定的，管理者对教师的教学行为进行管理，包括建立一系列规章制度、教师管理制度、教师岗位职责制度、教师教学评价制度、教师奖惩制度等，在一定程度上，这些制度确保了幼儿教师的工作效率，但是由于职位晋升、职称晋升等原因，幼儿教师之间存在着一种恶性竞争，使得幼儿教师无法集中精力进行幼儿教育和园本课程的建设，更无法形成一个统一的整体。

目前，由于缺乏相应的管理制度和师资培训，园内和园外的课程资源得不到很好的开发利用，而且园本课程评价体系也不完善，导致幼儿园的园本课程建设难以顺利开展。

二、幼儿园园本课程建设的必要价值

（一）有利于提升日常教学空间

在日常幼儿园阶段的教学工作当中，可以通过园本课程的优化建设，真正提升日常的教学空间。由此能够在依据幼儿教育大纲的指导要求之下，不断贯彻落实幼儿阶段的教学要求，能够真正通过创新化的组织建设，努力为园本课程的建设工作提供一定的指导作用。除此之外，园本课程的建设还能够提供众多教学空间，从而可以有效促进教师与学生的共同发展，不断提高幼儿教学工作效率，真正贯彻落实教育部的相关规定。

（二）有利于完善教学环境氛围

在现有的幼儿教育过程当中，能够通过园本课程的建设与完善，进而增添诸多教学资源与内容, 从而能够真正拓宽现有的教学范围, 不断通过逐步地创新完善, 以及实现周围环境的优化设计, 有利于以此构建良好的幼儿园教学氛围, 不断通过教师与幼儿的良好配合, 能够积极保持良好的互动关系, 努力促进幼儿的沉浸式学习。由此可以适应幼儿园阶段的教学氛围, 不断展现日常教学工作的实践价值。

(三) 有利于满足幼儿成长需要

幼儿阶段作为幼儿首次接受集体教育的时期, 能够成为促进后续成长和发展的重要基石。如此能够真正奠定良好的基础保障, 不断有利于促进日后学习的持续化发展。因此, 在构建园本课程内容的同时, 能够紧紧围绕幼儿成长发展的基本需要, 并能够在综合当前发展情况的前提之下, 积极通过融合不同种类的文化内容, 能够真正起到开拓幼儿视野、促进幼儿发展的有效作用, 从而可以真正联系身边的各类资源, 不断通过构建完善的课程体系, 以切实提高幼儿园园本课程教学的效率水平。

三、幼儿园园本课程建设的关键要点

(一) 树立明确建设目标

对于任何教育工作来说, 必要的教学目标都是首先需要得到确定的重要内容, 由此能够形成明确的行为导向, 真正为后续的实践工作提供一定的指向性作用。因此, 在构建幼儿园园本课程时, 则应当首先依据现有的幼儿教育大纲, 能够在教育部的相关要求之下, 逐步制定明确的幼儿园园本课程建设目标, 从而能够将预期可能达到的实践效果体现出来, 并由此真正引起相关指导教师的关注, 有利于通过切实有效的实施工作, 真正为提升相关教学质量而努力。

(二) 养成正确建设观念

教师在开展幼儿园园本课程建设的过程当中, 必须积极树立正确的思想观念, 能够充分认识到园本课程与其他课程之间的异同点, 由此可以真正通过多元化的创新建设, 不断凭借融入更多有效的课程资源, 有利于以此提高日常教育工作的实效性作用, 努力为幼儿的未来发展奠定良好基础。除此之外, 教师需要积极参与相关的学习培训, 能够充分认识到特色化园本课程建设的关键, 并能够在吸收诸多成功经验的基础之上, 更加完善自己现有的教育观念, 真正发挥以幼儿为本的原则性要求。

（三）制定完善建设环节

对于幼儿园园本课程的建设工作来说，无论相关教学资源的选择还是教学方法的应用，都应当成为教师经常考虑的重要内容。因此，教师可以在现有的教学过程当中，不断通过制定有效性的评价手段，能够对自己在开展园本课程教学时的基本表现进行一定的评价与分析，由此可以真正发现自己教学过程当中的不足之处，并积极通过适当的改进与完善，不断塑造切实可行的教学计划，有利于由此能够提高日常的教学效率，不断通过完善的教学设计，努力满足幼儿阶段的发展需要。

四、幼儿园园本课程建设的有效策略

（一）营造良好的环境氛围

为了能够提高幼儿园园本课程建设的实效性作用，真正激发幼儿的参与兴趣，由此形成良好的互动氛围，努力满足园本课程建设的基本要求。因此，教师要灵活融入多样化的资源条件，能够通过不同类型的资源内容，努力贴合相关的园本课程内容，有利于真正以营造良好的环境氛围为主，不断吸引幼儿参与其中。由此能够通过相关环境氛围的展示，让幼儿可以在具体的主题活动当中得到全身心的投入与提升，有利于以此真正提高课程建设的具体要求，不断满足现阶段幼儿成长与发展的真正需要。

（二）开拓创新的建设模式

对于教师来说，需要积极开拓创新的建设模式，能够以多样化的表现形式为主，真正调动幼儿的参与兴趣，由此可以不断满足相关的课程教学要求，努力提高现有的教学质量与水平。因此，教师可以设置小组合作的教学模式，让不同特点的幼儿集结在一起，能够由教师参与相关的引导作用，并带领他们积极通过相互之间的合作与帮助，能够深入了解园本课程的相关内容，由此可以明确区分课程教学的重难点，不断便于掌握更多完善的资源内容。除此之外，教师也可以灵活运用多媒体教学设备，能够通过融入动画、视频等多种形式的媒体资料来真正构建良好的环境氛围，由此可以将许多抽象型的内容简单介绍出来，并通过帮助幼儿深入理解其中的重要内容，积极达到预期的相关教学目标。

（三）融入本土的文化特性

通常来说，幼儿园园本课程与其他的课程建设较为不同，更加需要融入多元化的本土特色元素，用以充实日常的课程内容。而在现阶段的幼儿教育工作当中，更加需要以本土化的特色要求为主，通过丰富多样的内容建设，不断提高课程教学的差异化特征，由此能够积极发挥园本课程教学的主要作用，不断通过融入本土化的特性元素，能够真正弘扬当地的传统文化，有效满足现有文化发展的独特需要。由此可以提高课程建设的具体作用，并用以努力落实相关的指导要求与目标。

（四）构建良好的家校联动

为了能够切实激发幼儿的参与兴趣，并通过以此来营造良好的教学氛围，相关教师可以在构建相关园本课程时，与幼儿的家长进行一定的交流和沟通，从而可以吸收更多家长群体的独特想法，由此逐步拓宽园本课程建设的覆盖范围，不断通过稳定地创新与完善，共同促进幼儿的成长与发展。由此可见，必要的家校联动机制应当是幼儿园内课程建设的一项重要方针，能够从实际角度入手，切实考虑不同课程内容的影响作用，以此可以逐步提高现有的教学效率，不断彰显幼儿园园本课程建设的有效价值。

（五）培养教师协作文化

教师合作文化的形成有利于师生间的互信与交流。在合作文化的作用下，所有幼儿园教师都要积极参与，制定有利于幼儿园长期发展、促进幼儿健康成长的政策。同时，还对教学过程、教学活动等方面的问题进行了讨论，使之能更好地反映出民主与和谐的文化氛围。幼儿园教师要在教学实践中不断学习新知识和新方法，以适应新形势下的园本课程建设与发展。为此，要根据教师的学习需要，建立完善的教学体系，为教师创造一个良好的学习环境，使其能够在较好的学习条件下达到心理和专业知识的需要。与此同时，幼儿园的管理人员还应当重视幼儿教师的组成比例。在幼儿园园本课程建设过程中，教师协作文化的培养也应以个体发展为重点。幼儿园管理者要善于发掘幼儿教师的长处，并将其与其自身特点相结合，使其在教学工作中受到关注和尊重。教师协作文化的建立要求幼儿园管理者真正认识每一位教师，在管理中要做到以人为本、奖惩分明，在日常工作中要密切关注教师的状况，因为教师的状况将直接影响到幼儿园的设计与发展，同时也会对儿童早期教育的品质产生一定的影响。

在教师的发展过程中，教师应从发展的角度去看待他们，给予充分的机会，使教师的专业知识能够得到提高，充分挖掘教师的潜力，让每位幼儿园教师都能有机会充分发挥自身的教学智慧，还要实施科学有效的奖励机制，防止幼儿教师产生职业倦怠。

（六）规范制度文化

想要开展一项系统性的工程，就要有一个健全的制度作为保障，开展园本课程也一样。在该课程的建设中，要从国家和区域层面制度入手。同时，幼儿园的管理人员也要在本园从工作中建立的文化基础上，深入分析幼儿园工作的开展情况，对相关制度进行完善。该课程的建设，需要规范教学相关的研究工作、提高教师的培训质量、完善课程评价机制等方面的制度。利用规范制度工作，让园本建设能够切实开展。园方要重视教师教学制度建设，保证教学研究工作能够顺利开展，从而加强教师教研中专业能力的成长，使教学水平得到提升。园方在注意教师教研工作开展的过程中，要将关注重点放在教师教研工作的开展过程上，并根据教师开展园本课程中遇到的教学问题以给予相应的帮助，尽可能改善教师开展教研工作时的研究经费问题，减少教师的后顾之忧，保证幼儿教师在民主、和谐的环境中开展教研工作。对于教师个人的发展层面，园方的管理层要适当给予资源倾斜，关注教师在建设园本课程过程中取得的成果，从而给予教师不同的帮助，建立对应的奖励机制，确保幼儿教师保持积极的工作态度，减少教师的后顾之忧。通过大力支持园本教研工作，提高幼儿园中学术研究氛围，总结出更多先进的教育经验。

园本课程的建设能够在幼儿园阶段占据着重要作用，并通过特色化的创新与发展，进而能够对幼儿的日常成长与发展产生着重要的促进作用，由此能够真正贯彻开创性的基本要求，不断对幼儿的身心发展以及能力提升产生着重要的实践价值，并有利于以此满足幼儿阶段学生学习的基本要求。但是，在当前阶段有关幼儿园园本课程建设的工作仍旧存在着诸多问题，容易降低课程建设的具体效果，并对幼儿的成长发展产生消极影响。因此，无论幼儿园内的领导者还是相关的指导教师，都应当真正从幼儿的实际特征出发，积极依据相关的认知发展规律，不断通过完善的设计与规划，真正融入诸多本土化的文化特性，有利于以此满足幼儿的成长需要，不断提高幼儿园教育工作的有效性价值。

第四章

营爱国之境以化之——幼儿园思政教育建设

儿童强，则少年强；少年强，则中国强。儿童是祖国的希望，民族的未来。儿童处于成长的关键时期，要坚定不移地抓好小学思政教育，从教育理念上正本清源，回归立德树人初心，为儿童扣好人生第一粒扣子。

思政课程不仅高校需要，幼儿园更是必不可缺。在中华民族伟大复兴的战略全局和世界百年未有之大变局相互交织、相互作用、相互激荡的时代大背景下，"大思政"理念及相应课程应运而生，"大思政"格局逐渐形成。现如今，思政课授课主体已由思政课教师拓展为其他学科的教师、学校行政管理人员乃至校外具有显著思政色彩的社会育人力量，形成了社会各界共同奋进、共同解决课程思政难题的良好氛围和"大思政"格局。要以"大思政"格局形成契机，让思政教育充分融入幼儿园日常教学全过程，努力培养社会主义事业建设者和接班人。

本章将从幼儿园思政教育的关系处理、教师思政能力的提升、幼儿园思政教育的具体实施等方面入手，阐释如何在新时期，在幼儿园建设"大思政"。

第一节　育中国心：幼儿园思政教育的关系处理

2014 年"课程思政"的正式提出，再次刷新了所有教育人对思政教育重要性的认知。2022 年，习近平总书记对思政课的本质和宗旨、方法和途径又做了明确指示。学前教育作为基础教育的开始，面对 3—6 岁年龄段的幼儿，如何把"大道理"讲深、讲透、讲活，依旧是一项需要不断创新、具有挑战性的工作。以六幼的思政建设为例，思政教育的开展在最初也引来诸多不解，如：孩子这么小，他们懂什么？提前灌输政治类东西，会不会为时过早？而我们在思政教育的建设中发现：思政教育不等于政治教育，幼儿思政教育不等于幼儿园思政教育。

如何让幼儿园的思政教育具有学前教育领域的特点，如何让思政教育发挥为教师积淀教育信仰、为幼儿打好精神底色、为家长输送德育能量的全育作用，我认为，需要处理好以下三方面关系。

一、处理好"一盘棋"与"先手棋"之间的关系

思想政治工作是幼儿园各项工作的生命线，只有方向不走偏，育人功能才会不走样。抓牢"关键少数"在实现"立德树人"这个根本任务的过程中，解决"桥或船"的问题就显得尤为重要。

为此，幼儿园需精心培养和组织一支过得硬、靠得住的核心队伍，从"关键少数"开始，其一言、一行、一举、一动，都要修养到不愧为人之师表的地步，使榜样的力量成为行走中的党课、团队中的楷模。这个"关键少数"，首先是班子成员的头雁效应，大是大非面前的政治立场、急难险重任务面前的勇于担当、既能任劳又能任怨的忠诚品格，都将是幼儿园思政教育的"活"教材，也是幼儿园思政教育工作部署的"先手棋"。

其次是要善于挖掘教职员工队伍中的"关键少数"，如要善于发现在某一方面已经崭露头角的优秀教师，通过新媒体宣传的方式，鼓励他们成为营造思政教育环境的支持面。打造品牌效应开展"党建＋课题双轨思政探究"新模式，前者指向教职工的思政教育，强"立德"修炼内功，后者指向幼儿的思政

教育,重"树人"坚守初心,从而实现八小时内外、线上与线下、显性与隐性教育相统一的"行为示范"作用,杜绝"两张皮"现象。如创建"星级"党小组阵地建设,充分发挥纪律作风严、业务融合好、学习氛围浓、服务群众实、创新意识强的党员先锋作用,通过党建活动月、党员考核单,把思政工作做在日常、做到个人;创建基于思政小故事为主体的思政教育主题墙,通过伟人故事、英雄故事、运动健儿故事、科学家故事、劳动者故事,让英雄人物在师幼的走走停停间浸润心田,提升心智素养;创建思政直播间微信宣传,通过固定时间、全员讲述的方式,唤醒师、幼、家长对无数先烈、行业楷模的致敬和尊崇,让教育更具中国精神;创建师、幼、家长行为规范,通过"有政治底色肯常学常新""有健康体魄懂勇敢坚持""有榜样力量善反思育己"的方向引领,共同传递"爱国是人世间最深层、最持久的情感"。

二、处理好"想大问题"与"做小事情"之间的关系

幼儿园思政教育若要稳扎稳打、切实推进,则需要有把虚功做在实处的教风。建立"大思政观"思政主题教育与日常思政渗透教育,两者是"主渠道"和"微循环"的辩证关系,相辅相成,缺一不可。前者考量的是教师设计思政活动的教学基本功,后者考量的是教师关于立德树人的深度思考;前者通过富有仪式感的形式为幼儿接受思政教育留下一个个里程碑,后者通过水滴石穿的感化让幼儿真正成长为一个有爱国情、强爱国志、懂报国行的中国人。如,利用重要节日精心设计主题思政教育,邀请现役部队官兵、抗美援朝老将、省市党校家长如约走进思政课堂,一段亲身经历、一张泛黄旧照、一块压缩饼干、一枚领花手环、一幅抗战地图,都足以让幼儿对"英雄"这个响亮的名词油然升起无比崇高的敬意。从听故事到讲故事,再到讲好自己的故事,就是幼儿园教师从思政主题活动向生活中的思政积极过渡的完美衔接。如,备课本上可以增加"今日思政小故事"一栏,用倒逼的方式促进教师养成"传道"的思考常态,再通过教研进行提炼汇总,逐渐形成以幼儿为中心的"思政小游戏""思政主题墙""思政好绘本"等系列教育内容。

要细化"小思政点"。幼儿园开展思政教育活动,务必规避"三个不要",即幼儿听不懂的话不要讲,幼儿够不着的要求不要提,不能使幼儿产生共鸣的活动不要搞。教师要时刻站在幼儿角度,努力寻找每一个教育契机中的思政

价值。如，二十大开幕会的观看活动，倘若只是拍一张照片、立定站好跟唱国歌，实则没有什么教育的力量。

这个时候，如果我们和孩子的互动话题是这样的：这是什么地方？（了解人民大会堂是组织重大活动的场所）能到这里的人都是怎样的人？（各行各业非常优秀的人）他们集聚在这里干什么？（共议和老百姓密切相关的事情）你认识开幕式上坐在最中间的那个人吗？（认识国家领导人）大家为什么要默哀？什么是先烈？（知道人们向逝去的英雄表达敬意的方法）能将社会大课堂中的"大问题"融合到幼儿一日生活中的"小事情"上，激发共情、引发思考，这是对幼儿园教师有效开展思政教育的基本要求。

三、处理好"家园携手"和"有效共育"之间的关系

家园共育是提高幼儿园教育质量，提升教师教育教学水平；提高家庭教育科学性，提升家长教育能力的有效途径。我国幼儿教育进入了一个寻求公平而有质量的新阶段，高质量的幼儿教育课程是重中之重。长期以来，家庭教育课程是随机的，碎片化的，没有系统性和规范性，把幼儿园高质量的课程引入家庭教育，让家长了解幼儿园的教育教学，在教育内容上与家长形成共识，同步共育，培养目标一致，家庭教育才能落在实处。

（一）建立家长资源库

这是一个关系到思政教育的主战场问题，习近平总书记在关于教育工作的系列重要讲话中，称教师为"大先生""筑梦人""系扣人""引路人"，幼儿园要最大化地把这一教书育人责任延伸为社会责任，通过家园携手，实现有效共育。我们可以从以下几方面入手：一是对每年的新生家长进行教育资源梳理，根据幼儿园工作需要和家长职业特点，可分别组建面向教职员工的党史学习教育宣讲组，面向幼儿的思政小故事讲述组，面向单亲家庭的心理助力关怀组，面向全园家长的"我为幼儿园发展献策"家委会组，只有将这项工作制度化、常态化，才能够更好地体现家园共育"家"在先的主体责任；二是制定各组工作职责，通过制度保障让小组成员的选拔与换届、活动的组织与对接、资料的整理与宣传等工作固化下来，特别是在幼儿园重要变革、重要决策、重要事项方面，实行家委会发声模式，和谐的育人环境、知行合一的工作作风，本身就是思政教育最好的环境创设；三是启动"园长谈心谈话日"，以园领导班

子成员为主，以"月"为单位展开，做到"两个提前、两个结合、两个留存"，即提前向家长进行需求征集、提前和家长约定面谈时间，结合当前社会关注度较高的敏感话题、结合班级家园共育中的难点堵点问题，谈话记录要留存、家长反馈要留存。最好的尊重，莫过于让家长知道幼儿园教育行为背后的专业思考。这样，家庭才会真正成为思政教育的主战场。

（二）树立家长"典范"

必须有家庭的参与，幼儿思政教育才算圆满。如：我们可以通过新生家访家长沙龙等方式，积极宣传家庭建设的重要性和成功案例，鼓励每位家长要做自己孩子人生成长中的"典范"；园领导可以加入班级家长群，通过家长和教师的对话及时察觉优秀家庭教育的典型行为，并以小专题报道的方式给予积极回应，鼓励每位家长争做班级正能量传播的"典范"；每年大班毕业时，积极选树重大活动随叫随到、家长志愿勇于争先、育儿经验堪称榜样等方面的优秀家长，并为他们录制获奖感言，作为下一届新小班家长开学第一课的榜样对标"典范"。

《教育部关于进一步加强新时代中小学思政课建设的意见》强调，育人的根本在于立德，思政课建设要融入人才培养全过程、各方面，要充分彰显思政课政治引领和价值引领功能。幼儿园思政教育只有做到家庭、幼儿园、社会同向发力，才能真正实现"只有教育才能让人称其为人"的思政力量。

第二节　做好教师：幼儿园师德师风的建设要求

新时代背景下，学前教育行业得到了国家、社会、家庭多方面重视，落实全新教育理念、树立正确教育思想，是幼儿园教师工作重点。受传统教育影响，部分园所对教师监管不到位，导致幼儿园师德师风不够完善，不仅影响了园所的长远发展，也影响了幼儿教育教学质量。因此，幼儿园要加强师德师风建设，认真学习国家政策及教育方针，提升教育质量，为幼儿打造高质量、高标准的学习环境。

本节我将从幼儿园师德师风建设的要求出发，结合六幼师德师风建设实际，为幼儿园师德师风建设提供自己的思考。

一、幼儿园师德师风建设的基本情况

（一）幼儿园师德师风建设的内涵

师德师风建设是一个长期、持续性的工作，要求每一个教师认真配合，严格要求自身行为。在幼儿园师德师风建设工作中，教师要严格要求自己，建立正确的教育观、价值观，公平对待每一名幼儿；在教学生活中落实"为人师表"理念，做到"身正为师，德高为范"，为幼儿树立良好教育榜样，用自身的行为给予幼儿正面引导；在岗位工作中做到"终身学习"，学习全新教育理念，将实践活动与理论知识有效结合，秉承"活到老，学到老"观念，不断强化自身专业素养，更好地建设我国教育事业。

（二）幼儿园师德师风建设的必要性

首先，幼儿园师德师风建设是幼儿德育工作的现实要求。作为我国基础教育的重要组成部分，幼儿教育工作一直以来受到社会各界的重视，幼儿园需要将立德树人教育理念渗透到方方面面，确保教学活动符合幼儿的特点。在幼儿园教育工作开展期间，教师需要将幼儿情感教育以及行为认知教育作为重点工作，并将德育教育渗透到幼儿的生活与学习中。幼儿教育不仅需要在课堂教学过程中进行，更应该切实地融入幼儿实际生活。幼儿教师要发挥好引导作用，促进幼儿身心全面发展。

其次，师德师风建设是幼儿教师专业发展的内驱动力。从宏观角度来看，随着我国教育水平的不断提高，只有培养一批具有较强专业素养以及实践技能的高质量教育人才队伍，才能实现幼儿教育领域的创新发展。加强幼儿园师德师风建设，能够为构建高质量教育人才队伍奠定良好的基础。加强师德师风建设，能够引导教师将压力转化为动力，使教师将职业道德素养作为各项教学工作开展的内驱力。

最后，师德师风建设是幼儿园实现良好教育的基本前提。在幼儿阶段帮助幼儿树立正确的价值观能够为幼儿未来发展奠定良好基础。从实际教学角度来看，幼儿在思维认知形成的关键时期容易受到人为因素、环境因素等多种因素的影响，而幼儿教师作为幼儿在幼儿园中接触最多的群体，其言行举止会在一定程度上影响幼儿，部分幼儿会将教师作为自身学习的榜样。但由于幼儿认知水平较低，往往不具备明辨是非的能力，因此教师需要在教学期间时刻规范自身的言行举止。只有身体力行地为幼儿树立良好的学习榜样，才能够充分发挥幼儿教师的内在价值，因此师德师风建设是实现良好教育的基本前提。

（三）幼儿园师德师风建设的现状

新时期下，我国幼儿教育领域的蓬勃发展有效推动了幼儿教学活动的高质量开展，但从实际情况来看，依旧有部分幼儿园在师德师风建设中暴露出不少问题。

1. 幼儿教师整体素质有待提升。

近年来，随着社会对幼儿教育重视程度的不断提高，幼儿教师师德师风所受的关注度也在逐渐提升。我国大多数幼儿园教师都能够严格遵守师德师风规范，在教学期间恪守职业道德准则，具备良好的职业道德素养。但是仍然存在部分偏离师德师风规范的现象。如少数教师为加强班级管理，用严厉的话语制止幼儿的不良行为举止，虽然维护了课堂教学纪律，但却对幼儿内心产生了一定的创伤。此外，还有部分教师没有充分尊重幼儿群体的个体差异性，对待幼儿缺乏足够的耐心等。

2. 招聘流程缺乏严谨性。

幼儿园招聘幼儿教师时，通常需要对应聘者进行心理问卷调查，然而部分幼儿园却省略了这一步骤，或是没有对此引起充分重视。虽然心理问卷并不能详细地反映出应聘教师的心理状态，但能从侧面反映出应聘者是否具备能够从事幼儿教育的心理素质水平。心理素质水平是影响教师师德师风建设的关键，倘若幼儿园招聘时缺乏严谨性，未充分重视教师的心理素质情况，将会影响幼儿园的整体办学质量。

3. 教育教学方式有待改进。

关爱幼儿是幼儿园教师职业道德建设的核心内容，是衡量师德水平的一个重要标准。在实际教学过程中，部分幼儿可能出现大喊大叫或哭闹、争执等表现。面对这种情况，有的幼师可能会失去耐心，并以斥责的方式要求幼儿停止此类行为。这种教学方式会导致部分幼儿对幼师产生害怕心理，进而影响到幼儿未来的生活和学习。教师应从幼儿角度出发，正确看待幼儿的种种行为，并呵护关爱幼儿。

部分幼儿由于原生家庭以及个人经历的影响，在日常生活或学习中不爱交朋友，不愿意回答教师的问题。此时教师应从幼儿感兴趣的角度出发，充分激发幼儿的学习兴趣，引导幼儿与他人交流沟通。但部分幼师并未从幼儿的内心出发，仅仅要求他们严格遵守幼儿园的相关规范，并未与幼儿群体构建顺畅的沟通渠道，这会导致教师的教学方式难以满足幼儿群体的实际需求。

4. 培训学习机会较少。

通过与该幼儿园幼师沟通交流，笔者发现，幼儿园重点关注教师专业素养及实践技能的提升，通常通过开展培训班以及教学研讨会的方式，要求幼儿教师不断提高自身教学能力，但却并没有针对教师师德师风建设方面建立教学管理体系，开展培训工作。有关调查显示，教师入职后参加师德师风培训的次数比正常教学培训少，幼儿园开展的培训活动主要集中在专业知识以及教学技能方面，关于师德师风的相关培训活动较少。这是因为幼儿园并未加大资金投入力度，没有为幼师提供关于师德师风建设的多种培训学习机会。大多数教师外出参加培训的机会较少，法律政策等相关知识也难以得到及时更新。

此外，该幼儿园幼师在日常工作期间通常通过互联网平台学习幼教知识等方式提高自身专业能力，即便遇到问题，也只能在课余时间与其他同事进行沟通交流。产生这一现象的主要原因在于幼儿园未对教师师德师风建设给予足够重视，没能正确认识专业培训在幼儿教师专业素养培养以及师德师风建设中的重要意义。

（四）幼儿园师德师风建设措施

1. 提高幼儿园教师准入门槛。

无论是公办幼儿园还是民办幼儿园，都需要严格遵循幼儿园教育标准招聘从业人员。如优先招聘学前教育相关专业的毕业生，无从业资格人员一律不予聘用。倘若不具备相关证书，应聘者须向幼儿园提供正规学历证明以及教育特长证明。需注意的是，倘若无证特批教师上岗两年内依旧没有取得从业资格证书，则需要结合实际情况将其转为非教学岗位或对其停止录用。

在招聘过程中，幼儿园不仅需要考查应聘者是否具备较强的专业能力，以及是否能够结合新时代学前教育理念开展教学活动，还需重点考查应聘者的道德品质以及心理健康水平，观察应聘者是否具有较高的教育心理水平、正确的角色认知等。幼儿园还需构建心理疏导机制。年轻幼师在日常工作期间遇到任何问题，都可通过教学研讨会与经验丰富的幼师展开探讨，共同解决问题。例如，部分教师在日常工作中会因教学压力较大导致自身情绪难以掌控，此时便可通过心理疏导缓解心理压力，仔细分析问题形成原因，学习如何加强情绪管理，优化教育教学方式，在思维碰撞过程中学习优秀的教育理念以及教育方式。

2. 提升教师专业修养。

首先，幼儿教师需要充分认识到自身在幼儿教育中的角色和价值，提高对幼儿教师身份的理解与认知，认清自己的工作职责以及社会功能。在实际教学期间，幼儿教师扮演的引导者和促进者角色对幼儿健康心态的养成具有非常重要的作用。过硬的专业技能以及深厚的教育理论是促进幼儿认知水平提高的关键，良好的职业道德修养以及专业修养是促进幼儿身心发展的先决条件。

其次，幼儿教师需要树立奉献意识，能够献身于幼儿教育行业，充分贡献自己的力量。幼儿教师需要具有爱岗敬业的精神，全面服务幼儿教育。由于幼儿正处于成长与发展的关键阶段，因此教师需要严格要求自己，规范言行举止，为幼儿树立榜样示范作用。

最后，教师需要从心底热爱幼儿教师这份职业，用爱去教导幼儿，与幼儿经常交流并一同玩耍。教师需要时刻怀着爱心去教育幼儿，才能够切实地从幼儿层面思考问题，帮助幼儿健康成长，最终促进幼儿教育工作的顺利落实。

3. 树立合作共赢意识。

幼儿教师需要提高自身的沟通交流能力，树立合作共赢意识，提升合作能力。幼儿园要认识到团队合作的力量，引导教师与其他优秀教师组成互助团体，实现教学质量的提升，解决存在的教学问题。

教学期间，教师要充分认识到合作的重要性，相互理解、相互配合，营造良好的教师团队氛围。例如，教师在与同事沟通交流的过程中，要尊重对方提出的观点。尤其是经验交谈会以及教学研讨会期间，倘若部分同事对自己提出的教学策略存在疑义，教师要充分尊重对方，并礼貌发表自己的见解，与同事进行积极正向的讨论，避免产生激烈矛盾，破坏良好的交流氛围。

二、六幼师德师风建设的具体实践

近几年，六幼在区委、局党委的正确领导下，在全体教职工奋力拼搏、积极进取、默默无闻、甘于奉献、不辞劳苦、辛勤工作下，幼儿园整体工作不断登上新台阶，取得新成就。2020 年是六幼的开局年，也是六幼践行师德师风的初始年。2021 年是六幼师德师风的建设年。2021 年 2 月开学初圆满召开了师德演讲大会，大会弘扬的师德精神感动着六幼的每一个人。2021 年 9 月开学初，举行了新学期教师会暨师德先进个人事迹报告会，5 位教师无私奉献，爱岗敬业，品质优秀的工作历程和做人做事的格局给大家树立了良好榜样。

（一）六幼师风师德建设的基本要求

教师是人类灵魂的工程师，新时代对广大教师落实立德树人根本任务提出新的更高要求，师德发展，师德引领，良好的师德情操是一所幼儿园发展的灵魂，是每一位教职工所要秉承的做人做事努力的方向。回顾以往，虽然六幼在师德建设方面取得了一些成效，但仍旧存在一些问题：一是个别教师思想薄弱，大局意识不强，存在私心杂念，不求上进。二是个别教师遵循幼儿园制度规矩上打折扣，触碰红线，自由散漫，不思己过。三是个别教师口无遮拦，随心所言，不顾教师形象和职业操守。四是个别教师不守纪律，自身修养缺乏。为进一步增强教师的责任感、使命感、荣誉感，规范职业行为，明确师德底线，引导广大教师努力成为有理想信念、有道德情操、有扎实学识、有仁爱之心的好老师，着力提高工作效率，树立六幼师德师风新风尚，不断促进幼儿园内涵发展，静海六幼从以下四方面对教师提出了要求。

1. 知规矩：做知书达理的教育人。

党的十八大以来，习近平总书记在关于教育工作的系列重要讲话中，把师德师风建设作为提升新时代教师素质、办好人民满意教育的首要任务，对教师提出了一系列师德建设的标准和要求。教师是教育之本，师德是教师之本。习近平总书记在关于教育工作的系列重要讲话中，把师德师风建设作为提升新时代教师素质、办好人民满意教育的首要任务，先后用"大先生""筑梦人""系扣人""引路人"等表现力极强的称谓表达对广大教师的殷切期望，号召广大教师要以德立身、以德立学、以德施教。习近平总书记关于师德建设的系列重要讲话是新时代师德建设的基本遵循，也是我们所要遵循的大规矩，大纪律。

作为一名教育工作者，除了工作的岗位有所不同，我们都承担着教育的责任，每一个岗位都有需要遵守的规矩和制度。俗话说：观世明理做人，皆学问。知书达理处人，靠素养。那么一个人的素养是什么，就是规规矩矩做人，踏踏实实工作，善良真诚，学识广阔，对上尊重领导服从管理，对下尊重同事踏实肯干，幼儿园在师德要求上有教师职业道德操守，教师执行纪律、各类制度、各类考核标准、各岗职责、师德十要十不要、教师职业道德规范、天津市教师行为规范准则等遵循的制度职责规矩文件内容，这些原则要求就是规矩，就是纪律，每一个人都要认认真真执行，踏踏实实遵守，在单位里教师要知道自己所要遵循的制度和规矩，以此约束自己，像一面镜子照着自己，正确去履行，以良好的风貌获得领导和同事的认同，以及孩子和家长的依赖。因此，在实践教学中，我们想要孩子懂得活动的规则规矩，听懂老师的指令要求，能积极主动参加活动，成为学习进步的人，那么，作为教育人的我们首先要成为这样的人。所以，教师应知道规矩，遵守制度，知书达理，充满爱心，忠诚事业，努力钻研，学为人师，以身作则，行为世范。只有这样做，教师才能得到更多人的尊重和赞赏。

2. 懂规矩：做言传身教的领航人。

懂得如何遵守规矩是最起码的师德底线，加强师德师风建设就是要促进教育工作科学、可持续发展。教育发展，教师是关键。教师素质，师德是关键。所以，加强教师队伍建设，培养高尚师德师风是教育发展的根本保证，教师的职业特点，决定了教师必须对自己的工作负责，教师是人类灵魂的工程师，教师是太阳底下最光辉的职业，作为教育工作者，你的一言一行影响着孩子的发展，影响着自己的发展。我们要在实践中懂得教育的规矩，教师知道如何用适宜的行为和语言去引导孩子发展，去关心呵护孩子的心灵，要不厌其烦，要耐心百倍，要像爱自己的孩子那样爱我们的孩子，培养一个孩子，需要多少人、多少年的努力；而毁掉一个孩子，可能就是老师的一句话，一个动作，一个厌烦的表情。所以时刻关爱孩子，做示范、做表率是每个教师最起码的道德修养。能力弱的，不漂亮的孩子我们都要一视同仁，时时刻刻以服务幼儿为主，不呵斥，不斥责，尽显伟大的母爱。在幼儿园里的工作没有高低贵贱，大家都是服务者，服务于家长和孩子，说出每个人的名字就是你的品质标识，就是你的标签，就是你的品牌，有的老师就是有爱心，识大局，品质优秀，有的老师就是不守规矩，投机取巧，懒散处事，总觉得自己做得比谁都多，看不见她人的优点，心胸狭窄，比如迟到了说没带卡，倒班不申请，外出了不如实登记，违反制度规矩告知了还有情绪，有的时候说些不符合教师身份的语言，其实这样不懂规矩的行为恰恰是不正确的做法，是一个不符合教育工作者的职业道德和教育形象。幼儿园里涌现出了很多做事干事积极进取，工作认真状态认真，品质优秀的各个岗位的教师典型。我们教育遵循的就是以德为先，如果一个人的能力不强是没有关系的，只要认真学，不计较不抱怨，不牢骚，踏实进取，就会成为一个让大家接纳和尊重的师德高尚的人，慢慢的用你的品质和踏实也会赢得荣誉，赢得器重。我们每一个人的言传身教，在自己的家庭、家人、同事、朋友中都会有所体现，懂得时时按照规矩做事，我们就会不断积淀品德的厚度。每个人工作职责大家都知道，做不好做不到就是没有尽责，尽力。工作中，每个人都有言传身教的责任，老教师带动新教师，好老师教育优秀的孩子，希望每一个教职工用自己的品行引领好自己的发展，引领好我们的下一代，要带好头，做表率，争做言传身教的领路人。

3. 敬规矩：做师德高尚的奋进人

做人做事要常怀敬畏之心，做教育更要敬畏规矩，敬畏制度，敬畏职责，懂得担当，懂得责任，有的老师触犯了规矩制度不敢承担，逃避责任，满腹牢骚，漠视规矩，其实这样的人是没有担当，没有责任，终究不会奋进成为师德高尚的领航人。只有师德高尚、努力奋进两者合一一个人才会有成长，有的老师说自己就想这样随波逐流，不求上进，不想成长，这样的思想是不负责任，不符合教师身份的思想动态，干不好、做不好除了能力的问题，最大的问题就是师德问题，就是一个人主要零件出现了的问题，思想的问题。因此大家要勤于学习，积极奉献，开拓创新，体现自己综合素质和良好的精神风貌，得到领导、幼儿、家长和同事的好评。目前我们有个别老师不敬畏规矩，缺乏爱岗敬业的精神，违反制度，有的施教行为不端，对幼儿没有耐心，态度粗暴，这些都是不适宜的行为，一定要改进。"敬畏童心，相伴成长"这是我园的园训，大家一定要遵循，蹲下来和孩子交流，牵着手和孩子互动。还有的教师不注重自身形象，语言不文明，衣着不得体，言行不当，这些问题和现象，虽然仅在个别教师身上反映，但它影响的是幼儿园教育管理的整体形象，必须通过加强师德师风建设来加以解决。因此，做一个师德高尚情操的人，一定要在知规矩，懂规矩，敬畏规矩的基础上不断锤炼自己，奋发图强，不断进取。

4. 守规矩，做爱岗敬业的激情人

牢牢守住规矩是约束自己的最好抓手，现在我们的教师中就出现了"没有激情"和"不守规矩"的问题。所谓没有激情，就是有的教师不热爱教育事业，缺乏爱岗敬业精神，出工不出力或者是出了点力就摇旗呐喊；所谓不守规矩，就是有的教师自律意识不强，作风涣散，纪律松弛。因此，每一个教职工要扎紧制度和规矩的口袋，用激情工作的状态和无私奉献的精神谱写爱岗敬业的篇章，毛主席说过，做好事不难，难的是一辈子做好事。我想说，守规矩不难，难就难在工作生涯一直坚守规矩、坚守初心，做最优秀的自己。因此，幼儿园要做的是一直要通过各种行之有效的方式，使在座的每一个人既能严守师德要求的规矩，更能爱岗敬业、全心投入、富有激情地工作。简单地说，就是培养有激情、守规矩的教师队伍，激发大家投身教育、热爱教育、发展教育的激情。以坚定职业理想为重点，不能把职业当作谋生的手段，而是把教育当成一项事业，当作一种目标，一种动力，一种使命，一种责任，做到"有心、用心、尽心"。所谓"有心"，就是心无旁骛，心里时刻装着工作；所谓"用心"，就是专心致志，认真负责地干好本职工作；所谓"尽心"，就是尽职尽责，把智慧和才干全部投入到工作中，守住规矩始终充满激情，争做爱岗敬业的激情人。

三、六幼师风师德建设的实施方案

为了进一步加强师德师风建设，全面提高教师职业道德水平，建设高素质的师资队伍，为我国的教育改革与发展提供强大精神动力，根据区教育局统一部署，结合我园实际情况，制定本实施方案。

（一）指导思想

以区教育局师德师风会议及相关要求为指导，以全面落实教师职业道德的发展为基本要求，统一思想认识，改变作风，树立教师崇高新形象。以"敬业爱生、教书育人"为核心，以"德为人先、学为人师、行为世范"为准则，以提高教师思想政治素质、职业理想和职业道德水平为重点，强化师德教育，履行师德规范，不断提高师德水平，努力铸就一支忠诚于教育事业、师德高尚、业务精湛、充满活力、热爱本职工作的高素质专业化教师队伍，办好让幼儿喜欢、家长信赖、社会满意的幼儿园。

（二）工作目标和内容

1. 规范行为，夯实师德师风建设基础。

规范道德行为：坚持为人师表、教书育人，充分尊重学生个性的多样性，给予每个幼儿理解、包容和信任，倡导教师以民主平等的理念提升道德行为。规范教育行为：坚持育人为本、德育为先，充分尊重幼儿个性差异，关注每一个幼儿的情感体验和人格养成，倡导教师以赞赏激励的方法提升教育行为。规范教学行为：端正教学态度、落实常规教学，充分尊重幼儿的认知差异性，鼓励幼儿勇于质疑、乐于探究的学习精神。规范治学行为：坚持恪守诚信、严谨治学，倡导教师以求实、严谨、勤勉的精神提升治学行为。

2. 加强师德师风教育，提高教师综合素质。

加强教师思想教育，坚持正确的政治方向。加强职业理想教育，恪守职业道德。加强教育理论学习，树立"以幼儿为本"的教育理念。加强专业知识培训，提升育人能力。进一步提高教师的职业道德水平。大力弘扬艰苦奋斗、无私奉献、务实求真的精神，进一步增强教师主人翁责任感，热爱教育，热爱幼儿园，热爱幼儿，尽职尽责，教书育人，自觉抵制社会不良风气影响，廉洁从教，依法执教。

3. 发挥示范作用，引领师德师风建设成果。

园长引领学风，园长要充分发挥政治核心和思想引领作用，在师德师风建设中的表率带头作用；教师引领学风，以教师崇高的师德师风和敬业精神引领学风建设，在全面推进素质教育中，坚持能力导向，注重责任感培养。

4. 强化机制建设，巩固师德师风建设成果。

强化考核、评价、激励机制，认真把师德师风建设工作落到实处。

5. 进一步树立正确的教师职业理想。

增强教师的职业光荣感、历史使命感和社会责任感，以培养优秀人才、发展先进文化和推动社会进步为己任，志存高远、爱岗敬业，自觉履行教书育人的神圣职责。

（三）基本原则

1. 坚持以人为本的原则。

充分发挥广大教职工的积极性、主动性、创造性，把师德建设与教职工个人发展结合起来，增强教职工自我教育、自我完善、自我提高的自觉性，为教职工的全面发展创设良好外部环境。

2. 坚持实事求是的原则。

把师德建设与促进幼儿园各项工作紧密结合起来，标本兼治，突出重点，有针对性地开展工作，使师德建设更加贴近实际，切实解决问题。要注重实际效果，不做表面文章，力戒形式主义。

3. 坚持以德促能的原则。

师德是教育之魂，师能是发展之本。要以师德建设为先导，采取多种措施，大力加强师能建设，不断提高教职工业务能力和专业发展水平，以师德教育促进教师综合能力的提高。

（四）具体措施

一是成立领导小组。为更好地开展师德教育活动，幼儿园成立师德建设领导小组，组织部署具体工作。分解各层面师德教育活动任务，保证师德教育活动有组织、有计划、有实效地开展。

二是明确师德师风培训活动安排以及要求。培训时间：每月定期培训一次，以学习为主。每次培训必须按时签到，不准迟到、早退，无特殊情况不准请假。培训时必须认真听课，记好笔记，严禁会场上有打瞌睡和讲话等与学习无关的现象。

（五）学习内容

《教师法》《教育法》《义务教育法》《未成年人保护法》《中小学教师职业道德规范》《教育部严禁教师违规收受学生及家长礼品礼金等行为的规定》《新时代幼儿园教师职业行为十项准则》《幼儿园教师违反职业的道德行为处理办法》等师德建设文件内容。

（六）培训要求

一是加强领导。统一要求全体教职工要做好充分准备，认真参与培训班，保证学习时间，遵守学习纪律，认真做好笔记。二是完善培训制度，严格考勤纪律。若因特殊原因不能参加学习，必须事前报告院长，经批准后才能请假。三是做好教师师德培训的考核工作。园领导对教职工的学习情况进行考核，并将考核意见存入本人业务档案作为年度考核、评聘晋级和评优选先的依据之一。

（七）组织活动

制定本园师德师风建设方案，主题教育内容。组织师德演讲、朗诵活动。组织教师参观学习活动，组织教师师德交流活动。

师德建设是幼儿教师队伍建设和精神文明建设的核心工程。建立一支师德高尚的教师队伍对办好学前教育，对提高幼儿园保教质量，促进学前教育事业的健康发展，有着重大的意义。师德建设是教师队伍建设的永恒主题，是提高保教质量、促进幼儿全面发展的重要保证。我们必须要把师德建设摆在幼儿园工作的突出位置，充分认识师德建设的重要性，认清师德建设在新时期发展的紧迫性，积极探索师德建设的有效途径，不断创新工作思路，努力提高师德建设水平，促进教师队伍综合素质的稳步提升。

第三节　铸中国魂：幼儿园思政教育的课程改革

课程思政是指以构建全员、全过程、全课程育人格局的形式，在各类专业课的教学过程中融入思政教育内容，将思政教育的部分内容与专业知识深度融合，使专业课程与思政理论课形成协同效应，以立德树人为根本的综合教育理念。在课程思政背景下对幼儿园课程进行改革，符合国家教育发展的根本规划，是落实立德树人根本任务的重要举措。

一、课程思政实施过程中的不足

课程思政理念下的幼儿园课程改革对幼儿教师提出了更高的标准与要求。教师需要创新课程理念以适应幼儿园课程思政的要求。当前幼儿园课程思政具体实施过程中的不足主要体现在以下三方面。

（一）幼儿园教师思政能力相对不足

幼儿园教师思政能力的发展较为滞后。由于专业局限，幼儿园教师未能接受系统专业的思政能力培养，其思政能力相对不足。同时由于地区经济差异，不同地区幼儿教师的能力与知识水平良莠不齐。课程思政理念要求教师不仅要具备丰富的专业知识，还要具备较强的思政能力。

（二）传统教学观念的滞后

在课程思政的实施过程中，部分一线幼儿教师的思想存在一定的滞后性。一方面，部分幼儿教师缺乏对课程思政理念的系统认识，没有透彻理解课程思政的内涵，无法从本质上领会幼儿园课程思政改革的实际作用。在部分幼儿教师的片面认知中，课程思政就是在传统的教学过程中加入一点思政知识。这种做法表面上看似完成了幼儿园课程思政的改革，实际上没有达到课程思政的目标，无法激起幼儿内在的情感共鸣。另一方面，也有部分教师认为兼顾好幼儿的学习和生活就足够了，不重视课程思政以及幼儿思政意识的培养。由此可见，部分一线幼儿教师对课程思政的重视程度不够。以上种种滞后的教学观念阻碍了幼儿园课程思政改革的推进，因此需要更新教师教学理念、深化教师的课程思政意识。

（三）课程思政的教学设计与教学方法的贫乏

在幼儿园课程思政的实施过程中，其课程教学设计中的情感目标大多数倾向于培养幼儿的某种情感意识，而较少涉及对幼儿思政意识的培养，主要表现为部分幼儿园课程的设计意图无法有效体现对幼儿思政意识的培养。在幼儿园五大领域的课程实施过程中，教师无法达到预期的教学目标。另外，在课程思政的教学方法方面，在幼儿园五大领域的课程中直接加入思政知识，无法从根本上起到启蒙幼儿思政意识的作用。幼儿园课程与思政理念的融合主要依靠合理进行教学设计和合理使用教学方法来实现。因此要重视课程思政的教学设计与教学方法的改革和创新。此外，教师在教学过程中需要增强师幼互动，激活课堂气氛，从促进幼儿发展的角度出发，寻找更多契合幼儿身心发展特点的教学方法。

二、课程思政理念下幼儿园课程改革的策略

（一）开展幼儿园教师思政能力培训

一线幼儿教师课程思政的能力水平是影响幼儿园课程思政改革的重要因

素。针对幼儿园教师思政能力相对不足的问题，幼儿园应从根源上多措施地加以解决，采取各种策略对幼儿教师进行思政能力培训。

第一，因地制宜构建培训模式。如以幼儿教师所在园党支部为依托，以支部书记为带头人定期对园所教师进行思政能力培训指导，同事之间定期沟通交流学习的心得体会。这种策略主要适用于学习思政相关内容，如课程思政的改革措施和理念。

第二，利用外援答疑解惑。首先，幼儿园可以定期聘请思政专业教师等开展思政能力培训，为教师答疑解惑。其次，幼儿园可以充分利用网络资源，在网络学习平台上上传经济发达地区的先进课程思政教学经验，引导教师通过网络加强互动交流、共同探讨课程思政的相关内容，以便更好地促进教师思政能力的提高。

第三，调动幼儿教师参与改革的积极主动性。作为执行课程思政理念的一线主力军，幼儿教师要紧跟时政，积极主动地提升自身思政能力素养。同时教师应贯彻课程思政理念，把思政内容融入幼儿园五大领域的活动课程中去。课程思政理念下幼儿园课程改革是贯彻党和国家教育发展理念、推进学前教育专业发展的固本之策。因此，幼儿园应该本着以幼儿为主要对象、以幼儿园课堂为主阵地、以课程思政为主要抓手的教育改革理念，充分调动幼儿教师参与幼儿园课程思政改革的积极主动性。

以上对于幼儿教师的相关培训，其目的不仅仅在于提高幼儿教师的思政能力，使其成为一名合格的幼儿园课程思政的执行者，而且在于引导这些一线幼儿教师成为优秀的幼儿园课程思政的开发者和研究者。俗话说：授人以鱼不如授人以渔。教师掌握课程思政的开发能力更为重要，课程思政的设计和开发能力是一名普通教师成长为一位优秀教师所必须掌握的制胜法宝。

（二）加强宣传、提高地位

滞后的教育教学观念无法适应课程思政理念的创新，甚至会阻碍其发展。传统教育教学观念主导下的刻板教育无法适应新的社会发展要求，无法培养适应时代发展的各类人才。教育要面向未来就必须更新幼儿教师的教育教学观念，使其能够与时俱进地掌握新的课程思政理念。那么应该如何更新幼儿教师的教育教学观念以适应新的发展呢？关键在于教师这一教育主体。

一方面，应更新教师的教育教学观念，促使其加强对课程思政理念的系统认识。这就要求相关一线幼儿教师及其管理者透彻理解国家层面颁布的课程思政相关政策和文件，要从本质上明白课程思政在幼儿园课程中的作用。另一方面，由于受教育者的特殊性，教师要充分认识到幼儿的个体差异性，并针对每名幼儿的个体差异性做出相应的教育教学反馈，因材施教。同时，针对部分一线幼儿教师对课程思政理念的改革所持有的滞后观念，可从以下两个方面来进行纠正。

1. 加强课程思政的宣传力度。

在幼儿园课程思政改革的过程中，幼儿教师对相关政策的理解与政策本身的愿景背道而驰。部分教师由于自身没有深入理解和认真对待课程思政改革的相关理念，出现工作热情不高、敷衍了事等现象，对此，除了要求教师从心理上严格要求自己，幼儿园也应施以强力的外部措施。

比如幼儿园可以通过加强课程思政理念的宣传力度来对一线幼儿教师施加影响，促使其摒弃原本落后的教育教学理念、改变对待课程思政改革的消极心态，形成与时俱进的教育教学理念和积极健康的心态。幼儿园在课程思政的改革过程中同样需要去主动获得社会的支持和认可，只有让一线幼儿教师深入透彻理解课程思政的内涵，将这一政策更好地执行下去，才能获得理想的教学结果，进而将影响扩大到社会。因此幼儿园加强对课程思政相关政策理念的宣传力度是必须的，即要在社会中进行广泛宣传，尤其是在一线幼儿教师的群体中进行宣传，并获得教师乃至社会的支持和认可。在具体执行时，可以以幼儿园为单位集中学习政策精神，兄弟幼儿园之间也可以定期开展学习心得及经验交流活动，让这一政策从宏观到微观都落到实处，从而形成幼儿园课程思政改革欣欣向荣的局面。通过广泛宣传，教师能充分发挥自身优势，积极主动投身于课程思政的改革，最终形成在课程思政理念指导下的以教师为主导、幼儿为主体的幼儿园新型教育格局。

2. 提高思政知识在幼儿园课程中的地位。

一直以来，幼儿园五大领域的活动课程中与思政知识相关的实践较少，这也就导致部分一线幼儿教师在课程思政改革刚开始的时候对幼儿园课程思政存在滞后思想，因此需要提高思政知识在幼儿园课程中的地位。在幼儿园课程思政的改革过程中，一线幼儿教师要充分结合课堂实际情况将课程思政理念付诸实践，在课程初期要适量、适时地引入思政知识，随着思政知识在幼儿园课程中的普及，教师要在幼儿园课程中开展常态化思政教育。幼儿园教师及幼儿园管理者应当明白思政教育对知识课程的重要性，在重视幼儿园五大领域活动课程教学的同时，也应对思政教育给予更多的关心与支持，要将对幼儿的思想意识、精神文化以及价值观培养的认识提高到前所未有的高度上来。只有夯实思政知识基础，幼儿才能够更好地发展。而提高思政知识在幼儿园课程中的地位也同样离不开一线幼儿教师的支持。幼儿教师要本着育人初心，尽可能多地学习思政相关知识，只有教师本身理解知识，才能够将思政知识融会贯通，从而更好地进行幼儿园课程思政的相关改革。最后，站在幼儿园课程思政改革的角度上，幼儿教师应该注重有机融合思政内容与幼儿园课程内容，不能将课程思政改革范围缩小到某一节或某一天的幼儿园课程中，而应将课程思政贯穿于幼儿园各类课程的始终，不能生搬硬套，要注意寻找恰当的衔接点，突破两者之间的界限，并融合形成新的幼儿园课程。

（三）改革教学设计与教学方法，增强师幼互动

针对幼儿园课程思政改革过程中出现的教学设计和教学方法匮乏等问题，广大一线幼儿教师要不断改革教学设计和教学方法，要本着为党育人、为国育才的使命，以幼儿为主体逐步解决这一难题。

首先，在教学设计方面，教师不仅要在情感目标中加入"帮助幼儿懂得思政意识培养的重要性，激发幼儿的思政情感"的相关目标，还要在认知和技能目标中恰当地融入思政意识相关内容，让思政元素融贯于教学设计的全过程。同时教师自身也要积极践行教学设计理念，通过教学实践不断提高自身能力，以便更好地丰富并完善幼儿园课程的教学设计。

其次，在教学方法方面，教师应在保留优秀传统教学方法的基础上，突破思维定式，因地制宜地结合并融会贯通多种教学方法，更好地利用多种教学方法实现教学设计的三维目标，而不是仅仅拘泥于使用某一种特定的教学方法。在进行幼儿园课程思政改革的过程中，幼儿园教师要全面发展，不能专顾己而不顾他，要在保证幼儿园课程专业知识教育的基础上进行课程思政的相关改革。课程思政教学方法的使用应遵循不同课程的特点和规律，一线幼儿教师在进行幼儿园课程教学的过程中，要深入挖掘幼儿园课程的思政元素并寻找适宜的教学方法，结合自身的教育教学理念和思政元素对幼儿园课程内容重新进行整合，让幼儿能够在潜移默化之中受到思政教育的熏陶，从而形成全课程育人的新格局。

最后，在师幼互动方面，教师在幼儿园课程教学过程中需要增强师幼之间的互动，使课堂气氛变得活跃起来，从而更好地激发幼儿的学习兴趣和热情。从幼儿的角度出发，教师应寻找更多契合幼儿身心发展特点的教学方法，将思政内容融入幼儿园的课程教学之中，潜移默化地对幼儿进行熏陶，从而实现教学设计的三维目标。

如何上好幼儿园的思政课？习近平总书记特别强调"办好思想政治理论课关键在教师，关键在发挥教师的积极性、主动性、创造性"。幼儿园小朋友的思政课能否上好，首先是要抓好教师的思想政治工作。因为幼儿的学习都是在生活中、环境中、游戏中习得的经验，在浸润式学习、体验式学习、操作中学习才会植入儿童的心里，教师的思想、行动会自然地成为幼儿习得的模样。

幼儿园思政课要做到以情动人、以事感人，贴近教师和儿童的生活、贴近学习的需要和实践，用事实讲理论、以故事讲真理，让生活成为思政课的源泉，让思政课成为新时代幼儿教师精神动力的激发者，成为思想成长的引领者。珍惜幼教发展机遇，按照习近平总书记提出的政治要强、情怀要深、思维要新、视野要广、自律要严、人格要正的要求，让幼儿园的思政课绽放异彩。

第四节　讲大思政：幼儿园思政教育的实施策略

"教育是国之大计、党之大计"，是一项浩大的系统工程，尤其在新时代背景下，教育更要担负起立德树人的根本任务。因此，从幼儿启蒙教育开始，就要落实"立人为核心，立德为根本"的教育理念，促使幼儿全面健康成长。

一、营造育人环境，渗透思政教育

《幼儿园教育指导纲要》中指出："环境是重要的教育资源，应通过环境的创设和利用，有效地促进幼儿的发展。"因此，幼儿园在环境建设中要积极渗透思政教育元素，以营造良好的育人环境，更好地培育幼儿的卓越品质。

（一）创建优美的自然环境

只有"在优美的自然环境中，孩子们才能亲近自然，放松自我，身心愉悦，健康成长"。这就要求幼儿园拓展绿化面积，种植花草树木，给幼儿提供一个绿树成荫、繁花似锦的优美环境，让幼儿开心地参与一日活动，健康、快乐地成长。

（二）创设良好的人文环境

一是教师要结合自然季节变化和幼儿课程内容，创设与幼儿认知能力比较接近的人文环境，如互动墙、主题墙等，让幼儿园的一景一物都成为幼儿的无声教材，使幼儿在日常活动中逐步接受养成教育，进而培养幼儿良好的行为习惯，让其具备优秀的品质。二是教师要做好榜样和示范。幼儿的模仿能力非常强，并且对于教师具有崇拜心理，教师的一言一行都是他们学习的榜样。因此，作为幼儿园教师，一定要做到仪表整洁、举止优雅、语言规范，从知识、品德、修养、思维诸多方面，对幼儿起到示范作用。三是加强幼儿园精神文明建设。精神文明建设是渗透思政启蒙教育的有效的途径，要求幼儿园要提炼有自身特色的园风、园貌，形成良好的教风，并通过制度约束形成积极进取的精神风貌。

二、重视文化建设，渗透思政教育

"幼儿园文化是进行思政启蒙教育的有力途径，在新时代背景下，幼儿园工作者一定要重视园文化建设，落实思政教育的目标。"幼儿园要立足自身办园理念，创造性地进行园文化建设，形成具有特色的园文化氛围，让幼儿沉浸其中，并在幼儿园日常活动中使幼儿养成良好的行为规范，进而提升品德修养，逐步落实立德树人的育人目标，促进孩子们的健康全面发展。

（一）尊重幼儿的个性特点

每个幼儿都是一个独立的个体，在学习和生活方面有着自己的个性特点，存在着明显的个性化差异。幼儿教育工作者要充分认识这种差异，尊重幼儿的个体特点，顺应幼儿的天性，寻找其快乐生活的落脚点，并结合孩子个体发展的需要，为幼儿营造一个快乐成长的家园。通过接受幼儿园的科学规范教育，让孩子们感受到不一样的爱和温暖，进而促进幼儿个体的主动发展。

（二）实施好"启"和"润"的教育策略

幼儿教育是重要的启蒙教育阶段，更需要教师实施"融合爱的教育"，让幼儿在"玩中启智"，在"乐中润品"。在幼儿教育中，只有幼儿感到快乐，才会对所学的内容产生兴趣，换句话说，"玩"是形式，"乐"是目标，有了"乐""趣"，幼儿才会产生自主学习的意识，学习才会有动力和效果。也就是说，"玩"是幼儿园教学形式，幼儿只有玩得快乐，才会在"玩"中产生体悟，在"乐"中得到提升。这就需要教师创新教学策略，将"启"和"润"的教学目标有机融入"玩"和"乐"中，以"保证幼儿的教育实效性，使幼儿教育取得春风化雨的效果，进而培养幼儿健全的人格和优秀的品质"。

三、借助主题活动，渗透思政教育

（一）借助节日活动渗透思政教育

在幼儿教育中，教师要利用好每一次节日活动，提升思政教育的效力，培育幼儿的优秀品质。比如"端午节"主题活动，教师可以邀请家长来幼儿园与幼儿开展亲子活动，一起做荷包、包粽子，讲一讲端午节的来历和屈原的故事。通过这样的节日活动，让幼儿在玩乐中体会到浓厚的节日氛围和端午节丰富的文化内涵，进而逐步培养起家国情怀。

（二）借助手工制作锻炼幼儿动手能力

《3—6岁儿童学习与发展指南》明确提出要"创造条件和机会，促进幼儿手的动作灵活协调"。也就是说，幼儿园要培养幼儿的动手能力，提高其实践操作水平。教师可以在一日活动和主题活动中，有意识地创造机会，引导幼儿开展美工活动、家务劳动等。如端午节时，教师可以和幼儿一起捻制彩线，制作粽子、绿豆糕等，来锻炼幼儿的动手能力。

（三）利用传统节日、节气培养幼儿仪式感

仪式感是一个人修养内涵的重要体现。幼儿教育要重视传统节日的育人功用，组织开展好园文化活动，以此来培养幼儿的仪式感，提升其自身修养，从而全面促进幼儿快乐、健康地成长。

四、借助实践活动，渗透思政教育

幼儿教育注重在实践中增强情感的体悟。因此，借助实践活动渗透思政教

育，可以收到良好的教育效果。

（一）劳动教育

幼儿园可以为每个班级布置一片特色种植园区，让幼儿在教师的带领下尝试种植活动，体会播种、施肥、浇水、收获的完整种植过程。在劳动实践中，亲身体会到劳动的快乐，进而增强孩子们的劳动意识，树立正确的劳动观，真正在劳动中落实德育的目标。

（二）爱国主义教育

爱国主义思想需要从小开始培养，教师可以借助传统节日、纪念日等，在活动中渗透爱国主义教育。如清明节，教师可以带领幼儿到爱国主义教育基地、革命纪念馆等地开展活动，以此让幼儿了解革命胜利果实的来之不易，从内心生发出对今天和平生活的珍惜之情，进而逐步树立起报效祖国的远大理想。

需要指出的是，教师既是教育目标的执行者，也是教学活动的组织者，教育的成败与教师的素养有着直接的关系。在幼儿教育中渗透思政教育，还需教师拥有过硬的思想水平。因此，幼儿园可借助思政教育基地，积极开展教职工的思政教育，进而提升幼儿园思政教育的效力。这就要求幼儿园各基层党组织做好宣传引导工作，把思政学习的宣传工作做到实处，积极向全体职工全面渗透思政教育理念，提升教师的思政水平，激发教师育人的积极性，把幼儿思政教育目标落到实处。

五、借助科学管理，渗透思政教育

（一）做好思想引领

幼儿园管理者是幼儿思政教育的决策者和组织者，因此，幼儿园各级领导干部要虚心学习先进的教育理念，丰富自身的思政教育知识，以更好地调动广大教职员工参与思政教育的积极性。比如，定期召开职工代表会议，商讨幼儿园的未来发展；制订各项有利于幼儿园长远发展的工作制度，把思政教育常态化和制度；落实安全保障制度，明确教育工作者的职责，将安全目标和安全责任落实到人。

（二）民主管理，科学保教

民主、公平、公开的管理方式，有助于教学工作的顺利开展。因此，幼儿园管理必须基于"民主、公平、公开"的原则,让幼教工作者在宽松和谐的氛围中开展工作。这样的工作氛围,有助于教师做到科学保教,落实思政教育的目标,引导幼儿养成良好的行为习惯,从而促进幼儿的全面健康成长。

六、构建家园同盟,落实思政教育目标

幼儿教育必须构建家园同盟,才能更好地落实思政教育目标。

(一)构建家园沟通平台

家园共育是形成思政教育合力的重要保障。孩子的第一任老师是父母,家庭教育奠定了孩子养成教育的基础,良好的家风能够培养孩子形成良好的品德素养,提升孩子的思想品质,为他们的健康成长保驾护航。可以说,家庭是进行思政教育的重要场所,这就要求幼儿园本着思政教育长远发展的目的,建立健全家园沟通的有效渠道,借助家委会、家园栏、家长会,实现家园协同育人的目标。幼儿园要及时开设讲座,提高家长的思政教育意识,家园通力合作,增强思政教育的实效性;借助网络平台,通过即时交流工具,让教师和家长随时了解幼儿在不同环境中的表现,实现对幼儿的动态化管理。

(二)通过亲子活动提升思政教育实效

亲子活动是一项增加父母与孩子感情的有益的活动。幼儿园要积极开展形式多样的亲子活动,并把思政教育渗透其中,让幼儿在活动中潜移默化地接受教育,从而切实提高思政教育的实效性,提升幼儿的品德修养,实现活动育人的教学目标。

七、打造情感联结,渗透思政教育

对于学前阶段的儿童来说,最有效的思想政治教育应该直接或间接地发生在实践场域之中,将无形、抽象的思政活动,转化为外显、具体的实践活动。因此,我们幼儿园除了开展讲红色故事、参观红色场馆等基本的思政教育活动以外,基于学前儿童的心理特征和学习方式,还在日常生活和自主游戏中建立起三个联结。我们希望,幼儿园思政教育能摆脱教师一味说教、儿童被动接受的传统方式,成为儿童的主动学习;我们期待,让儿童自己构建自己的学习目标,自己认识、体会并参与这个世界,以真正实现基于儿童立场的思政教育。

联结一:让儿童的生活与五星红旗产生联结,孕育对国旗的敬畏与爱。我

们的升旗仪式安排在每日上午的自主游戏环节。每当升旗仪式预备音乐隆重响起，所有幼儿马上暂停游戏，所有教师也停下游戏观察、师幼互动。大家原地站定，目光逐渐聚焦到那一面鲜红的五星红旗上，准备迎接这庄严一刻。而操场一角，升旗手们护卫国旗出场，到达升旗台后，伴随国歌音乐将国旗高高升起。孩子们和老师们都在奔跑嬉戏的游戏现场，每天重复经历肃静的升旗时刻，在潜移默化中将对国旗的尊重与热爱厚植于儿童内心。我园的每一位幼儿在园的三年中，至少有两次亲手升起国旗的机会。这是儿童在动手操作、亲身体验和直接感知的过程中，将五星红旗跟自己建立起最初的关联，逐渐知道"我是中国人"。

联结二：让儿童的游戏与家国情怀产生联结，厚植对党和祖国的热爱。我们充分利用幼儿对这个世界天然的好奇，引发他们对国家大事的高度关注。比如，针对火箭升空等举国欢庆事件，与他们共同探讨、记录，并支持他们形成个人经验。而这些经验会自然而然地在他们的游戏中显现。他们会在不同的区域搭起高高的火箭，模拟火箭升空的场景；会在角色区玩抗击新冠肺炎疫情的医院游戏……在游戏中，幼儿更主动、积极地表现自己的原有经验，让一些模糊的经验和个人的情感得到再现并强化，真正实现意义理解，由此内心真正生发出对国家、对民族、对党的深厚情感与热爱。

联结三：让儿童创造的属于自己的意义世界与外部世界产生联结，以具备未来中国人参与这个世界该有的形象。新时代的思政教育已经不能仅仅停留在对英雄的崇拜、对不朽的惦念和对伟大的歌咏上。时代不一样，国家对个人的期待也会不一样。所以，除了红色基因的传承之外，思政教育还应该让儿童拥有面向未来世界挑战、创造国家蓝图的基本信念。因此，我们给孩子们充分的机会在游戏中发挥潜能，比如，玩杠杆多米诺、摇摆装置小木屋、轮胎床、阶梯上的魔鬼滑梯、滚筒上的跷跷板，还有大白天在天台高处模仿眺望星星等，不断进行个体的、合作的探索和创造，发展反思性思维，提高社会化水平。游戏后的集体分享更让他们从小就看到一个"能吃苦、善思考、会坚持、爱创造、了不起的自己"，不断积累跟真实世界相处的经验，通过不断创造"属于自己的意义世界"来认识、了解并参与这个世界，以此来储备未来以一个"了不起的中国人的形象"去迎接各种挑战的能力。从小小的个人立场到宏大的家国情怀，从狭隘的自我世界到坚定的民族担当，儿童首先要经历的是在真实生活中不断从一个自然人到社会人的转变。而游戏则充分发挥了幼儿园基本活动的价值，承载起了将儿童与祖国、与外部世界、与未来进行联结的巨大作用，让幼儿在游戏中练习、巩固自己的原有经验，并透过理解、想象与创造，慢慢构建自己的意义世界和未来形象。

幼儿的品德教育是幼儿教育的主要工作，而思政教育是落实立德树人根本任务的重要途径。作为一线幼儿教育工作者，一定要站在时代的前沿，学习新课程理论，转变自己的幼教理念，创新幼儿园思政教育的策略，以此帮助幼儿养成良好的行为习惯，进而提升幼儿的品德修养，实现幼儿的全面健康发展。

第五章

促家园之和以感之——幼儿园家园共育建设

　　《幼儿园教育指导纲要》《3—6 岁儿童学习与发展指南》均提出家园共育理念。"家园共育"指的是联合幼儿园与家庭，形成一种协作育人模式。幼儿在成长过程中，既需要幼儿园的专业化教育、管理，也需要科学的家庭教育。家园共育是一种与时俱进的教育理念，也是一种有效的教育措施，能发挥不同主体的育人优势。当前，"家园共育"有以下特点。

　　协作育人。家园共育理念，侧重协作育人，以协作模式实施育人计划，将幼儿园教育与家庭教育放在同等重要的位置，呼吁幼儿教师积极参与家庭教育，同时，鼓励家长主动参与幼儿园教育，双方相互配合，围绕"科学育人"这个目标不懈努力。

　　信息互通。践行家园共育方案，需要创造条件和机会，打通对接渠道。也就是说，幼儿园内部信息要进入各个家庭，家庭内部信息要进入幼儿园，双方保持信息互通，全面了解幼儿，避免出现片面化育人、主观化育人现象。

　　强调陪伴。家园共育将幼儿园教育与家庭教育紧密联系起来，能更好地观察幼儿、引导幼儿、陪伴幼儿，使幼儿内心不再孤单，带着一种健康的心理好好学习、快乐成长。当今社会，生活节奏比较快，家长要重视家园共育，让脚步慢下来，多陪伴孩子。

　　重视素质。在家园共育过程中，幼儿教师与家长之间的沟通和交流涉及不同方面，如幼儿的生活习惯、心理素质、社交能力等。这些方面可体现幼儿的个人素质，对幼儿的健康成长具有深远影响。幼儿教师与家长要从素质层面引导幼儿，让幼儿关注自己的素质，做一个有素质、受欢迎的人。

本节将从家园共育的基本情况出发，对家园共育的沟通策略、实施原则进行探讨研究，并结合具体实践情况，说明家园共育在幼儿园整体教育环境建设中的重要地位。

第一节　汇智聚力：家园共育的基本情况

家园共育是在家庭教育和幼儿园教育之间建立了一个沟通互动的渠道，将双方紧密地结合在一起。家园共育是指幼儿园和家庭之间积极主动地相互了解、沟通、协作，共同促进幼儿的身心全面发展，使双方更加了解幼儿在不同环境中的性格和状况，从而更好地为幼儿营造一个健康成长的环境，促进幼儿身心健康发展。

一、家园共育的必要性

（一）家园共育是落实新课程改革的必然要求

新课改的实施和持续推进对学前教育提出了更高的要求和目标，且明确指出幼儿园要做好与家庭、社区的密切合作，共同培养幼儿的良好行为习惯。但很多家长对新课程改革的理念和教学要求并不理解，因此家庭教育很难与幼儿园教育达成一致，影响幼儿园新课程改革的实施。而通过开展家园合作能够帮助家长了解学前教育的改革方向，了解幼儿园的教学理念和教学方式，从而更好地配合幼儿园的教学工作，共同推进新课改的落实。

（二）家园合作是幼儿园教学水平提升的现实需要

一方面，家庭教育对幼儿的发展具有重要的影响和作用，开展家园合作能够确保家庭与幼儿园教育达成共识，避免家庭教育方向与幼儿园教育之间产生冲突，从而影响幼儿园的教学效果。另一方面，家园合作为家长了解幼儿园教育提供了渠道和机会，家长能够充分了解幼儿园教学的具体情况，并对幼儿园教学提出相应的建议和想法，这些反馈都能促进幼儿园的教学水平不断提升和发展。

（三）家园合作是促进幼儿全面发展的必要保障

家长都非常重视幼儿的学期教育，但大部分家长都不具备正确的教育理念和科学的教学方式，但家园合作能够帮助家长优化自身的教育理念，认识到家庭教育对幼儿成长和发展的积极意义，从而采取正确的家庭教育方式培养幼儿的行为习惯、思想品德，促进幼儿的全面发展。同时，家园合作还能为家长与教师的沟通搭建良好的平台，及时帮助家长解决教育中的困惑和问题，进一步优化家庭教育方式和内容，促进幼儿的良好品质的发展。

（四）家园合作有助于家长树立正确的教育观念

父母是孩子的第一任老师，由此可见父母的思维理念、行为品质、言谈举止等都会对幼儿产生深刻的影响。但很多家长认为教育是幼儿园的工作，对家庭教育不够重视，无法对幼儿起到积极正面的引导。而通过家园合作，家长可以了解到更多的育儿知识，认识到开展家庭教育的重要性，树立正确的教育理念，带动家长积极投入幼儿的教育工作中。

二、家园共育的意义

（一）家园共育有利于幼儿身心全面和谐发展

家园共育的最终目的是促进幼儿的身心健康发展。在幼儿的成长过程中，家长和幼儿教师对幼儿的影响最大。通过家园共育的活动，教师能够了解幼儿在家庭中的亲子关系、父母的教育观念以及幼儿的日常生活习惯，从而进行个性化教育，通过对幼儿专注力、创新能力、操作能力、人际交往能力等各方面发展水平的把握，在幼儿园内进行系统的锻炼和学习，科学有效地对幼儿进行指导，促进幼儿各方面全面发展。

家长则有更多机会了解幼儿的在园情况，结合幼儿在家中的表现，完善家庭教育理念，总结出家庭教育的培养目标。双方为幼儿的健康成长创造了一个良好的环境，共同促进幼儿身心全面和谐发展。同时，幼儿园可以通过专家知识讲座、线上育儿直播等方式向家长传输幼儿心理发展的特点和正确的教育方式，提高家长的育儿水平，从而更好地促进幼儿身心全面和谐发展。

（二）家园共育有助于整合教育资源

在社会中处于不同职业和社会环境的幼儿家长，拥有丰富的社会经验和资源，这是对幼儿园教育的重要补充。家长根据幼儿园的教学目标和培养计划，给予幼儿园物质材料上的帮助、知识经验和教育经验的分享，并与幼儿园教育资源相结合，丰富幼儿园教学活动，让幼儿充分了解不同职业的特点，并提高幼儿的间接经验。家园共育为幼儿园的教育工作提供了很多便利，进而使幼儿在成长过程中的教育领域得到扩展。

三、幼儿园家园共育存在的问题

（一）家园共育意识薄弱

家园共育是有利于幼儿、家长和教师的活动。但对于家园共育的价值和意义，幼儿园教师和家长并没有真正地理解。

在家园共育活动实施过程中，存在着部分家长和教师不重视的现象。从幼儿园角度来说，部分幼儿园组织家园共育活动的次数较少，没有体会到家园共育对于幼儿教育的重要性，未能让家长真正地了解到实施家园共育的意义，也未让幼儿的各方面获得更深层次的发展。从家长角度来说，部分家长认为孩子在幼儿园中没有受伤、学点知识就可以了，教育理念仍停留在传统教育思想和方式中，特别是对家园共育的"教育同步"理念的认识不足。

（二）教师和家长角色定位混乱，责任不明确

在教育改革的推动下很多幼儿园和家长已经意识到开展家园合作共育的重要性，并制定了一系列的合作共育方案，但在实际运用和操作过程中仍存在权责不明，合作效果较差等问题，其主要体现在以下两个方面。

一方面，从家园合作共育的形式上来看，幼儿园始终处于教育的主体地位，而家长只能单方面接收来自幼儿园的要求和信息，很难与幼儿园建立良好的沟通渠道，向幼儿园主动表达自己的看法和观点。这种合作共育模式下，家长只能被动接受和配合幼儿园的需要，造成家园合作共育流于表面形式，难以真正发挥双方的优势。另一方面，从家园合作共育实施方案等内容制度上来看，相关文件并没有明确家长和幼儿园的具体责任和义务，只是给家园合作共育提供了一个大体的方案和思路，而幼儿园和家长也没有结合政策要求就合作共育进行详细探讨，明确双方的权责，从而造成双方合作存在重叠或真空地带。

（三）家园共育方式单一，且活动趋于表面化。

适当的家园共育方式对于家园共育活动的实施至关重要。但在家园共育

的实践过程中，其活动方式单一，无法激起家长参加家园共育活动的激情和兴趣，从而无法提高教育的整体效率。目前较为常见的家园合作方式主要有定期召开家长会、家长开放日、家访等，但其仍以幼儿园为主要组织者和实施者，有幼儿园向家长汇报幼儿园的教学工作、幼儿园活动、幼儿表现等内容，加强家长对幼儿园教育的理解，但这个过程中并没有突出家长的地位和优势，难以真正达到家园共育的目的。同时，受传统教育理念的影响，家园合作共育的主要内容大多数围绕幼儿的学习和功课，大部分家园共育工作都是要求家长配合幼儿园的教学活动，辅助教师完成幼儿的监督工作，并没有发挥家园共育的真正价值并且幼儿园开展的家园共育活动具有表面性，家长并没有真正地参与其中。

目前在互联网的背景下，与家长沟通交流也更加方便，可以通过微信等网络社交平台对幼儿的在园情况进行反馈和交流，虽然这种交流互动方式更加便利，但不能够深入和及时地反馈幼儿的在园情况。长此以往，幼儿家长会对幼儿园教师产生疏远感，影响家园共育工作的开展。

（四）教师对于家园共育指导工作经验不足。

在家园共育过程中，需要教师具备组织能力、沟通能力、对幼儿的观察能力以及相关知识素养。目前幼儿园教师队伍趋于年轻化，缺少工作经验，对于家园共育工作能力不足。有的教师在与家长沟通时缺乏沟通技巧，在家长的教育理念和幼儿园的教育理念发生分歧时，不能很好地进行沟通解决。如典型的幼小衔接问题，教师提倡寓教于乐，在游戏中积累经验。而家长则认为每天幼儿只在幼儿园玩游戏，学不到具体的知识，因而产生焦虑。面对这样的教育分歧，教师的沟通技巧和自身对教育理念的掌握是十分重要的，否则会导致家长的误解和家园共育的效率降低。

（五）幼儿的心理健康发展受到忽视

在我国，教育的主要方式是"应试化"，而"应试化"的观念根深蒂固，家长们的功利思想严重，认为孩子的学习成绩好就可以了，所以一味追求高分，而忽视了幼儿的心理健康发展。在幼儿园的教学过程中，教师往往以考试为目的，注重知识的传授而忽略了对儿童情感的培养。从 20 世纪 80 年代开始，国家也提出要重视学前课程的重要性并将其作为基础教育的一部分。《幼儿园教育指导纲要》中也明确指出：要把学前 3—6 岁的幼儿培养成一个有能力有素质的人。这就要求幼儿教师要关注每个阶段的孩子的身心变化因材施教，使每个孩子都能得到全面发展。但是现在的大多数的学校的课程设计和安排都比较随意，没有考虑到不同的家庭不同年龄段的差异性。

因此，在家庭教育过程中，教师必须具备合作能力、沟通能力、评价幼儿的能力和技巧。目前，幼儿园教师队伍年轻化、经验不足、家庭教育能力较差。部分教师在与家长沟通时缺乏沟通技巧，无法有效沟通解决家长教育内容与幼儿园教育内容的差异。比如老少之间的联系问题，老师鼓励大家一起玩游戏。而家长则认为幼儿每天只是在幼儿园玩耍，学不到特长。面对不同的教育，教师的沟通和自己对教育内容的理解非常重要，否则会导致家长不理解，降低家庭教育的效率。

第二节　言之有道：家园共育的沟通策略

关注有效的家园共育沟通策略的应用，是打造高效教育共育沟通渠道的关键，能够促进家园双方在教育理念教育内容和教学方式等内容的互通有无，更好地端正家长对于幼儿成长的关注态度，保证各项家园共育措施的准确落实为优化幼儿教育体系提供有效的支撑作用，因此思考家园共育有效沟通策略，具有现实意义。

一、转变教育理念

幼儿园阶段建立的家园共育体制是指以幼儿求知心理满足为目标，借助微信、话的多种形式和家长共同构建沟通渠道，实现对家长教育模式的调整，不断强化对于学前教育的重视，共同推动幼儿素质的增长。为了践行该目标，作为幼儿园教师，首先就需要转变自身的教育观念，才能够承担起引导教师转变教育理念的职责，保证家长对于家园共育的积极参与。这是因为相较于家长，幼儿教师所具有的幼儿教育知识和技能的储备更加专业，这就要求幼儿教师能够充分发挥自身的主动性，通过平等合作的原则，丰富和家长之间的沟通渠道，建立稳定的合作关系，共同推动家园共育的实施。

二、完善家园教育过程

为了保证家园共育教育体系的有效落实，作为幼儿园教师就需要做到对于幼儿基本情况的全面了解，无论是生活环境，性格素质都属于了解的范畴，才能够实现对于幼儿心理和行为变化的准确把握，为后续家园共育的合作关系，构建提供扎实的基础支持。除了了解幼儿的基本信息之外，也需要准确把握家长对幼儿教育的关注点以及思维模式，善于通过和家长沟通的方式来了解家长，在幼儿教育方面存在的不足之处以此指导，家园共育的科学性实施。例如在举办家长会的过程中，如果发现家长对于某一个话题的关注度较高，则表明家长在幼儿教育领域对于相关话题的敏感性更高，就可以有针对性地对家长实施教育观念和教育方法的普及，切实提高家长在幼儿教育领域的能力，这也为后续家园沟通的进行提供了话题切入点。幼儿的成长离不开学校教育和家庭教育的共同支持，考虑到幼儿园在幼儿教育中的优势，应当主动承担起组织家长积极参与幼儿教育的职责。例如幼儿园举办家长开放日，目的在于邀请家长全程参与到幼儿的日常活动过程中，感受幼儿园的教育内容和特色，建立对幼儿园实际教育情况的正确认知，为家长深入了解幼儿行为和心理变化提供相应的途径，也为后续的家园共育提供支持。最后要求在进行家园共育的过程中，能够尊重不同家长之间的客观差异，结合家长的实际情况采取合适的策略进行沟通，遵循一视同仁的原则，这些都是优化家园共育工作的重要内容。

三、家园交流需要"耐心"

幼儿的个体差异性主要来源于生活，环境，性格以及行为等方面，并且也会受到家长所采取的教育方式差异性的影响。因此为了保证家园共育的有效实施，同时也为了保证幼儿园和家长进行沟通的有效性，在具体沟通过程中，就当有意识地针对家长教育观念和行为进行转变，才能够共同提高幼儿园教育和家庭教育的综合质量。随着近几年家园共育工作的持续深入，部分家长的教育观念得到了有效的调整，但是为了进一步统一家园教育理念，在进行沟通时，就需要幼儿教师掌握合适的语言技巧，在保持对家长观点充分尊重和倾听的情况下，耐心引导家长在教育观念方面的科学转变，以此塑造家长主动反馈幼儿行为心理活动的意识，更加积极地参与到家园沟通过程中。

四、采用多元化的沟通策略

幼儿所处的家庭环境不同,对应的生活习惯以及生活方式都会表现出明显的差异,因此幼儿所拥有的时间自由度也会明显不同。也就意味着在实施家校共育的过程中,尤其是在和家长进行沟通期间,就需要基于上述不同的实际情况,选择合适的沟通方式,才能够保证交流沟通的有效性,作为幼儿园教师就需要主动地针对沟通渠道进行拓展,例如使用家访、约谈、电话、微信等多种形式强化和家长之间的交流沟通。在时间允许的情况下,尽可能提高个性化沟通方式的应用来取得良好的沟通效果。并且在具体沟通过程中也需要保持对家长观点和意见的准确记录,才能够向家长传递认真负责的印象,以此来赢得家长对于幼儿园教师工作的信任和认可,为良好的家校合作关系构建打下基础。想要实现多元沟通体系的构建,自然离不开教师和家长之间良好合作关系的构建,更好地发挥双方在幼儿教育领域相互督促互为补充的优势,共同为幼儿教育的创新发展服务。考虑到部分幼儿家庭以祖辈家长为主,也就意味着幼儿的日常生活起居由爷爷奶奶或者是外公外婆照顾。在进行家园沟通过程中,就应当准确向祖辈家长传输家园共育的必要性,动之以情,晓之以理,在家园共育沟通变成方面应当覆盖幼儿自理能力、行为习惯以及交往态度等多个方面,彼此保证交流效果的多元化,才能够更好地调整家长的教育观念,保证祖辈家长在幼儿教育领域有更加科学的认知。值得注意的是,在和家长进行合作关系的构建过程中,关于平等观念角度的应用至关重要,是确保教师和家长平等对话的关键。

五、换位思考的沟通理念

基于家园共育的要求,推动教师和家长之间的沟通,保证沟通的有效性的,关键在于教师能够运用换位思考结合幼儿的实际情况,基于鼓励或者是督促,围绕沟通策略进行调整,保证对于沟通场合的合理选择以及对于沟通方式的科学应用。能够从家长角度去思考问题,保持冷静客观的态度,共同围绕幼儿的成长问题进行分析,重视对于沟通环境的塑造,才能够不断提高家园共育的时效性。例如在家长送幼儿上学或者是接孩子放学期间,就可以围绕幼儿的在园行为和日常表现向家长进行客观详细的描述,同时基于家长视角分析幼儿潜在的问题，避免夸大其词的描述行为，既能够端正家长对幼儿成长的关注态度，又能够避免过于夸大的描述，引发家长不必要的紧张心理。

六、注意有效的沟通技巧

有效的沟通策略之一，在于合理应用语言技巧要求，幼儿园教师能够抓住和家长进行沟通交流的机会，依据幼儿的表现和家长共同探讨幼儿存在的问题。应当避免以发号施令的态度和家长进行沟通，同时还需要关注自身言辞的恰当，避免过于武断的语言应用。例如不使用"必须……""应当……"等词汇。除此之外，应当尽可能减少在和家长沟通时，所使用的专业术语，选择通俗易懂的话语进行解释，更能够获得家长的认可，当然在沟通过程中也需要表现出对于家长的充分尊重，尤其是对于家长意见的积极回馈和听取，才能够更好地促使双方关于幼儿教育观念的一致。另一方面，教师与家长之间极易出现观点不统一或矛盾的情况。

因此，教师在与不同家长沟通时，需要避免自身消极情绪扩散，与家长耐心地解释和阐述幼儿当下的表现，在友好、和谐的氛围中建立良性沟通关系。在与家长群体进行面对面沟通的过程中，教师可以记录家长谈话中关注的要点，保持注意力集中的状态，随时回答家长的问题和困惑。

七、善于运用新兴交流工具

新媒体技术在近几年受到关注的程度日益增多，相对于传统媒体来说，在幼儿园使用新媒体技术的手段，可以更好地利用公共网站和信息平台等方式帮助家园或幼儿园对幼儿的认知，不仅方便快捷，还能够促进家园和幼儿园的共同发展，给家园提供更加先进的幼儿理念，音频、视频、动画的教学方式，也能够让幼儿园老师在教育幼儿的时候更加轻松，提高整体教学质量。

新媒体技术最方便的就是信息化平台能够方便家园与幼儿园之间的交流，随时掌握幼儿的动态情况，打破了家园和幼儿园对于信息传播传统模式的认知，不管是建立信息优化交流平台还是幼儿学习平台，双方都可以针对现阶段不足的地方进行改进，有利于不断提升家园幼儿园共育水平和下一步决策。掌握幼儿的情况，也可以进一步了解幼儿的需求，营造更加温馨的家园氛围，幼儿园老师了解情况后也方便给幼儿进行不同的辅导，达到幼儿园与家园共育的目的。

（一）创立校园通讯录，方便幼儿信息传达

想要将新媒体技术在幼儿园家园共育中实现更好的应用策略，那么可以创立一个校园通讯录，在校园通讯录上方便幼儿信息的传达，让幼儿园老师和家长可以随时掌握幼儿的情况，传统的信息传播方式，很有可能出现信息不准确、更新不及时的情况，新媒体技术的应用能够有效提高幼儿园老师的工作效率和教学质量，避免了传统传播信息方式不准确的情况，成为幼儿园老师、幼儿、家长三方之间最方便快捷的沟通枢纽。

例如：创立一个校园通讯录以后，老师将所有幼儿的信息以及家长信息全部录入进去，在遇到天气变化的时候，可以在通讯录里面添加类似于"多穿衣，记得带伞，不要感冒"的生活温馨小贴士；也可以在疫情严重时候，提醒家长和幼儿做好防护工作，在家记得给幼儿剪指甲，戴好口罩，补充维生素，宣布要带什么重要物品；特别是一些幼儿刚刚入学的时候，很多家长都会关心幼儿在幼儿园的情况，通讯录就起到了非常好的作用，幼儿园老师可以拍摄幼儿的情况发到通讯录里，让家长放心。如果有突发情况，比如更改上下学时间，在通讯录也可以进行统一通知，方便信息的快捷传达。

（二）建立幼儿园官方网站，增加更多互动性

新媒体技术的应用范围还包括建立幼儿园官方网站，可以将幼儿园的信息放到官方网站中，方便家长对幼儿园的了解情况。包括幼儿园的成立时间、师资力量、食堂什么样，每日会不会进行消毒，以及幼儿园环境等，只有了解了这些基本信息，家长才会放心地把小朋友交给幼儿园共育，幼儿园也可以在官方网站上随时更新园内情况，满足家长了解幼儿园的基本愿望。

（三）提供幼儿园与家园信息交流媒介

新媒体技术成功实现了幼儿园与家园之间保证紧密联系，相互交流更加方便，主要是针对家园方面的交流媒介也可以被创造，比如说 QQ 群、微信群等，这两个社交软件也是日常生活中经常被使用的软件，可以在社交媒体平台直接创立一个群，也是信息交流媒介的表达方式之一，相比于校园通讯录来说，利用社交交流媒介这样的方法更为简洁，并且由于主要针对的方式是与家长之间的进一步联系，更具有指向性。

例如：幼儿园老师可以成立一个家长 QQ 群，以班级为单位，将幼儿的家长全部拉进去，给家长了解自家幼儿的情况，增加多一个渠道，除此之外，还

能在群里可以布置幼儿的课后作业以及课堂练习等，同时也方便解答关于家园教育遇到的一些问题，家长与家长之间也方便交流，可以互相交换各自育儿经验，共同促进自家幼儿的身心健康发展。同时隔一段时间还能够开展一些家长之间的"比赛"，邀请他们对幼儿的课堂知识做一个全面了解，充分调动家长参与共育的自主性，带动幼儿班级的积极性。

（四）互联网收录幼儿信息档案

新媒体技术除了能够应用在教学方面以外，想要实现共育，还可以建立健全完整的幼儿信息档案，给小朋友都建立专属的成长档案，每一份档案都需要幼儿园和家园的共同努力完成，以照片、画像或是文字的方式进行记录，包括在家有什么突出表现、在幼儿园得到什么样的奖励、参与了什么样的班级荣誉活动、有什么有趣的事情发生，都可以记录在幼儿的成长档案当中，为他们的童年留下一份珍贵的回忆。

幼儿园需要统一家园共育模式下教师和家长的教育理念，完善教师与家长之间的沟通渠道，通过营造良好的沟通环境和沟通氛围，促进教师与家长之间的合作，这对进一步优化家园共育体系有着积极的作用。教师与家长之间友好合作关系的建立，可以促进家园一体化教育，提高幼儿园整体教学质量。

第三节　高位推动：家园共育的实施原则

幼儿时期教育的特殊性不仅仅在于它是个体终身教育的起点，更在于它的教育效果与家长和家庭有着密切的联系。只有学校和家庭两者教育达成一致形成教育合力，才能让幼儿在学龄前养成良好的生活与学习习惯、发展健全人格以及优良的品质。结合自己的一线教学经验，我总结出了几点家园共育需要坚持的原则和具体的实施策略，希望能够对加强教师队伍的素养建设，提高共育效果有所借鉴。

一、"家园互补，提高效率"是本质

幼儿园作为专业教育机构可以给家长传递正确的教育观念和育儿知识。同

时，家长资源对幼儿成长也有巨大的促进作用，部分幼儿家长在医院、银行、公安局工作，这些都是幼儿崇尚的职业，并且他们大多数是这些领域的资深人士，了解专业性知识比教师得多而且更深刻。合理利用家长的优势可以大大提高老师的教学效果。

比如。在开展小班健康领域活动《爱吃蔬菜与水果》的活动时，目的让幼儿养成不挑食，爱吃蔬菜水果的良好饮食习惯。老师可以邀请在医院工作的幼儿父母到班上给幼儿讲解吃蔬菜水果对身体的好处，了解更多关于饮食健康的知识。中班社会活动《我是小小交警》目的让幼儿了解一些交通常识，可以邀请在公安局上班的幼儿父母现身说法来幼儿园讲解交通标志和手势，这样幼儿记忆更加深刻。大班社会活动《我是小小邮递员》目的让幼儿了解邮局的作用，可以邀请在邮局工作的父母去幼儿园给幼儿讲解邮局带给生活哪些便利。相比老师讲解专业人士更能让幼儿信服，同时，引发幼儿对父母的自豪感，增进亲子关系。

二、"加强沟通，丰富渠道"是关键

只有让家长全面了解幼儿，才能赢取家长信任。因此，要不断发现和创新家园联系方式，让家长多渠道全方位了解幼儿。家长会是传统中比较有效的一种家园沟通方式之一，仍然值得去借鉴，可以在原有基础上把它创新地开展成育儿经验交流会、茶话会等。突破了以往教师与家长的单一沟通，实现了教师与家长，家长与家长多元化沟通。目前国内普遍使用的家园联系方式有：家园联系栏（册）、家长开放日、家庭访问、意见箱、微信、掌通家园以及早晚接送孩子，可以把这些方式适宜性结合在一起开辟家园联系新途径。

笔者在以往的教学经验中是这样做的：开学两周内观察幼儿并与家长及时微信沟通，短时间内准确了解每位幼儿的性格特点、兴趣爱好，为幼儿建立个人成长档案以便在学期末与家长分享。开学三周通过微信建立家长群，老师除了在家长群里发布一些必要的日常安排与要求外，可以把幼儿在园学习与生活的缩影以照片和视频的形式发到群里。开学两个月幼儿基本适应了幼儿生活一日，常规也逐渐培养起来，这时可以开展一次家长开放日活动组织家长入园参观幼儿的生活状况，从而赢得家长的信任。在学期末开展一次家长沙龙活动，教师通过成长档案分享幼儿学期初与学期末变化，同时，家长分享幼儿在家变化。通过彼此分享，高效了解幼儿哪方面发展比较好哪方面还需要继续努力，家长与老师共同制定教育方案。同时，做得比较好的家长可以与其他家长分享自己育儿经历与感悟。教师可以利用节假日和寒暑假时间进行家访，通过了解幼儿生活环境分析幼儿成长中所表现出的问题，并给家长在教育上提出一些建议。

三、"加强素质，提高效果"是核心

幼儿期接受教育更多的是在幼儿园，每天接触最多的对象也是老师。因此，一个老师的素质对幼儿的发展至关重要，也是处理好家园共育的关键。同时，随着社会飞速发展，人们的文化水平普遍得到提高，家长也逐渐参与到幼儿教育中。

因此，教师会受到家长关于育儿知识问题，这就要求教师要不断丰富自己实践与理论知识。高素质教师团队是提高教育效果的核心因素，专业的老师才能向家长输送正确的教育理念和教育方法。教育不一致的现象归根到底由于教师不主动去发现问题、面对问题没有进行深入的思考以及与家长的交流大多流于形式不够真诚，难以赢得家长的信任。

因此，要不断提高教师素质。教师在业余时间看一些相关的理论书籍、了解国内外教育发展形势、最新教育政策、详细记录自己在教育过程中的心得形成教育笔记以及向有经验的老师请教，通过各种途径不断提升自己的专业素养。同时，幼儿园也要给老师提供形式多样的学习平台。可以请教育名家到幼儿园开展出现家园专题讲座、召集老师坐到一起开展教育教研进行讨论适合本园家园共育的最佳方式等。比如，就幼儿园每个班都普遍存在的家园共育问题为主题开展教研，每个老师都分享自己在处理这种问题的具体做法，大家集思广益，共同制定出最合适的一种解决办法。此外，幼儿园和教师应通过多元化的途径，达到引导家长实施科学家庭教育活动。比如，教师可以利用线下的家长会、讲座等，并且结合线上的班级微信群、幼儿园平台等向家长传递科学的幼小衔接教育阶段的家庭教育。幼小衔接阶段的家庭教育，既涉及幼儿的生活方面，如作息时间的调整、规则行为等，又涉及幼儿心理方面，如适应能力、交往能力等。教师引导家长实施科学的家庭教育，有助于幼儿较快适应幼小衔接的角色变化，减少对幼儿健康成长的消极影响。

四、"平等互动,赢取信任"是基础

构建民主平等、相互信任的家园互动平台是构建良好家园共育的基础。家长是幼儿园教育幼儿的搭档,应视家长为朋友,以朋友身份带领家长参与幼儿教育,在这个过程中不断拉近家园的距离,逐步赢取家长信任。然而,以往的家园互动都是单方向幼儿园告诉家长应该如何做,没有考虑到家长的实际需要,往往造成填鸭式的沟通,让家长在家园共育的双向互动中处于被动状态,难以发挥家长在幼儿成长过程中的主动性。大量实践表明,只有家长感兴趣的教育问题才能充分调动家长的主观能动性。因此,可以把传统灌输式的家长会改造成育儿经验分享、家长座谈会、茶话会等,就一些家长和教师都普遍关注的教育问题展开讨论,在讨论过程中,老师和家长双方互换意见。

比如,在开展共育活动之前教师善于运用家委会功能可以提前两个星期制定问卷调查,收集家长都普遍关心和在育儿过程中遇见的教育问题,在活动中就收集的问题展开讨论。与此同时,家长也要理解与支持教师教育教学工作,与家长相比较教师教育的特殊性在于教育对象一对多而家长则是一对一,因此,教师很难做到对每个幼儿所有行为都能每时每刻、无微不至地关注,对于一些无关紧要的事情家长不应该得理不让人,对教师进行严厉地指责,而要怀着一种包容的心态去坦然接受。

比如,幼儿园每学期可以在学期初和学期末组织两次家长开放日活动,让家长真正走进幼儿园,体验幼儿一日生活流程,深入了解幼儿在园的生活方式,在进行家庭教育时及时进行对习惯的巩固。也可以让家委会成员参与到园内规章制度制定中,让家长深入了解教师工作的具体内容。

五、创新家长开放日的活动形式

家长开放日是幼儿园经常举办的活动,家长可以通过实际观察了解孩子在幼儿园的具体生活和学习内容,但目前大部分家长开放日活动,家长始终作为一个旁观者的身份去参观了解幼儿园的教育,并不能从实质性上参与到幼儿园的教学管理工作中,无法发挥家长在教育方面的积极作用,使家园合作共育成为一种形式。因此,为了进一步提升家长开放日的实效性,真正让家长借助开放日活动融入幼儿园教育当中,幼儿园积极转变教育理念,不断丰富创新家长开放日的活动形式，有效调动家长参与教学的积极性。

例如，幼儿园会邀请家长共同参与到幼儿的每日生活中，部分家长辅助教师共同负责幼儿的学习和生活，部分家长则与幼儿共同进行日常活动，如早操、户外运动、游戏活动等，让家长通过亲身体验和参与深入了解幼儿园的教学内容。在开放日活动结束后，教师和家长会就活动过程进行讨论，由家长对幼儿园和教师的工作提出相应的优化意见，同时教师也对家长的参与情况和具体表现进行反馈，以增强双方的共同理解和信任，促进教师和家长教育能力的共同提升。

六、树立正确的角色定位

在家园共育的实践过程中，容易出现角色混乱的情况。一方面，幼儿园教师是家园共育活动的组织者、参与者和实践主体，而且幼儿园教师还负责向家长传递家庭合作教育的理念、知识和实施方法，但幼儿园教师并不是家园共育活动的唯一教育者和组织者，不能"全包揽"。幼儿园教师要与家长在本学期或本阶段培养幼儿的目标上达成一致意见，并在活动中给予家长规划、设计、组织和参与的主动权，激发家长参与活动的热情，与家长相互配合，发挥各自优势。

另一方面，家长在家园共育活动中是组织者、支持者、教育者、参与者和评价者，对幼儿教育具有重要影响。家长要树立正确的角色定位，积极地参与到家园共育活动中，与教师一起献策献力。

七、举办丰富多彩的亲子活动

以幼儿园为主导开展亲子活动也是促进家长参与幼儿学习生活、加强与教师沟通的重要途径，因此幼儿园可以根据幼儿的具体情况创新不同形式的亲子活动，如节日主题亲子活动、社区实践亲子活动等，让家长在陪伴幼儿的过程中构建良好的亲子关系，为开展家庭教育打下良好的基础。

首先，幼儿园可以根据幼儿的年龄特征开展针对性亲子课程，结合幼儿的发展特点和心理特征选择适当的教学内容，并邀请父母与孩子共同参与完成。例如，小班幼儿的教育主要是帮助幼儿对周围的事物形成一个初步的认知，并掌握一定的生活自理能力，养成懂礼貌的好习惯。幼儿园可以围绕这些内容开展游戏竞赛类亲子活动，让父母陪孩子一起参与"认识动物""诗歌朗诵"等活动，不仅能增强幼儿的积极性，还能让父母对幼儿有更深刻的了解。而中班、大班的幼儿已经具备一定的认知能力和动手能力，教师可以组织"小小美食家""手工比赛"等亲子活动，邀请幼儿的母亲共同参与活动过程，培养幼儿的劳动意识和能力的同时，促进家园合作的健康长期发展。

其次，幼儿园可以根据不同的传统民族节日开展相应的亲子活动，让幼儿园、家长共同参与到幼儿的教育活动当中，增强教师与家长之间的互相沟通与配合，增进教师与家长之间的信任和关系，从而推动家园合作共育的良好发展。例如，幼儿园可以在中秋节的时候开展以"一起来过中秋节"为主题的亲子活动，邀请父母共同参与制定活动流程、准备制作月饼所需材料等工作，合理划定教师与家长的分工，让家长充分感受到重视和尊重，从而调动家长参与幼儿教育的积极性。

最后，幼儿园所能够利用的教育资源有限，幼儿园可以充分利用优质的地方资源和社区资源，结合幼儿需要和教育目标开展社会实践类亲子活动。例如，在秋收的时候幼儿园可以组织家长与幼儿一起到乡间帮助农民收割粮食，体会农民耕种的不易，感受大自然的魅力，培养幼儿热爱劳动、尊重劳动成果的意识。同时，这样的亲子活动也能够加强教师与家长、幼儿与家长、家长与家长之间的交流合作，营造良好的班级氛围，有效推进家园合作共育效果的提升。

八、充分发挥家委会的作用

家长委员会是幼儿园为了加强与家长之间的交流所成立的组织，其主要作用是代表全体幼儿家长与教师进行沟通，参与幼儿园的教学管理活动，及时反馈家长提出的问题和建议。但很多幼儿园都没有重视家长委员会的积极作用，反而将家长委员会作为帮助教师完成教学工作，传递幼儿园的各种消息和通知的渠道，失去了家长委员会的原本价值。为了扭转这样的教学现状，让家长委员会真正成为开展家园合作共育工作的重要纽带，幼儿园要转变教育理念和态度，明确家长委员会的职责和义务，将家长委员会纳入幼儿园管理工作的参与者和监督者。

例如，幼儿园可以定期邀请家长委员会成员参与幼儿园的教学研讨、教学管理等会议，在班级管理、幼儿教育、保育工作等方面听取家长委员会的意见和看法。同时，家长委员会也可以定期向幼儿家长了解对幼儿园教育的看法和建议，并代表家长向幼儿园进行反馈。幼儿园则需要及时对家长委员会反映的问题进行解答，加强幼儿园与家长之间的沟通合作，让家长委员会成为家长与幼儿园沟通的桥梁，推动家园合作共育工作的开展。

作为幼儿接受教育的起点，家庭教育虽不像幼儿园教育具有目的性、组织性以及系统性，但是，良好的家庭氛围在幼儿的成长中发挥着积极的促进作用，对幼儿后期行为与性格塑造具有重要意义。

幼儿期是生命发展中非常关键和基本的阶段。家长和幼儿教师这两个角色对孩子的成长都是不可或缺的。要实现家园共育的有效开展，幼儿园教师需要帮助家长提高育儿水平，增强家园共育意识，树立正确的角色定位，提高家长的参与度。幼儿园教师应提高专业素质，不断学习家园共育相关知识。家长在重视幼儿园教育同时，要不断反思家庭教育，努力做到家园共育，家校合一，为幼儿的健康成长打下坚实的基础。

第四节　齐心协力：家园共育的具体实践

家园共育不仅仅需要策略，还需要具体的实践。本节以小班亲子游戏的开展为例，展示了家园共育的具体实践方式。

一、主题与内容：家长参与选定

选定科学的游戏主题、适当的活动内容，是在家园共育背景下实施小班亲子游戏的大前提，只有主题与内容合理了，亲子游戏才能真正在顺应小班幼儿特点与需求的基础上展开。教师可以通过微信、短信等方式，向家长说明亲子游戏计划，邀请其为游戏主题与内容的选定出谋划策，使其根据教师的提议和指点，主动参与小班亲子游戏主题与内容的选定，基于自身对孩子的了解，为"玩什么"提出合理建议。而后，将其合理的建议汇总、统计、分享，依次付诸实践，让家长切实感受到自己在亲子游戏、家园共育中的作用，促进其对后续活动的积极参与。

例如，为培养小班幼儿肢体动作的灵活性，教师通过微信与家长沟通，向其说明"设计一些游戏，提高孩子肢体动作灵活性"亲子游戏计划，邀请其为游戏献策。家长发散思维，提出"小鸡出壳""跳圈圈""跳跳球""投球""大珠小珠落纸篓"等主题，向教师说明各主题对应游戏内容，与其讨论、选定其中一项游戏。此后细化游戏设计，教师还可以向提出对应主题游戏建议的家长发出邀请，尽可能地尊重他们对游戏的预想，使其将在选定主题时形成的"怎么玩"想法表述清楚，与教师一起设计具体的游戏内容，确定亲子游戏每一个环节。"带领孩子玩我设计的游戏"，家长参与亲子游戏的积极性被更好地调动起来，为家园共育背景下的小班亲子游戏创造健康环境。

二、规则与要求：师长共同制定

不以规矩，不成方圆。幼儿园亲子游戏的实施，有赖于完善的规则。家长与教师应明确规则的重要性，根据小班幼儿特点，共同制定公平、科学、客观的亲子游戏规则，发挥教师专业性，深化家长参与度，对幼儿活动提出适当的要求，保证亲子游戏井然有序地展开，培养小班幼儿正确的规则意识，使其养成"遵守规则"的良好习惯。

例如，"欢乐投沙包"亲子游戏，游戏目的在于通过亲子合作的"投沙包"活动培养小班幼儿快速跑与投掷能力，使其井井有条地展开，应使幼儿遵守基本的"快速跑"与"投沙包"规则。教师与家长协商共议，可制定以下规则：幼儿与家长共同完成游戏，幼儿站在起点，家长站在终点。幼儿在听到哨声后，手拿一个沙包从起点出发，向站在终点的家长跑去，停在家长前方约2米处。单手投掷沙包，使其落入家长手提的篮子中（此时，家长可与幼儿配合，保持站位不变，灵活调整篮子"接沙包"位置），反复十次，最后篮子里沙包最多的家庭胜出。

基于此，游戏开始，教师向家长与幼儿介绍游戏内容与规则外，家长也可以向幼儿补充介绍游戏规则，如"一次只能拿一个沙包，不能多拿""投沙包的时候，你不能离我太近哦，要看好地上的标记，保持距离""认真听哨声，不要抢跑啊"等，合力促进幼儿对亲子游戏规则的主动遵守，让游戏秩序和效果得到保障，实现更好的教育目的。

三、材料与道具：家园合作准备

由于家园共育背景下的小班亲子游戏主题通常以"家长选定"为主，具有一定随机性，准备材料与道具稍显困难。教师与家长均可参与进来，既在幼儿园里寻找材料的踪迹，也在家里搜集适宜的道具，合作完成"材料与道具"这一重要的准备工作，让游戏可以顺利展开。

例如，"贴五官"亲子游戏为增进幼儿与家长之间的合作性与亲密性、培养小班幼儿对五官的正确认识而设计，预设"蒙上幼儿的眼睛，使其在家长带领下来到'娃娃脸'道具前，为道具贴上五官"游戏过程，需要"娃娃脸"道具与"五官图片""眼罩"材料。教师可以发挥幼儿园资源优势，准备"娃娃脸"道具与"眼罩"材料，尊重幼儿对"娃娃脸"的不同想象，将准备"五官图片"材料的机会交给孩子和家长，让家长在家中带领孩子完成"娃娃五官"的制作。

鉴于"五官图片"材料是自己在家中制作的，幼儿与家长都更愿意将其展示出来，增强亲子游戏热情，还能从情绪层面促进小班亲子游戏在家园共育背景下的实施。

四、干预与指导：突出幼儿主体

即便有规则的约束和点拨，小班亲子游戏中，幼儿也会因认知与年龄的限制，表现出一些共性问题，如活动积极性不足、行动不当、行动进度缓慢等。面对这样的情况，继续亲子活动，家长应适当干预幼儿的行动，给予其必要指导。纵观实际，小班亲子游戏中，家长经常会对幼儿行动干预过多，从自己的主观意愿出发指导其游戏活动，这是极不可取的。

例如，"拼图娃娃"亲子游戏中，一些家长为了让孩子更快速地完成游戏，让他们的"拼图娃娃"更加美观，直接代替孩子剪纸、粘贴图案，看似大大地提高了亲子游戏效果，实则大大限制了孩子们动手能力与想象力的发展，剥夺了孩子在亲子游戏中的主体地位，影响其思维品质的发展。还有一些家长在孩子制作"拼图娃娃"时，直接向其出示手机中的一些图片，以"命令"的口吻说"就做这样的拼图娃娃吧"，局限了幼儿对"拼图娃娃"的自由想象。扭转这样的局面，教师应以"突出幼儿主体地位"为目的，干预家长行动，指导其"指导幼儿"的方法和态度。如建议家长:"让孩子大胆尝试,看看他们丰富的想象力。""虽然使用剪刀是有一定危险的,但是,将剪纸的注意事项告诉给孩子们,示范正确的剪纸方法,让他们大胆尝试,也许会有出乎意料的收获。""不要和孩子争抢'动手'的权利呀,'粘贴'这种小事,就让他们自己来吧。"以此使家长将"帮孩子制作拼图娃娃"的干预和指导转变为示范剪刀用法、演示剪纸过程和鼓励自己动手。于是,伴随着教师的认可、家长的鼓励,幼儿在亲子游戏中的主体地位愈发突出,在家长的适当帮助下自由发挥、表现个性,动手能力得到极大程度的提升,想象思维也能更加开阔。

五、形式与玩法:多样优化创新

启蒙教育的本质在于质量而非数量,一味地追求亲子游戏数量,未对其玩法进行精心设计,是以往家园共育背景下小班亲子游戏经常产生的问题,易使家长与孩子在游戏中感到疲惫,无法凸显亲子游戏的内在价值。教师在解决此问题方面下功夫,应创新亲子游戏的多种玩法,优化其活动形式,通过更多样的方法组织游戏,将其推到孩子与家长的身边,更深刻地激活其活动兴致。

例如,"以寻宝"亲子游戏代传统"捉迷藏"游戏。游戏中,教师先将幼儿带到安静处,等待家长将玩具藏在操场或教室的不同方位。等到家长"藏玩具"结束,以"寻宝"为引,组织幼儿到各个方位寻找家长藏起来的"宝贝",并通过"你是在哪里找到它的?"等问题,使幼儿说出找到"宝贝"的不同方位。相较于反复进行的"捉迷藏"游戏,让幼儿找到藏在不同方位的"宝贝",融入"玩具"的创新寻宝,更容易得到他们的喜爱,使其在新颖的游戏中增加对方位的认识。

再如,"山洞大探险"亲子游戏。精心设计"探险"背景,将常规"袋鼠跳跳跳""过小河""给动物送饭"等游戏丰富进来,生成多个"探险"游戏环节。森林探险:孩子像袋鼠一样"挂"在家长身上,家长模仿袋鼠带领孩子"跳跃"向前,保护孩子,防止在"森林"中遇到危险。河边探险:由"小河"隔开"森林"与"山洞",在河边放置纸板等道具,幼儿与家长利用纸板,以最快的速度通过小河,保证双脚不接触"河水"。山洞探险:离开"小河",家长带领幼儿通过"山洞"洞口前方的独木桥,在"洞口"寻找"食物"。随后进入"山洞",把"食物"交给"山洞"中的"小动物",换取它们的礼物,完成"大探险"。

充分利用幼儿对"探险"的兴趣，让他们在家长的帮助下走进"探险"的神奇世界，在单次亲子游戏中融入多项常规亲子游戏活动，使其更加精彩、紧张，有利于亲子游戏效果的增强，使家园共育取得理想效果。

家园共育是幼儿启蒙教育的必然发展趋势，游戏是幼儿启蒙教育的重要组成形式，两者融会贯通、有机结合，充分发挥家庭在幼儿教育中的支持作用，全力促进家长对幼儿教育的积极参与，开发基于家园共育背景的亲子游戏，既能满足幼儿多样化的成长需要，也能满足社会对幼儿启蒙教育提出的全新要求。教师应积极协调家长工作，与其形成合力，共同打造家园共育教育环境，开发适宜、得当的亲子游戏，不断丰富其内容与形式，完善点评与总结体系，让亲子游戏助力儿童发展，掀开家园共育新篇。

第二篇

慧美童真　幼有所获

随着学前教育的不断发展，在幼儿园中幼儿会得到哪些方面的发展也成了越来越多的父母关注的话题。家长多多少少都会抱着"不能输在起跑线"的观点，希望孩子多学一点，早学一点，但"拔苗助长"式的超前教育亦不科学。

《3—6岁儿童学习与发展指南》从健康、艺术、科学、社会、语言五个领域描述幼儿的学习与发展。每个领域按照幼儿学习与发展最基本、最重要的内容划分为若干方面。每个方面由学习与发展目标和教育建议两部分组成，建立对幼儿发展的合理期望，实施科学的保育和教育，希望每一个孩子都能度过快乐而有意义的童年。

本篇即从这五大领域出发，具体探讨如何让幼儿在园内苗壮成长。

第六章

呵护童心：幼儿身心健康发展研究

《指南》中指出："健康是指人在身体、心理和社会适应方面的良好状态。幼儿阶段是儿童身体发育和机能发展极为迅速的时期，也是形成安全感和乐观态度的重要阶段。发育良好的身体、愉快的情绪、强健的体质、协调的动作、良好的生活习惯和基本生活能力是幼儿身心健康的重要标志，也是其他领域学习与发展的基础。"

健康不仅指身体健康，还指心理健康，幼儿处在人生发展的特殊阶段。从身体健康而言，幼儿有骨骼细小、硬度差、容易变形，肌肉体积小、收缩力弱，肺活量小等特点，需要通过适度的锻炼以提高身体素质，促进健康成长。从心理健康而言，心理学家阿德勒在《儿童的人格教育》一书中说："幸运的人一生都在被童年治愈，而不幸的人却要用一生去治愈童年。"幼儿的心理发育尚不成熟，受周围环境影响极大，如果不加以引导，很容易出现各种心理问题，并影响幼儿的一生。因此，幼儿的健康成长和未来发展是幼教工作的重中之重。

第一节　幼儿活动中身体素质的提高

幼儿期，身体各器官系统正处于迅速发育的过程，有意识地逐步发展和提高幼儿的身体素质，有助于增强和完善幼儿身体主要器官、系统的功能，促进幼儿正常的生长发育和机能的协调发展。一方面，幼儿基本活动能力是幼儿身体素质发展水平的外部表现。例如，当幼儿腿部肌肉力量发展到一定程度时，幼儿就能学会站、学会走、学会跳跃；同样，当幼儿在行走时出现上下肢不协调的动作（如同手、同脚地走）时，则表明该幼儿身体活动的协调性较差。另一方面，提高幼儿的身体素质，是发展幼儿基本活动能力的基础。任何一种身体运动或动作，都需要有几种身体素质作为基础才能完成。例如：躲闪跑需要幼儿具有较快的反应速度和动作速度、较好的灵敏性和控制身体的能力，若其中的任何一种身体素质发展得不够理想，都将直接影响到幼儿躲闪跑的质量。如果我们只一味地要求幼儿多进行追逐和躲闪跑的活动，而不注意有意识地发展幼儿所必需的身体素质如速度、灵敏性等。那么，就很难使幼儿的这一活动能力真正得到发展。

因此，要使幼儿的基本活动能力得到发展，必须从根本上重视幼儿身体素质的培养和提高。关于幼儿的身体素质的培养，我将其分为两个方面。一方面，幼儿本身在家中及园内游戏时就会进行一些不自觉的体育锻炼，这些锻炼并没有专业体育教师的指导，而是由其他课程的老师带领完成；另一方面，幼儿园有专门的体育课程，幼儿会在这一时间段内集中的进行体育锻炼和相关体育知识理论的学习，两者有着不同的情况和目的，我认为应该分开看待。

一、幼儿在园内外的基本活动

幼儿在园内外的活动和锻炼，大多是比较零散的，少数有规划性质的活动，也缺少专业幼儿体育教师的指导。这部分活动由家长和园内其他课程教师共同完成，相比起体育课，更加自由，也更考验园内教师和幼儿家长的创造力。

（一）针对幼儿身体状况，制定增强体质的计划

幼儿有骨骼细小、硬度差、容易变形，肌肉体积小、收缩力弱，肺活量

小，注意力不集中等特点。因此，针对幼儿身体素质的特点，教师要制定合理计划，利用自然界的各种因素锻炼身体，让幼儿的体质在循序渐进中得到增强。当然，幼儿园只是幼儿的部分生活，要想提高幼儿的身体素质，还得家长和幼儿园联合起来，步调一致地做好幼儿行为、卫生、饮食等良好习惯的培养，共同制定幼儿强身健体的规划，以便形成教育合力。

（二）注重体育环境创设，激发幼儿的积极性

为了将健康理念渗透在体育活动中，幼儿园应积极响应国家阳光体育计划，创设合适的教育环境，让每个幼儿每天的户外活动时间都不少于两个小时。蒙台梭利曾说过："教师的职责在于为幼儿提供符合他们发展规律的环境，保证幼儿有充分的自由，观察和了解并在必要时给予指导，以帮助实现自我发展。"在环境的创设过程中，可创设幼儿喜欢的、符合幼儿动作发展的体育区，投放包括钻爬隧道、攀登墙面、跨越栏、平衡走墩、滚筒、小推车、滚动轮胎等的大型体育器械，以全面锻炼幼儿的基本动作。

（三）丰富游戏形式，加强幼儿的体育锻炼

为丰富幼儿的体育游戏活动形式，激发幼儿参与体育游戏的积极性，还可发动家长，开展"变废为宝"的家园自制体育器械展示活动。坚持美观、创新、实用、牢固、废物利用、一物多玩等原则，根据各年龄段幼儿的特点制作出既富有童趣又能够锻炼身体的体育器械，既丰富了幼儿园体育教玩具资源，又为幼儿的身体发展提供了可靠保障。

（四）科学制定食谱，保障幼儿的成长能量

幼儿的健康虽与先天因素有关，但也离不开后天的努力，除了加强体育锻炼，幼儿园还要为幼儿的成长提供科学的营养。例如，园所为了开发出对幼儿健康成长至关重要的科学食谱，会通过理论学习、实际操作、问卷调查、总结改进，编出食谱，每餐的加工烹调也都考虑从色、香、味、形来吸引幼儿，并在运行的过程中不断完善、创新。有的园所为了让幼儿养成不偏食、不暴饮暴食的良好习惯，经常进行进餐记录，还通过"明厨亮灶"定期征集家长的建议，提高饭菜质量，让幼儿有足够的精力去参加各项活动，得到身心全面发展。

二、幼儿体育课程建设

与其他年龄阶段的学生不同，幼儿具有好奇心强和好动等特点，在幼儿阶

段开展体育教学活动,在传统体育课堂中增添生动性和趣味性,是提高幼儿参与课堂进行学习和实践的重要改革举措。一般而言,幼儿园教师须确保学生安全的前提下才能开展多样化体育活动,以调动学生学习积极性和主动性,促进学生身心健康的良好发展。基于此,在新时代下我国幼儿园将体育教学模式进行改革和创新,针对体育教学活动开展过程中存在的问题进行分析和解决,根据幼儿身心发展特点重新规划和设计幼儿体育教学模式。

（一）幼儿体育教学模式存在的问题

1. 教师教学水平亟待提高

根据调查结果显示,我国幼儿园开展体育教学过程中,因部分幼儿园体育教师专业水平和教学能力还有待提升,个别幼儿园考虑到学生安全问题,体育教学活动开展频率较少,教师在课堂中只注重对学生进行理论基础教学,并且幼儿园也未根据新时代下幼儿身心发展需求,优化体育教学设备,导致幼儿园体育教学活动受教师教学水平和教学设备影响较大。

2. 教学设备仍需完善

在新时代背景下,幼儿园开展体育教学活动是帮助学生提高身体素质和学习能力的重要手段,但多数幼儿园的硬件和软件设施还有待优化和完善,教师在开展体育教学活动时,忽视体育教学环境的营造,学生在重复运用体育教学设备学习和锻炼过程中,因体育教学设备过于机械,教师未将教学设备与趣味性体育教学活动相结合,导致体育课堂趣味性较低,不利于幼儿身体素质的提升。

3. 教学目标尚未明确

目前,我国幼儿园开展体育教学活动过程中,因许多教师在毕业之前已形成固化的教学意识和教学手段,在参与实践教学活动过程中,忽视对幼儿身体情况和认知水平的考察和分析,仍采用传统体育教学模式展开简单的体育知识和技巧的教学与讲解,幼儿体育教学目标不明确,则无法提高幼儿在体育课堂中的学习积极性和学习兴趣,也无法提高体育教学效果和幼儿身体素质。

4. 教学模式相对传统

目前,我国幼儿园开展体育教学活动过程中,体育课程的安排和体育教学模式还存在不合理之处,包括开展体育教学活动时,过于注重对天气、环境等方面的考虑,将体育教学课程开展频率规定每周开展一次,并且体育课程教学模式相对传统。因每周一次的课程开展频率，致使幼儿园教师只能对幼儿进行基础体育知识和简单的游戏开展，同时过于顾虑幼儿安全，很少组织学生进行课外活动的参与和开展，进而无法锻炼学生的体育技能和身体素质。

5. 体育项目选择不当

幼儿的心理特征和心智特征尚未发育成熟，教师开展体育教学活动过程中，应选择一些较为轻松、简单的体育运动项目开展教学，而不是在幼儿阶段选择难度高、强度大的体育项目，这会导致学生身心健康难以得到有效保护，在此过程中学生还容易发生运动损伤，使得幼儿失去在体育课程中自主进行学习和实践的勇气。

（二）幼儿园体育教学模式的改革的实施策略

1. 提高体育教师教学水平

教师教学水平决定幼儿园体育教学效果，根据时代对幼儿提出的新要求，幼儿教师转变自身教学观念，学习多元化教学手段和教学方法，为幼儿身心健康成长提供有力保障。首先，幼儿园要意识到提高教师教学能力和教学素养对开展体育教学活动的重要性，不仅要重视幼儿教师的权益和发展，还要确保体育教学质量，这有利于幼儿在体育教学活动中接受到良好的教育，为幼儿身心健康发展奠定基础。其次，幼儿园根据园内体育教学活动的开展现状，进一步加强幼儿体育师资队伍的建设，不仅要组织园内体育教师参加学术交流会和相关培训，还应在社会中引进能力强、素质高的体育教师，为幼儿开展体育教学活动提供较强的师资队伍，为幼儿提供针对性体育教学方式方法，提高幼儿在体育教学活动中的学习积极性和主动性，如此才能为幼儿在体育活动中健康成长提供保障。

2. 完善幼儿体育教学设备

幼儿园开展体育教学活动，其幼儿园场地的大小以及硬件设施的完善，都决定了幼儿园体育教学效果的高低。因此，幼儿园开展体育教学活动过程中，幼儿园相关领导者和教师应意识到优化幼儿园体育教学活动开展的硬件和软件教学设施，为幼儿营造良好教学环境，是促进幼儿身心健康发展的重要教育举措，而幼儿园体育教学环境具备较强趣味性，是幼儿教师开展体育教学活动的基础条件。将幼儿园体育教学环境进行创新和优化，根据幼儿园的认知水平和身体素质情况开展体验式教学活动，科学合理地运用体育教学硬件和软件设施，开放创新型室内外活动场地。在开展以教师为主导的体育教学活动过程中，体育教师还应注重学生自主学习意识培养，运用安全系数高、符合学生认知水平的体育教学硬件设备，引导学生自主在课堂或室外活动场地中进行学习和娱乐。幼儿教师则在自主教学环节中帮助和引导幼儿正确进行器材和体育项目的开展，优化幼儿在学习和活动场地中的体验感，以提高幼儿体育教学质量和效率，促进学生学习能力和体育学习兴趣的提升，这对幼儿今后身心健康发展有着积极影响。

3. 明确幼儿体育教学目标

幼儿园体育教学模式的创新和改革，需要幼儿园教师根据幼儿的身心发展现状，利用互联网技术，将幼儿园体育教学模式进行优化，为学生开展多元化体育教学活动，根据学生的阶段性学习和发展数据，明确幼儿体育教学目标。与此同时，加强幼儿园和家长对幼儿体育教育活动开展的正确认知，树立幼儿园和家长对幼儿身心发展的正确观念。幼儿园教师在开展体育教学活动中，应定期与家长展开沟通和交流，为家长提供幼儿在园内期间身心发展规律和阶段性成长的数据，使家长能够认真了解和学习幼儿的身心发展特点和规律，积极与教师展开育人合力，共同对幼儿展开体育教学活动。而教师要想充分发挥出家长与自身的育人合力，应建立亲子体育学习模式，为幼儿学习养成良好的习惯提供双重教育，根据幼儿的实际学习情况，明确幼儿亲子教学目标，以促进幼儿身心健康良好发展，以此达到提高学生身体素质、促进学生健康发展的体育教学目的。

4. 革新幼儿体育教学模式

我国幼儿园开展体育教学活动，因多数幼儿存在注意力不集中现象，且具备好动、好奇心强的特点，为更好地提升幼儿参与体育教学活动的学习积极性和主动性，激发学生对体育产生兴趣，幼儿教师可根据幼儿实际身体状况和认知水平，利用互联网技术，将传统体育教学模式创新和改革，为幼儿提供丰富多样的体育教学活动，开展多样化体育教学活动过程中，还可为幼儿搭建安全系数高、趣味性强的教学场地和相关教学设施，使幼儿积极主动参与到课堂中进行学习和游戏，这不仅能提升幼儿身体素质，在一定程度上还能培养幼儿拥有良好的自主学习意识和自主学习能力。此外，在提升幼儿身体素质过程中，还应重视幼儿的身体锻炼，以幼儿对体育教学兴趣为基础开展多种体育活动形式，例如课间操、小型活动，帮助幼儿缓解在理论课堂中枯燥乏味的心理状况，促使幼儿对体育活动产生学习兴趣，将简单的体育活动与体育理论知识相结合，促进幼儿学习积极性与主动性的提升，以此提高幼儿身体素质。

5. 科学安排体育教学项目

科学安排体育教学活动，是提高幼儿体育教学效果的重要前提保障。为更好地对幼儿展开体育教学活动，完成提高学生身体素质和学习能力的培养教学任务，教师应根据幼儿园内的幼儿身心发展情况和身体素质现状，制定科学合理的体育教学活动，将幼儿运动量、运动密度以及难度等进行调整和优化，避免幼儿在参加教师开展的体育活动过程中出现身体和心理负荷严重以及安全没有得到保障等问题。因此，幼儿教师开展体育教学活动时，应意识到开展体育教学活动，不仅要注重幼儿身体素质的培育，还应注重幼儿正确意识和价值观念的培养。体育教师根据学生实际学习情况，将体育教学目标进行明确，开展针对性体育教学活动，摒弃枯燥无味的教学形式，合理安排体育课程，使幼儿在参加体育课程教学活动过程中能学习到符合自身身体素质水平的体育理论知识和专业技巧。教师根据学生阶段性学习成果，逐渐提高幼儿的运动难度和运动量，以此提高幼儿身体素质的意义和价值。

幼儿也是"核心素养"的培养对象，而一体化体育课程的建构中注重体育的价值回归：不仅强调"育体""育心"的综合育人价值，体现"以体树人"的持久性与阶段性，还明确提出体育是"生命教育"的理念——不只是停留在"身体教育"的层面，体育还能使人的生命更有意义、更有保障和更有质量，这也正是核心素养培养的时代需求。对于幼儿而言，主要就是通过幼儿园开设的体育课程以及日常体育活动，使幼儿具有未来社会所需的体育品格和关键能力，为幼儿的后续学习和终身体育打下坚实的基础。

6. 开展高质量游戏

幼儿的主要学习方式是游戏，学习特点主要是体验式学习。因此，在一体化体育课程建设中要基于幼儿园课程和幼儿发展实际需要，要以游戏为主要手段，并且要注重领域知识之间的整合。幼儿园体育课程建构时，教师要通过生活化、趣味化、多样化的游戏内容选择、情境设置、环节创设等，由易到难、循序渐进地教授幼儿基本动作技能，并在游戏中引导和渗透其他相关领域。当下，幼儿园应注重开展高质量游戏，核心在于让幼儿自主选择游戏，在游戏中自主选择材料，从小培养幼儿的主动性和积极性，为其健康的身心发展和未来的学习生活打下良好的基础。

第二节 用爱促进幼儿心理健康的研究

《幼儿园教育指导纲要》提到："幼儿园在重视幼儿身体健康的同时，要高度重视幼儿的心理健康。"3—6岁是幼儿心理发展、成长和人格形成的关键时期，大力开展幼儿心理健康教育，增强幼儿的心理素质，提高幼儿的心理健康水平是幼儿园、家庭和社会需解决的重大问题。

"悦纳"是一种生活态度，是以积极乐观的态度面对生活的心理素质。悦纳是幸福人生的一种修养，也是心理健康的一种境界。随着观念的转变和时代的变迁，它逐渐被提及、被接受，反映出全社会对人的心理健康的关注与重视。在心理健康教育方面，幼儿教育自然也不能"缺位"。我在教育教学实践中不断深化认识、深度参与，感受到心理健康对幼儿发展的重要意义，感受到关注幼儿心理健康是我们对孩子最温暖的爱。因此，我在本节总结了自己在实践中所把握的幼儿年龄特点和健康教育的多元化特点，希望能够为幼儿心理教育方式改革、促进幼儿身心和谐健康发展有所贡献。

一、从"认识"到"认知"，叩响幼儿心理健康教育之门

（一）健康理念新认识

在以往的幼儿教育中，我认为幼儿心理特点是：好奇心强、无忧无虑，似乎心理压力和心理负担与他们无关，但在教学实践中，会发现一些幼儿时常会表现出过分依赖、偏执的性格、不合群、脾气暴躁等性格特点。比如，在对幼儿的长期观察中发现，有一些幼儿形象特别讨人喜欢，但在活动中，无法对各项游戏规则做到认真遵守，在活动中也不能安心听讲，也不愿意与教师和其他幼儿交流。那时，这些情况往往被贴上了"自我""个性"的标签，在教学中也往往从管理角度进行干涉，而很少从心理健康角度加以引导。

《指南》颁布后，从健康教育的解读中深深地感到：关注和促进幼儿身体

健康和心理健康是幼儿阶段保育和教育的重要任务。因此，自身对促进幼儿全面发展的理解上出现了偏差，在不断的学习中理解中感到一个人真正的个性发展，是以性格稳定、认知正确、情感适当、意志合理、态度积极的心理健康状态为基础，结合生活环境，形成的一种开放式思维模式的心理特点。而反观自己理解的"个性"表现，他们的依赖、偏执、怯懦、暴躁，却往往来自对幼儿园集体的环境不够适应，或是来自家庭教育的一些非正面的情绪影响形成的行为表现，作为教育者，要深入幼儿的内心，感受他们的真世界，适宜判断幼儿的情绪变化，提升健康教育新技能。

（二）健康行为新尝试

正处于学习成长初期的幼儿，正值性格养成的关键时期，作为教师，必须担负起促进幼儿心理健康发展的责任，主动走进幼儿的内心世界，培育幼儿积极、乐观、向上的心理品质和健全人格，助力幼儿悦纳、悦享幸福人生启航。如在小班，刚入园的孩子胆怯、害怕、恐惧，他们不敢独处，不愿意表达自己的心情，只是用哭闹、不吃饭、不睡觉来发泄自己的情绪，但是有的孩子却很自由放松，释放天性，大胆而主动，活跃得没有规则。面对这样不同幼儿的行为，我改变以往的等待时间、不断地提醒等方式，而是静下心来观察分析他们的心理，记录他们的行为表现，并和家长一对一地沟通了解幼儿的性格特点，喜好以及需求，并详细记录，从而发现每一个孩子的行为是由它的性格所决定的，爱哭闹的大多在家受保护过多，孩子内心脆弱，安全感不足，需要陪伴，不哭闹而行动自由的幼儿独立性较好，性格外向，好动调皮，融入新环境认识新朋友的能力很好，但是一旦讲起规则和约束便表现偏激。于是，了解到孩子们的表现，我结合幼儿心理健康的教育理念，从"心"开始，与他们关爱交流，投其所好，和家长进行时时互动，开展了"来我家做客""新玩具对对碰""可视电话聊一聊""心情发泄软软熊"等活动，创设环境，组织快乐游戏，帮助每一个孩子在心理最需要支持的关键时期给予最恰当的支撑，使每一个孩子快乐开心地融入集体，培育的健康的心理，增强了自信。

二、从"被动"到"主动"，用爱呵护幼儿心理健康发展

关注幼儿的心理健康是促进幼儿和谐发展的前提，一个乐观、自信、坚强、勇敢的品质，一定会有一个健康的心理和健康的思想，那么，"爱"便是

帮助幼儿形成健康心理的最大法宝。例如我教学的中一班，迎来一位特殊的"插班生"——蕾蕾。她身体瘦弱，眼睛里充满了恐惧和自卑。据了解，蕾蕾有轻度的孤独症，正在接受干预治疗，家长希望孩子在一个好的幼儿集体中，能够帮助孩子尽快恢复。对孩子由衷的热爱，让我无法拒绝家长的请求。我心疼地把蕾蕾带到教室，也慢慢地关注她、接近她，让她感觉到被关爱，有安全感。我对其他孩子说，蕾蕾和你们一样优秀，她胆子小需要你们的关心和帮助，你们和她一起玩一起游戏一起开心。经过近一学期老师、家长和主治医生的共同努力，蕾蕾能够接受老师的拥抱了，活动中集中注意力时间也在延长，不明原因地哭闹和突然爆发过激行为的频率明显减少。看着她眼睛不再迷离，虽然很少说话，但能够和孩子们进行默契的肢体交流，我异常欣慰，蕾蕾家长更是感激不尽。

那年冬天异常寒冷。临近寒假那几天，蕾蕾也感冒了，连续几天没来幼儿园。放假那天，我拨通了蕾蕾妈妈的电话，对方的声音明显焦虑和虚弱，她说，蕾蕾得了肺炎在医院输液，但她输液时手总乱动，以致两只手都扎肿了，药却不能按时输完，影响了治疗效果。听了她妈妈的话，我立即带上蕾蕾喜欢的玩具去了医院。病床上，妈妈正抱着不住咳嗽的蕾蕾，蕾蕾的左手粘着一个硬纸盒正在输液，她奶奶紧张地抓着她的胳膊，生怕她动。看见我进来，蕾蕾妈妈瞬间泪崩，她奶奶也激动得语无伦次，只有蕾蕾眼睛放光，抿嘴笑了。我赶紧接过蕾蕾输液的小手，一边放松，一边和她说话，拿出玩具和她游戏，很顺利地输完液体。第二天，我再到她的病房，蕾蕾的状态恢复了很多，当我再要坐在她身边，她没说话，但用小手推着我的背让我走。此刻我知道，蕾蕾不但感受到了"被爱"，也开始懂得"爱人"，这个自闭的心灵里已经透进了爱的阳光。一年后，蕾蕾顺利完成治疗，并升入小学，成为一名优秀、健康的小学生。

蕾蕾心理健康教育的成功使我信心大增，同时，我也在反思，幼儿园开展的心理健康教育，不能只针对心理健康出现症状的幼儿，而是从全体幼儿心理健康的培育上，要变"被动"为"主动"，把心理健康教育和幼儿的一日活动相融合，在一日活动的每一个环节都以幼儿为中心，尊重幼儿的人格和权利，在教学实践中，我重点通过活动育心、环境育人、家园共育的方式，将心理健康教育融入日常，特别是在游戏活动中，让幼儿通过对游戏主题的确立、角色的选择、情节的发展，学会如何与同伴友好相处，自我意识的良好发展、合群情感的发展，社会化和个性化的协调发展，使教师和全体幼儿都成为心理健康教育的建构者、参与者和实践者，并逐渐形成了悦思、悦悟、悦动、悦诚的"悦"教育理念。这一刻我对幼儿心理健康教育的实践更有信心啦。

三、从"理念"到"实践"，增强幼儿全面发展内生动力

实践中，我深刻地认识到，幼儿的心理健康教育是促进幼儿全面发展的内生动力。因此，在促进幼儿发展中，始终坚持幼儿益智发展和心理发展"双轮驱动"，重点推动以幼儿心理健康为基点的"悦"教育理念实施，并不断丰富"悦"教育内涵，推进幼儿悦动、悦思、悦诚、悦知，从而达到悦己悦人、悦纳人生的教育目标，为幼儿美好心灵赋能，幸福生活奠基。

实践的"悦"教育，不单单是让孩子得到感官的喜悦，而是针对幼儿的"心""情""智"培养的各方面，通过教育幼儿乐知乐学乐群，感知生命的可贵，感受生活的美好，感悟学习的乐趣，从而促进幼儿心理健康、良好的性格养成以及智力、学习能力发展，培养孩子身心两健、乐观向上、积极探索的良好品格。通过"水趣""树趣""捕趣""采趣""割趣"等活动，培养健康、积极、向上的审美情趣，激发幼儿热爱生活、热爱班级、热爱学习的审美体验，让幼儿在乐学的基础上，学会乐思、乐悟，培养幼儿的探索精神，激发对知识、生活、艺术的感悟能力，积极走进每一位幼儿的心理，促进幼儿身心健康、快乐成长。

幼儿心理健康教育需要教师去发现幼儿的需求，在实践中以生活为源泉，开展丰富的活动，引导幼儿快乐喜悦地参与，融入开放的心理，从而赋能幼儿的心理健康，更好地促进幼儿健康的发展。每位幼儿都是天使，让我们一起携手，用支持、鼓励和引导帮助幼儿顺利度过每一个成长阶段。让我们把"爱"的温度和"心"的色彩汇成一片欢乐的海洋，让每一个幼儿都能在爱里成长，身心健康，幸福快乐每一天！

第三节 幼儿品德中爱的情感培养

幼儿期是人生的启蒙期，其基本情感的形成已开始，并正处于迅速发展而不断完善的过程，是塑造健康人格和形成良好道德素质的重要时期。因此，教师和家长都应重视孩子的早期培养，做到先入为主，为孩子打下一个良好的品德基础。但是现在的孩子，都是家庭中爱的中心，他们对人对事漠不关心，随心所欲，唯我独尊，很多孩子只知道被人爱，却不知道爱别人。幼儿园是孩子生活的大集体，环境的影响和教育对他们极其重要，作为教师要注重日常生活中的教育，从孩子身边的点滴小事做起，利用各种教育契机有目的、有计划地对幼儿进行"爱"的行为教育，把"爱的行为教育贯穿于幼儿生活以及各项活动中，使幼儿学会在享受爱的同时，也懂得自己如何付出爱，如何使他人接受自己的爱，以及学会关心、帮助他人；理解、尊重他人。

一、教师以自己爱的情感打动、感染幼儿

爱的情感是爱的行为的动机，它能促使幼儿产生主动关心、帮助他人的行为。幼儿年龄小，分辨是非能力差，好模仿，却往往是不加选择地模仿。因此，在幼儿一日生活中，老师必须投入真情，以自身的情感和行为去激发、引导幼儿爱的情感，促使其产生相应的行为。

（一）让爱的教育贯穿于幼儿的日常生活中

首先教师要对孩子有深情的爱地表达，这种爱的表达要随时传递，孩子们感受到爱后，会在自然的状态中付出自己的爱。

晨间接待时在门口热情地和孩子打招呼，摸摸头、拉拉手欢迎他们的到来。

要有意识地寻找机会拥抱每一位孩子，分担他们的忧愁，分享他们的快乐。一个深情的拥抱会给孩子们无限的爱：包容、接纳、关爱、信任、鼓励。活动后休息时，找孩子谈谈心，对特别的孩子，如单亲的、内向的、孤僻的要给予特别的爱。午睡时轻轻地为孩子盖好被子，夏天为孩子们擦汗，冬天给孩子做好一个暖和的被窝。小便后，给孩子提好裤子，离园时给孩子擦擦脸。每

天帮女孩梳漂亮的小辫，帮他们拉衣链，整理好衣服。

（二）在随机教育中渗透爱心教育

幼儿园的日常生活中时时有教育，因此随时渗透爱的教育无时不有、无所不在。看到小朋友摔倒了，引导幼儿去帮助他，并且学会去安慰他人。

活动中小朋友的鞋带开了，拉链拉不上了，可以引导幼儿说："我来帮助你吧。"游戏中小朋友抢了别人的玩具，教师适时地加以引导，及时教育幼儿，同伴间要团结友爱。幼儿生病了，引导幼儿说说生病的感受，并做礼物关爱生病的同伴。

二、抓住幼儿身边"爱"的契机，引导幼儿关爱他人

"爱"它给予孩子的作用是伟大的。马卡连柯说："没有爱，所培养出来的人，往往是有缺陷的人。"同样，我们也应当认识到：一个孩子不仅仅是接受爱，他还应当懂得如何去爱别人。否则，从小唯我独尊、自私自利、冷漠无情，长大了就很难孝敬父母，关心别人，尊敬他人。

我们每天和孩子们在一起，发生在他们身边的事情很多，有很多蕴含着情感教育的契机，教师要做细心人，用谈话、换位思考唤起幼儿的亲身体验，从而去关注他人，学会关爱。例如：我们中班的蕾蕾身体不好，总爱尿裤子。小朋友们都不喜欢她，有时候还嘲笑她说："你真不害羞，这么大了还尿裤子。"我听到小朋友这些话时，总是提醒他们要关心同伴，不要嘲笑她。可是，孩子们还是那样去说。于是，我就组织了一次谈话活动，我问孩子们："小朋友，你们谁尿过床、尿过裤？"在我的启发下，孩子们有的说"我尿过床"，"我也尿过""我尿过裤"……我接着问孩子们："那你们尿床、尿裤的时候是怎么想的？"晴晴说："我睡着觉时尿过床，我什么也不知道。""我只顾玩，再去厕所就来不及了，就尿在裤子里了。"洋洋也说。"有一次我尿床了，小朋友都起床了，我赖着不起，跟老师说出汗了，老师没批评我，还给我换上了干净的裤子，可舒服了。"于是我说道："尿床、尿裤是很正常的，蕾蕾尿裤子也是正常的，我们不能嫌弃她，她需要我们的关心照顾，你们想想有什么方法可以帮助蕾蕾呢？"我的话音刚落，龙龙就说："我要和蕾蕾一起玩。"晴晴说"她下楼时，我牵着她的手。"小朋友一个接一个地说，"要提醒她随时小便。""我教蕾蕾折青蛙""我请蕾蕾到我家去，给她玩漂亮的娃娃。"……孩子们想出了许多

帮助蕾蕾的方法。这次谈话后，幼儿能够主动去关心蕾蕾，有的幼儿还想到中途带蕾蕾去小便的方法，在大家的关心下，蕾蕾再也没有尿裤子，孩子们在蕾蕾的进步中也看到了自己付出爱心的结果，感受到了帮助他人的快乐。此外，我们还带幼儿参观指挥亭，并在烈日下学指挥，通过自己的体验，真正体会到了交警叔叔工作的辛苦，从内心懂得去尊重他们，自觉地规范自己的行为。

三、开展丰富多彩的活动，萌发幼儿爱的情感

我们在班级中开展种植饲养活动；在班里为单亲子女、不合群孩子过生日；开展"献爱心""心中有他人"活动，组织幼儿参观福利院，并引导孩子讨论：福利院的孤儿没有爸爸妈妈，没人给他们买穿的、吃的、玩的，多可怜呀？我们该怎么做呢？孩子们纷纷举起小手说："我送玩具给他们玩；我把漂亮的衣服给他们穿；我送图书给他们看……"善良真挚的情感溢于言表。我们还定期组织参观活动、爱心主题活动如：为残疾儿童献爱心、弟弟妹妹你别哭、我是大班的哥哥姐姐……并且利用各种文学形式中的具体形象来引导幼儿感受情感上的共鸣。如：欣赏优秀的文学作品，学习童话《卖火柴的小女孩》、故事《三只蝴蝶》、讲述活动《猜猜我有多爱你》、儿歌《分果果》、看图讲述《我和你一起玩》等，在这些较为典型的道德情境中，引发幼儿思考。又如，我们反复让孩子们听安徒生的童话故事——《卖火柴的小女孩》，请幼儿讨论怎样才能使小女孩幸福快乐？孩子们争先恐后地说：我叫爸爸把她的火柴全买了；我把自己的鞋、衣服送给她；我送许多玩具给她……通过一系列活动，"心中有他人"的情感在他们心中萌芽了。

四、创设有爱心的环境，增强幼儿的爱心意识

幼儿年龄小，他们的情感往往具有冲动性、不稳定性，此时善良的情感还不能成为孩子们自觉的行动。因此，在幼儿园里，我们首先有目的、有意识地为幼儿创设一个同伴间友好相处、互相谦让的环境，一个帮助幼儿发展友爱情感的环境，为他们提供了一个充分的频繁交往的条件。我们在班级中创设"爱心新闻角"，请幼儿搜集班内或报纸上的新闻，每天公布，说说自己的感受。设立植物角、动物角，培养爱心从关爱动物关爱植物做起，不仅培养了幼儿热爱劳动的良好品质，更重要的是激发了他们热爱动植物，关爱生命的良

好情感。我们从活动区到自然角，从晨间活动到角色游戏，都相应地采用分组或个别教学的方法。在这里，孩子们自我中心意识受到了冲击，他们的行为随时通过同伴的态度而得到反馈，从而使他们良好的行为不断得到强化而加以巩固。如：一位小朋友带了一个漂亮的"波比娃娃"到娃娃家，她一整天爱不释手，同伴们羡慕不已，但无论怎么请求给抱一下，她都不肯，结果，大家都远离她，不愿和她玩，慢慢地，同伴的态度使她意识到，快乐是要分享的。

又如：根据幼儿的需要，我们用玩具和桌椅将活动室构成一个个活动区域："图书区""语言区""医院""娃娃家""娃娃商店"等，孩子们在这些活动区里，扮演民警叔叔阿姨帮助迷路的小孩子；扮演医生认真爱护安慰病人等，在这里，孩子们自然地进入了情感世界，不知不觉地获得关心、同情、帮助别人的品质的熏陶。另外，在教育中，我们充分创设和利用师生关系这个重要的人际环境，给幼儿以更多的表扬、鼓励、赞赏和微笑，让幼儿在充满理解和友好的人际环境中激发幼儿的积极性以及健康的情感。

作为教师一定要提高对培养幼儿爱的情感的认识，合理安排幼儿的一日生活，因地制宜为幼儿创造多种活动和交往的机会，以自己全心全意的爱心为幼儿树立具有情感性、现实性的榜样，使幼儿成为既能充分欣赏自己，又能关心、同情。帮助别人。让每一个幼儿从幼小的心灵中萌发爱的种子。

第四节　促进幼儿健康成长的具体实践

幼儿年龄小，他们在情绪的发展方面具有很大的易感染性，即他们的情绪很容易受到别人情绪的影响，特别是容易受到教师的情绪的影响。因此，为了能在师幼互动中创造一种快乐的气氛，教师在组织幼儿活动之前一定要首先调节好自己的情绪，特别是当我们在工作生活中碰到不如意的事时，更需要调节好自己的情绪，努力争取在组织幼儿的每一次活动时，都能以积极快乐的情绪去带动幼儿，感染幼儿。

对于幼儿身心健康的关注，不仅仅需要理论支持和经验总结，更要落到日常生活的点点滴滴，这样才能真正地发挥教育"润物细无声"的作用，给孩子一个美好的童年,帮助孩子健康苗壮成长。本节是我在执教过程中的几篇教育笔记,是我将上文的理念融入日常生活中的记录,希望能对大家有所启发。

一、美丽的谎言

五一长假回来,我组织孩子们说一说这个假期都和父母去了哪里玩?孩子们争先恐后地讲述着自己快乐的经历。其他的孩子都好奇地听着,脸上浮现出羡慕的表情。

这时候,营超给大家讲了和爸爸妈妈去泰山旅游的经历。他说:"我和爸爸妈妈先去爬山,山好高呀,爬了很长时间才爬到山顶。后来我们去海边游泳,我游得可开心了。"突然言言大声说:"我妈妈说现在还不能游泳,因为天还有点凉,营超说谎了。"孩子们开始纷纷议论不休,"说谎可不好,没去游泳,为什么要说去游泳了呢?"营超低头不语,涨红了脸。于是,我大概明白了事情的原委。我对孩子们说:"不管怎样,今天营超把事情说得很清晰,很完整,我们应该表扬他。"营超低头不语,好像神情放松了点。

事后,我了解到营超一直想去爬山和游泳,妈妈也打算夏天带他去,但是要等到放暑假才能去。这时孩子向往已久的乐事,所以才会发生这样的事。

儿童的心理特征特显示了儿童往往把向往已久的事情,期盼的事情说成已经发生的事。我们应正确引导孩子讲述已经发生的事,分清发生的和想象的。

二、相同的橡皮

琪琪是个特殊家庭的孩子,父亲常年在外地工作。妈妈和姥姥、姥爷一起带她。由于妈妈也忙于工作,疏忽了对她的教育,造成孩子任性好动,不会和小朋友友好相处。她会撕破别人精心设计的画,还会抢去别人刚刚做好的手工,还会替人打抱不平。不过她采取的方式是看到不对的事情就去责打对方。

一次活动时,月月哭着来告状:"琪琪拿了我的新橡皮。"婷婷也大声地说:"我看见琪琪的铅笔盒里真的有一块新橡皮。"我赶紧叫来琪琪,打开她的铅笔盒一看,里面真的有一块新橡皮。就问琪琪;"这是你的橡皮吗?"她点点头说:"这是妈妈新给我买的。"我又叫来月月打开她的铅笔盒,盒里也有一块新橡皮。我问月月:"你看,你的像皮不是在铅笔盒里吗?"月月不好意思地低下头回座位了。婷婷也默默地回去了。我轻轻走过去对她俩说:"以后发生事情要先自己检查一下，一定要把事情搞清再向老师来说，不要自己猜测好吗？"她们走到琪琪面前说："对不起。"琪琪笑着说："没关系。"然后，三个人一起高兴地玩去了。

这件事反映了儿童遇事不动脑，缺乏验证事实的经验。这也需要我们教师正确引导和正确处理，不断提升孩子们自己解决问题的能力。

三、欣赏孩子

杨浩东说："我能连续跳几下绳了。"我说："你昨天跳不起来吗？"东东说："我昨天跳的时候连不起来。"我说："东东，今天能连续跳绳就是进步。"彬彬说："我昨天能连着跳5个，今天能连着跳7个了"我说："彬彬的成功是因为他不断地练习，得来的，你如果坚持，还能跳很多很多个户外活动时，我提出了这样的话题："今天我们来夸夸自己，说说今天有什么进步，好吗？"的。"汤旭说："昨天做操时，我在玩，今天我很快找着点了，跟着老师认真地做操。"话音刚落，孩子们哈哈大笑："这也叫进步啊？"于是，我问："那什么是进步呢？"郝梓桐说："进步就是比以前好一点。"我说："对，只要比以前好一点，就是进步。我们给汤旭一些鼓励吧！"孩子们一边点头，一边鼓掌。汤旭的脸上洋溢着幸福的微笑。

通过这次谈话，孩子们都懂得了什么叫进步，并且知道要善于发现自己的进步，发现周围同伴的进步。因此我又组织孩子们把自己的进步用绘画的形式表现出来，孩子们互相谈论着，很有兴趣地画着。画完后，我又把他们的作品粘贴在活动区的墙饰上，孩子们一有时间就去观看，而且我又定期更换。通过讨论，孩子们明白了要善于发现别人的进步。

在讨论中，我让孩子们自由的评论，自己给予适当的引导，让孩子学会欣赏自己，欣赏周围的人。营造了平等的对话氛围。

四、孩子为什么要倒菜

晚饭后，我看见盥洗室水槽里有许多被倒掉的剩菜。心想：这是哪个孩子倒掉的菜，这么不爱惜菜肴，我要好好的教育教育他。于是我来到活动室，问："水房里的菜是谁倒掉的？"几个孩子大声地回答："是彬彬！""这样做对不对？"孩子们仍然大声地回答："不对！"我走到彬彬的身边，轻声对他说："彬彬，下次不能把剩下的菜倒掉了，应该尽量把菜都吃完。"彬彬点了点头。过了几天，我又发现水房里有被倒掉的菜，这引起了我的注意，我决定对这件事展开一次小小的讨论。

第二天，我把水房里的菜拿到幼儿面前时，活动室里顿时议论纷纷。"谁又把菜倒掉了？"我便趁机引导孩子们猜想倒菜的原因。"不喜欢吃。""吃不了。""不想吃。""那么，我们怎样才能不剩下菜呢？""让老师少盛点。""能吃的多盛点，吃不了的少盛点！""把不爱吃的告诉老师！"

最后，我说："孩子们你们把吃不下的或者不爱吃的先告诉老师，老师给你少盛点，但是你们必须都吃完。"孩子们都点点头答应了。这以后再也没有发生倒菜的事情。

这件事告诉我：无论做什么事情，都要顾及孩子的需要，不能统一要求，要尊重孩子的个体差异和需求，分别采取不同的教育手段。

五、蕾蕾，我们喜欢你

蕾蕾从小失去了妈妈，是一个性格孤僻、内向的小女孩。她的身体一直不好，行动也不方便，总爱尿裤子。班里的小朋友都不喜欢她，看到她尿裤子就嘲笑她说："你真不害羞，这么大了还尿裤子。"区角活动时没有人邀请蕾蕾一起玩，下楼游戏的时候，他们也都嫌蕾蕾走得慢，一个个跑到前面，把她落在最后。我看到小朋友们这样对待蕾蕾，总是提醒他们要关心帮助蕾蕾，不要嘲笑她。可是孩子们似乎没有听懂我的话，还是那样做。

一次，在绘画活动中，洋洋大声叫起来："老师，我们这里湿，是蕾蕾尿的。""太脏了，我不想挨着蕾蕾了"，晴晴也大声说道。再看蕾蕾，把头埋得很低，两只手不停地撮弄衣角，身体微微地颤抖。我看到这一幕，心里有说不出的滋味，急忙抱起蕾蕾，替她把衣服换好，并握着她的小手，轻轻地说："蕾蕾别怕，没关系的，老师和小朋友会帮助你的。"蕾蕾看了我一眼，用她的小手紧紧地攥了我一下，也正是她这个小小的举动，使我深深地感受到：蕾蕾是多么地需要身边所有人的关心和呵护。

为了让全班的孩子转变对蕾蕾的态度，激发他们关爱他人的情感，唤起自身的体验，我随机组织了一次谈话活动，活动中我问孩子们："你们生病的时候痛苦吗？心情怎样？"话音刚落，洋洋说："我有一次得了感冒，打了好多针，还吃很多苦的药，可难受了。""我的腿扭伤了，好几天不能走路，不能玩，我特别着急。"晴晴也说。"我住院的时候还输液呢，没有小朋友找我玩，我特别不高兴。"文心一边摇头一边说。"你们看，蕾蕾的身体一直不好，我们用什么办法帮助蕾蕾健康起来呢？"我的话刚说完，孩子们都把目光投向了蕾蕾，沉默了一会儿后龙龙大声说："我们要和蕾蕾一起玩，她下楼时，要搀着她。""要提醒她随时小便，别再尿裤子。"洋洋和晴晴说道。"请蕾蕾到我家去玩，我有漂亮的娃娃。"小雪争着说。孩子们说了很多帮助蕾蕾的方法，我也决定从自身做起，用自己的行为来感染孩子们。

我利用业余时间，向蕾蕾的爸爸了解到，蕾蕾经常尿裤是因为心情紧张，并且怕沾凉。于是我就回到家里，做了一个软软的小花棉垫，并带到了幼儿园，放在了蕾蕾的小椅子上。小朋友们看见了，都不知道怎么回事，晴晴走过来说："老师，为什么要放一个小垫子？""是呀，老师，我们怎么没有。"其他小朋友也跟着一起说。"蕾蕾有了小垫子，身体暖和了就不会再尿裤了。"我一边铺平垫子一边对他们说。"真的吗？"洋洋若有所思地说。就这样，每次活动后，孩子们总爱凑到蕾蕾身边，看看蕾蕾，看看垫子，一连几天都没有发现蕾蕾尿湿裤子。"小垫子真神奇，真的能帮助蕾蕾。"孩子们都在窃窃私语。一天，洋洋手里拿着一个漂亮的小绒垫子，高兴地告诉大家说："我要送给蕾蕾一个新的垫子，让她换着用，这样她就再也不会尿裤了。"我及时表扬了洋洋的做法，并鼓励孩子们用自己的方法来帮助蕾蕾。

接下来的日子里，我发现小朋友们愿意接近蕾蕾了，自由活动的时候，洋洋、龙龙会凑到蕾蕾跟前拉着她的手，和她说悄悄话，户外游戏时总有几个小朋友搀着蕾蕾，还告诉她说："蕾蕾你慢点走，小心台阶。"在活动的过程中，挨着蕾蕾的小雪和文心还提议中途领着她去厕所小便。离园时，连平时调皮的豆豆也主动帮蕾蕾穿衣服，还小心翼翼地给她拉拉练。蕾蕾的脸上也不再是那种胆怯的表情了，能主动和小朋友们一起活动，变得开心了，快乐了。通过这件小事，让我知道了，要想引导孩子们去关爱他人，光是一味地说教是不够的，应该从自身的言行去感染、去引发、去启迪他们，让他们从幼小的内心深处萌发爱的嫩芽。

幼儿的心灵是脆弱的，他们需要我们细心地呵护。由于幼儿能力和经验有限，他们经常会犯一些"低级的错误"——这就需要教师要有一颗宽容仁慈之心，要心平气和地接受幼儿的错误，并将之当作孩子不断进步所必需的阶梯。相反，如果教师总是十分严厉地对待幼儿，不能原谅幼儿所犯的任何错误，那么，幼儿园就会成为地狱，教师就是恶魔。教师要对所从事的幼儿教育工作感兴趣，并不断地从幼儿教育工作中获得成功和幸福的体验，因为教师在事业上能否体验到乐趣和幸福，将会影响她们对工作的态度和对幼儿的态度，进而影响到幼儿心理的健康发展。只有内心幸福的教师，在工作中才能给予孩子们以幸福。

第七章

艺彩飞扬：幼儿艺术活动成长研究

艺术是幼儿感知理解世界的最好方式，是塑造幼小心灵的重要途径。幼儿艺术教育是指以幼儿现有的身心发展水平为基础，通过不同的艺术形式和方式对幼儿进行感染和熏陶，挖掘幼儿对美的感知力、认知力和创造力，陶冶幼儿的道德情操，塑造幼儿的身心健康，培养幼儿乐观开朗的性格。

只有按照美的规律对幼儿开展艺术教育活动，才能让幼儿从审美的角度充分认识社会事物，帮助幼儿在渐进的社会活动中获得良好的心理体验。审美是幼儿艺术教育的本质特征，是教育艺术教育活动的出发点。

艺术教育活动的目的不是为让学生掌握精准的艺术操作技巧，而是按照艺术本身的独特性，让幼儿体悟到艺术包含的精神和情感的调动作用，要在艺术教育活动中培养幼儿的审美意识和审美能力。幼儿艺术教育活动是通过实践活动培养幼儿感受美和创造美的能力。

本章将结合静海六幼的具体实践，探讨如何在幼儿园开展艺术活动，提高幼儿的审美能力。

第一节 艺术教育活动的基本情况

艺术是人类感受美、表现美和创造美的重要形式，也是表达自己对周围世界的认识和情绪态度的独特方式。每个幼儿心里都有一颗美的种子。幼儿艺术领域学习的关键在于充分创造条件和机会，在大自然和社会文化生活中萌发幼儿对美的感受和体验，丰富其想象力和创造力，引导幼儿学会用心灵去感受和发现美，用自己的方式去表现和创造美。

幼儿对事物的感受和理解不同于成人，他们表达自己认识和情感的方式也有别于成人。幼儿独特的笔触、动作和语言往往蕴含着丰富的想象和情感，成人应对幼儿的艺术表现给予充分的理解和尊重，不能用自己的审美标准去评判幼儿，更不能为追求结果的"完美"而对幼儿进行千篇一律的训练，以免扼杀其想象与创造的萌芽。

本节将从艺术教育活动的意义、现状、原则等出发，简要阐述学前教育中艺术活动的基本情况。

一、艺术教育活动对幼儿的意义

（一）艺术教育可以提升孩子的心性

艺术让孩子学会欣赏，懂得欣赏美好的事物和人的行为，并保持良好的心态。我们可以技不如人但不要嫉妒于人。孩子在相互学习交流的过程中，即使再好的成绩也有不足之处，让孩子知道自己不足之处，知道自己优秀的地方，不足的要改进，不要帮助孩子找借口，优秀的一面要让孩子保持，逐步完善，缺点要及时改正，以此教育孩子戒骄戒躁、永无止境的事物规律。

（二）艺术教育唤起人对审美趣味

马克思说："如果你想得到艺术的享受，那你就必须是一个有艺术修养的人。"艺术教育对于唤醒与塑造儿童的美感具有重要的意义。每个儿童内心深处都有一种审美的潜能，只是它取决于是否能够被浪漫地唤醒，又是否在相应的精确之后，能够被综合塑造为更高层次的美的意境、生命的境界。通过艺术教育，在孩子心中播下美好的种子，可以形成螺旋上升的经验结构，形成足够丰富的感受、感知以及沟通能力。因而，艺术教育也是对美感的唤醒。

（三）艺术教育有助于提升人的心理调适能力

通过对艺术作品的感受、欣赏、理解和创造，人会逐渐形成一定的审美能力。一旦人成为审美的人之后，那么在日常生活中，就能按照美的样式来改进自己的生活。艺术教育有助于提升人的心理调适能力。随着现代生活节奏的不断加快，社会竞争的日趋激烈，人的心理普遍存在承受力小，调适能力差，净化能力弱等问题。而艺术由于它直接作用于人的情感世界，与人的身心关系最为紧密，并在人的理性和感性冲突之间找到平衡，使人的生活方式由"物质化、身体化"向"艺术化、审美化"转变，因而具有心理疗治功能的作用。

艺术教育所特有的精神救赎的功能。用艺术治疗心理疾病，已经成为一种新型的治疗技术。如通过绘画疗法，让病人释放并表达自己；通过音乐疗法，让病人发泄情绪；通过戏剧疗法，让病人借助于表演回归自我等，具有十分显著的效果，受到人们的普遍欢迎。

（四）艺术教育有助于培养人的社会交往能力

艺术教育不仅让人学会创造，也能够让人学会合作和交往。在艺术学习的过程中，会通过使用一系列视觉的、听觉的、动觉的信号和动作，来表达自己的想法、意见和建议，对于沟通与表达能力的形成具有重要作用。同样，参加艺术学科的集体学习过程，就是学习合作和交际能力得到提升的过程，而这些素质，对儿童当下的和未来的生活都极为重要。

（五）艺术教育有助于人的人格形成

儿童通过不同形式的艺术教育，逐渐形成粗浅的平衡、空间、架构等意识，并会根据这些来形成和谐的性格，不断滋养精神、涵育生命、圆善人性。艺术的学习过程，在培养记忆、观察等能力的基础上，一定伴随着聚精会神、坚持不懈、有的放矢等，这些是形成完整人格不可或缺的重要组成部分。其学习过程也是促使形成富有个性化的、独特的、稳定的、统整的行为模式、思维模式和情绪模式的过程，无疑对人的当下生活，对今后的成长、发展，对塑造形成健全人格和完美人性，起着决定性的作用。

二、艺术教育活动存在的问题

（一）不能有效激发幼儿的学习兴趣

根据幼儿园发展指南的要求，教师需要培养幼儿的艺术兴趣和爱好。但是从实际艺术教学情况来看，没有从幼儿身心的特点出发制定针对性的艺术教学计划，导致教学内容与幼儿实际发展水平不符合的问题出现。艺术课程体系不完善，没有充分尊重幼儿的个性差异，幼儿缺乏艺术学习的兴趣，对以后艺术教育产生一定的影响。

（二）忽视幼儿的主体作用

在当前幼儿艺术教育中，教师为了完成既定的教学任务，就会让幼儿被动接受，忽视了幼儿的主体作用，导致幼儿只能复制教师的动作，不能真正体会艺术活动的内涵。因此，教师要重视幼儿主体作用，根据幼儿不同的特点，采取相应的教育方式，提升现有教学的效率，为幼儿创造更多的艺术想象空间。

（三）忽视幼儿的自我表现

进入到幼儿园以后，幼儿有了一定的自我表现意识，会根据自身实际情况去感知和认识周围世界。教师要不断开发幼儿感兴趣的课程，充分发挥幼儿的积极主动性，给予他们表现的机会。但是有的教师没有针对幼儿实际情况进行教学，忽略了幼儿自我表现的需求，把教学限制在一个范围内，让幼儿进行机械地模仿和学习，这对幼儿的艺术能力的培养产生不利的影响。

（四）忽视幼儿艺术精神的培养

幼儿艺术教育最终目的就是提升幼儿艺术素养，使幼儿掌握基本的艺术技能，从而促进幼儿的全面发展，丰富幼儿的情感世界。但是一些幼儿教师依然沿用原有的教育方式，对艺术教育内容进行单一的灌输，很难激发幼儿的参与意识，教学效果不理想。

当前的幼儿园艺术教育受到内外因素的影响，导致教育水平不高，无法提升幼儿的艺术素养，影响了幼儿以后的发展。首先，对欠发达幼儿进行艺术教育的方法。模仿艺术活动占据了幼儿艺术教育活动的大部分。老师过于强调精确的动作，没有给幼儿足够的机会去探索和表达自己。二是过分强调美育的成果，忽视美育在美育活动中的价值，没有在美育活动中为幼儿提供愉悦的体验，没有在美育中为幼儿提供审美愉悦。最后，艺术活动的选择有待扩大。

三、幼儿艺术教育活动的主要原则

（一）注重赏识教育的开展

幼儿艺术教育活动的目的主要是激发幼儿对艺术活动的兴趣，引导幼儿发展自己的艺术天赋。教师不仅要给幼儿提供趣味性的艺术教育活动内容，而且还要开展必要的赏识教育，通过赏识教育来激发幼儿的情感，在艺术的道路上使幼儿在心理与情感上对艺术活动产生情感的共鸣，以及良好的情绪体验，这样才能鼓励幼儿主动积极地从事艺术活动。首先，幼师应当保持童心，能欣赏幼儿的行为，理解幼儿的行为方式，主动鼓励幼儿大胆地用各种艺术形式来表现自己的内心世界。其次，帮助幼儿分享他们的快乐，对幼儿的艺术创造给予极大的鼓励，同时积极地使用形象化的方式方法，解决幼儿艺术活动中的困惑，给幼儿的艺术道路打下必要基础，引领幼儿走上真正的艺术之路，全面培养幼儿的审美意识，有效地在幼儿教育阶段发展幼儿的审美能力。

（二）注重个性教育的开展

现代艺术教育活动过程中，教育必须面向全体幼儿，不仅要培养有良好艺术天赋的孩子，还要激发所有幼儿的艺术潜能，实现所有孩子都能得到艺术熏陶的教育活动。首先，注重个性化的艺术教育，必须从尊重幼儿的主体性出发，要在全面掌握幼儿心理及生理年龄和特征的基础上，给幼儿安排感兴趣的个性化艺术活动。其次，要从幼儿的个性差异和特点出发，要在艺术教育活动中重视给幼儿良好的艺术活动情感体验。

（三）更新现有幼儿艺术教育理念

幼儿教师要不断总结艺术教育的特点，改变以往机械训练的方式，提升教学的艺术性和专业性，把传统的技术训练转化成艺术素养培养，提升幼儿的审美意识。在艺术教育目标和教育内容设计过程中，教师要坚持审美培养为中心的理念，让幼儿能够通过参与艺术活动，发现美、感受美、表现美。比如通过美术欣赏课程，让幼儿动手绘画，提升幼儿绘画的能力。在具体活动组织过程中，教师可以先让幼儿观看相关视频，了解美术绘画的色彩、线条以及方法，然后再通过实物让幼儿通过真实的感受，描绘自己心中的作品，这样不仅可以提升幼儿实际动手能力，而且可以丰富想象力。另外，教师要树立以幼儿为中心的原则，让幼儿真正表达自己的情感，比如在幼儿艺术课堂教学中，幼儿唱歌音调不准、绘画内容幼稚、跳舞跟不上节奏等，但是他们乐在其中。这就要求教师要从幼儿身心发展的规律出发，尊重幼儿的不同差异和天性，坚持以幼儿为中心的教育原则，激发幼儿的积极性和主动性。

（四）培养幼儿的人文素养

在幼儿艺术教育中，教师要掌握适度的原则，不能盲目按照专业的标准进行教学。教师不仅要丰富幼儿的专业知识，更要培养幼儿的人文精神，提升幼儿艺术教育水平。第一，选择具有人文气息的艺术教育形式。教师重视幼儿整体艺术水平的特点，尤其要提高幼儿的人文素养，在具体艺术活动组织中要体现人文关怀，提升艺术教育的人文价值。比如教师可以组织关于"爱"的歌唱活动，进一步丰富艺术教育活动和形式。第二，优化现有幼儿艺术教育资源。教师要针对幼儿的身心特点，对现有艺术教育资源进行整合，确定不同的艺术教育主题，可以把美术、音乐、舞蹈、绘画等多种艺术形式整合到一个教学内容中，这样可以帮助幼儿更好理解艺术教学的内容，提升幼儿的人文素养。

（五）创新幼儿艺术教育内容

根据最新的幼儿园课改要求，教师要结合幼儿的实际生活，创新艺术教育内容，发挥幼儿的主体地位，遵循幼儿身心发展的特点，提升幼儿的认知水平。第一，教师需要选择与幼儿生活相关的艺术活动内容，激发幼儿的参与意识，让幼儿更加乐于接受艺术教学内容。第二，在艺术教育内容上，教师要增强艺术教育的开放性，为培养幼儿创造能力提供空间。第三，教师要坚持与时俱进的教学理念，加强与儿童家长的联系，发挥家长在幼儿艺术教育中的作用，增强幼儿的信心，为幼儿发展创造良好的条件。

（六）培养幼儿的创新能力

开展幼儿艺术教育，要改变以往的教学方式，尊重幼儿个性差异，并且采用引导的方式对幼儿进行鼓励。教师不能只是让幼儿记忆艺术教学内容，需要对幼儿每一阶段的表现进行科学的评价，帮助幼儿激发潜在的创新能力。比如教师可以让幼儿利用饼干进行作品的创作，幼儿可以选择自己擅长的方式吃掉或者掰掉多余的部分，这样既可以激发幼儿的创作热情，又能提升实际教学的效果。

艺术教育对提升儿童艺术素养发挥着十分重要的作用，可以提升幼儿理解能力、创造能力以及审美能力，培养幼儿良好的情操。幼儿艺术教育必须进一步创新教学内容，重视儿童对艺术兴趣的培养，为幼儿创造轻松愉悦的教学氛围，使幼儿体会到艺术学习的快乐，更好地参与日常教学中，为以后艺术学习打下良好的基础。

第二节 艺术活动中幼儿的自我表达表现

《指南》中指出：艺术是人类感受美、表现美和创造美的重要形式，也是表达自己对周围世界的认识和情绪态度的独特方式。幼儿艺术领域学习的关键在于充分创造条件和机会，在大自然和社会文化生活中萌发幼儿对美的感受和体验，丰富其想象力和创造力，引导幼儿学会用心灵去感受和发现美，用自己的方式去表现和创造美。因此，艺术表现的过程蕴含着丰富的教育内涵，在艺术活动中，教师应充分理解和尊重幼儿的兴趣和爱好，创设适宜的环境，更多地给幼儿自由、自主表达表现的空间，让他们有进行创造活动的权利和机会，使他们在自由的天地里，在实践活动中，充分用眼、手、脑去发现、去创造，去表达，只有这样才能真正帮助在艺术活动中释放自己的情绪情感，成为学习的主人，使艺术教育切实成为幼儿自我表现与表达的天地。

一、创设自主性学习的氛围，鼓励幼儿自由表达与表现

（一）创设宽松、自由、开放、鼓励的艺术环境

为幼儿创设一个宽松自由、开放鼓励的环境、提供幼儿自主和主动活动的空间和时间，是确保幼儿自主性学习的一个重要方面。在实践中，首先，我们把动听优美的音乐贯穿在幼儿一日生活中，把特色的艺术作品布置在幼儿活动的空间中、并创设欣赏天地、表演大舞台等，给幼儿更多熏陶、展示、表演的机会；其次，打破幼儿区域活动的空间，在楼道设置公共创作环境，随时搜集提供一些生活中最熟悉的物品，如纸、瓶罐、盒子、沙石、蛋壳等作为幼儿创作艺术作品的自然材料，通过幼儿自己动手，自由地表达表现自我的感受；再有，以游戏的形式引导幼儿自发学习，如游戏创意活动"小动物来跳舞""我是新疆小朋友""创意树叶变变变"等，激发幼儿用不同的材料制作、粘贴、

装饰,从而在一种宽松的环境中,产生了无数种的作品形式,开拓了幼儿的思路,满足了幼儿对色彩、对美的表达渴望。在这样的活动环境中,幼儿作为学习活动的主体,他们有权也有能力选择并参与自己喜爱的活动,同时能够提出自己的、不同于别人的想法和意见,大胆地表达与表现。

(二)注重每个幼儿独特的表现,激发创造性思维

幼儿的创作过程和作品是他们表达自己的认识和情感的重要方式,每个幼儿都有自我表达与表现的需要,他们常用艺术的手段,用自己的声音和动作,用自己的绘画表达与表现自己的感受和内心体验。因此,我们为幼儿提供了表现机会,帮助他们独特的展现自己的想法,享受创造的快乐。例如带幼儿到大自然和社区中,引导他们观察发现周围事物的形象性,展开想象力:他们就会把墙上的一段裂缝看成一只"狰狞可怕"的怪物;会把飘零的落叶看成是离开了大树妈妈的可怜的孤儿;会把满天的繁星想象是万盏点亮的小灯;会奇思妙想到汽车前面应该有一对眼睛才看得见走路……这种最纯真、最原始的思维与作画风格,表现了幼儿有自己看世界的独特方式,这种方式使幼儿的内心被深刻地展现出来,更好地表达自己对这个世界的认识和感受。

同时,在实践中我们发现,日常生活中,没有心理压力的情况下,幼儿常常会在各种场合尽情地表现自己,并会长时间陶醉于这种充满想象之中。在音乐活动中,老师请幼儿听着音乐自由做动作的时候,也是幼儿最快乐、最陶醉的时候;在美术活动中,老师请幼儿作意愿画时,往往也是幼儿最投入、最开心的时候。于是,我们努力使艺术教育成为幼儿喜欢和感兴趣的活动,并使幼儿在活动中充分表达自己的感受与体验,表现幼儿自己的个性特点及丰富的想象力和创造力。如听到同一段音乐,不同的幼儿有不同的感受,他们会按自己不同的想象,随音乐进行创造性的表现,又如,在大班的区角活动中,美工区的小朋友都在尝试新的剪纸,内向的郝杰很想剪一只小鸟,却迟迟不动手,于是教师尝试以学习者的身份和她一起想小鸟的特征,并鼓励她大胆剪,一双小手、一把剪刀、在老师充满鼓励的眼神下,他不但剪出了小鸟,还剪出了燕子、天鹅,然后在身体上进行一些简单的镂空,作品很有创意。由此可见,每个幼儿都是"画家""艺术家",只要我们注重他们独特的表现形式,鼓励幼儿在艺术活动中按自己的方式表达,他们就会无拘无束地发挥自己的想象,表达他们自己的所见、所感。

二、支持引导幼儿为实现自己的艺术表现而学习必要的技能

（一）在幼儿有需要时融入适宜的技能技巧

艺术活动中的技能是为了幼儿更好地表达与表现自己的愿望而服务的，实践中，我们教师善于给幼儿创设宽松的环境，让他们在探索中积累经验，并在他们对学习艺术技能技巧有需要时去"教"，做到"幼儿在前，教师在后"，这样就会收到事倍功半的效果。如：小班组织的音乐活动《在农场里》，幼儿学各种动物的动作、叫声，用肢体表演自己的感受，然后孩子们产生了自己要做一个自己喜欢的动物头饰，这样才真的像小动物，于是教师与幼儿共同准备材料，了解孩子们的想法，丰富了有关粘贴动物五官的经验，孩子们在选择材料时，结合自己的兴趣进行粘贴，但是他们不满足简单地粘贴，还想自己绘画剪贴，于是教师又提供了剪刀、颜料启发他们使用剪刀、色彩，这样一来，他们的画面更丰富了，在原有形状的基础上，孩子们画出了微笑的、调皮的、张着大嘴的动物头饰，形态各异。在此过程中他们充分展开想象进行创造性地作画，他们的想象力和创造力都得到了很好的锻炼，同时也有了初步的布局意识，动手能力也得到了提高。

（二）将幼儿学习的技能技巧转化为幼儿的需求

有些技能技巧不一定是幼儿当时的需要，这就要求我们教师寻找教育契机，把要求幼儿学习的内容转化为幼儿的需求。首先，教师要做好观察者，结合幼儿的学习特点和需求提供适宜的指导帮助。例如，大班有个女孩比较胆小，在几次线描画的活动中都不愿参与，老师发现后就让她先画她自己喜欢画的房子，满足她成功的需要，然后扩展她的学习内容，巧妙地引领她进入线描画的天地，尝试运用线条的稀疏密、各种花纹如小花、雪花、小鸟等物与物之间的结合来装饰她画的房子，从而萌发了新的创造，又掌握了线描画的一些技能；其次，拓展升华，激活幼儿继续学习技能参与学习的兴趣。例如：绘画《有趣的蜗牛》活动中，当幼儿绘画了一只蜗牛的主体后，教师就提出有趣的启发性的语言："你画的这只蜗牛是蜗牛一家中的哪个成员？蜗牛宝宝和爸爸、妈妈在做什么？""蜗牛宝宝为什么哭了？谁来帮助它？""蜗牛宝宝喜欢在哪儿玩？"等，幼儿在这些语言的启发下，思维得到拓展，出现了绘画创作的高潮："我现在要画蜗牛爸爸，蜗牛宝宝骑在蜗牛爸爸的背上去动物超市。"幼儿

边说边画，其乐无穷，非常快乐，在绘画中自然获得了技能的学习，发展了自身的能力。

三、采用适宜的评价方法，鼓励幼儿积极表现、创造

《指南》中指出：在评价幼儿艺术的问题上，要强调评价的发展功能与内在的激励机制，鼓励幼儿自主地学习艺术，形成可持续发展的艺术学习能力与态度。实践中，我们采用了不同的评价方式，有效帮助幼儿获得了发展。

（一）走进幼儿心灵，展示交流

幼儿都是独立的个体，他们的发现创造也是独特的，只有走进幼儿的心灵才能发现和教育儿童，才能引发幼儿创造潜能，教育才有效。展示交流是最直接的方法，可以帮助幼儿互补缺陷，学习借鉴，求新求异，促进创造性思维发展。如中班小朋友在自编生活律动时，想出了各种不同的动作，虽然每个人的动作比较简单而且单一，但都是他们创造力的表现，此时，老师给了幼儿充分肯定和鼓励，并让幼儿将自己想出来的动作表演给大家看。等到再扮演时，幼儿主动地吸纳同伴的动作并加以改编，动作一下子丰富多了，随即，老师在幼儿创编动作的基础上，整理出反映生活特点的符合音乐节奏的舞蹈动作，这样一来，幼儿自然就在积极的轻松愉快的情绪中提高了艺术表现力，更激起了参与艺术活动的兴趣。

（二）感受理解童心，赞赏点滴

在活动中，我们教师从儿童的角度去欣赏，不追求完美，赞赏幼儿点点滴滴的创造，并提供机会让幼儿进行分享、交流，使幼儿有更多沟通。如大班幼儿对于剪纸非常喜爱，十分愿意用剪纸来表现自己对身边事物、对美的感受，而教师对于幼儿的每一个作品无论成功与失败都给予一定的肯定，并结合大舞台的活动、请幼儿布置玻璃门、向平行班开放剪纸活动、现场剪纸比赛等活动，给幼儿一个展示才能、相互学习的机会，满足了幼儿的表现欲望。

（三）创造合作氛围，共同分享

《纲要》中，主张让幼儿感受快乐，体验成功；主张幼儿大胆地表露个性，张扬自我；主张幼儿欣赏自己，更要学会欣赏他人……因此，我们在每次活动结束时，都要适时对幼儿作品进行评价，引导幼儿评价同伴的作品，逐步树立起"我能干，大家都能干"的意识。在中、大班时，教师还专门设计了一些合

作性的创作活动，为幼儿创设条件，引导孩子们相互交流、相互协商。在这些活动中，让幼儿逐步懂得"我能画好，别人也画得不错，如果大家一起画就会画得更好"，从中来培养幼儿之间的合作意识，在分享中更好的发现他人的优点，从而丰富自身的经验。

在艺术创作中，教师要认识到让幼儿描绘简笔画教学的危害性，认识到让儿童模仿教师范例的做法实际上是替代了幼儿的探索与思考，使幼儿习得"画画就要画得跟老师一样"的艺术创作错误理念，而是鼓励儿童观察生活中的点、线、面，创作与儿童感知一致的作品，包括绘画、歌、舞等。教师应以支持者、合作者的角色身份，在互动过程中多观察少指导、先观察后指导，更细心地观察儿童的艺术表现过程，解读其中的艺术心理过程与儿童艺术学习特点，在儿童需要时，围绕艺术创作关键经验提出开放性问题，鼓励儿童自主思考与探索，及时有效地支持儿童的艺术学习与发展。比如在自然角里，运用美术技巧装饰，运用光线、颜色和各种形状来布置，不仅可以让儿童把自然角作为静物写生的对象来欣赏、创作，还会用绘画的方式记录植物生长过程。

第三节　艺术活动在学前教育中的组织实施

艺术的培养是每个人成长的必经之路，也是个人素养不可忽视的一点。对幼儿来说，艺术是幼儿教育非常重要的一方面。艺术教育要从娃娃抓起。老师要在幼儿时期去发现每个孩子的兴趣爱好。因此，开展幼儿艺术活动是顺应当代社会潮流的做法。

当然，我们要正视艺术教育。开展幼儿艺术活动不是为了让孩子变成一个艺术方面的专家，而是通过艺术活动让孩子获得身体上和心理上的愉悦，给予孩子有益的启发，让幼儿意识到艺术是美好的东西。因此，老师作为孩子的指明灯应积极开展幼儿艺术活动，让孩子的身体和心灵得到启发。

一、营造良好的环境，让孩子受到更好的熏陶

幼儿一天的时间都会在幼儿园里。因此，幼儿艺术活动应当在幼儿园里开

展。幼儿园的氛围对幼儿的感受有着极大的影响。只有幼儿园有着良好的艺术氛围，才能让孩子从心里感受到愉快，才能耳濡目染地影响孩子的感受，使其更加喜欢参与艺术活动。为此，我们要加强幼儿园的基础设施建设，利用颜色等元素装饰幼儿园。良好的色彩搭配可以让学生感到快乐，刺激孩子的感官，增强孩子的幻想能力，更重要的是有利于孩子身心的健康和成长。因此，幼儿园要以每个孩子为出发点和落脚点，用优雅柔美的颜色装饰校园，同时还要加强校园基础设施建设。

例如，学校的围墙可以用淡黄色、淡红色。每个班里的墙也可以用各种颜色进行装饰。并且，各个教室也要合理分布在校园里。幼儿园要对校园进行合理划分，为孩子营造出一种轻松欢快的艺术氛围。在学校的布局方面，幼儿园需要加强基础设施建设，如舞蹈室、美术室、书法室等。并且，每个教室也不可以是一模一样的。幼儿园要根据不同教室的功能，营造不同的艺术氛围。从教室的装扮来说，我们可以用一些不起眼的小环节来渲染艺术气氛。例如，老师可以在教室的墙壁上画各种可爱的卡通动画。老师也可以把每个孩子的作品贴在墙上，让孩子时刻都能欣赏自己的作品，让孩子更有表现自己的欲望。

二、利用现代设备表现艺术形式，使艺术形式更加直观

随着社会的发展，许多"高科技"横空出世。开展艺术活动也可以充分利用这些设备。现代化设备不但可以表现丰富的动画，同时也可以表现声音、文字等元素。因此，要改变传统单纯用语言讲，用死板、静止的图片进行教学的情况，现代化设备是必不可少的。老师利用现代信息化设备，可以让孩子进入一个声情并茂的世界。这种方式更加容易吸引他们，也更容易让孩子提起兴趣。

例如，让孩子学习儿歌《虫儿飞》：虫儿飞，黑黑的天空低垂，亮亮的繁星相随，虫儿飞，虫儿飞，你在思念谁，天上的星星流泪……如果只是老师唱一句，孩子跟唱一句，对孩子来说，这就是简单的记歌词，却不利于其对儿歌的理解。因此，老师可以利用现代信息化设备的智能功能演示出儿歌的内容，把生动形象的小虫子借助多媒体表现出来，把抽象的儿歌表现成动态形式。这样一来，孩子在学习儿歌的时候，就会紧紧盯着大屏幕，从而产生幻想。这种

形式的教学更加直观，也更加被孩子们所喜爱。

三、引领孩子主动进行艺术创作，享受艺术创作的过程

3 到 6 岁的孩子虽然年龄小，但相对大人来说，他们拥有更加优秀的幻想力和艺术感。因此，在开展艺术活动时，老师不能一味地进行演示，更重要的是要让孩子进行实践，支持孩子主动展示自己，帮助孩子克服胆小、害羞等心理障碍，让幼儿亲自感受和理解艺术创作的过程，为孩子搭建一个表现自己的舞台。

例如，在开展美术活动时，老师不能为孩子树立条条框框或要求，更不能在孩子因为一些技术问题画得不好时制止孩子，要让孩子充分发挥自己的想象力，心里想什么就画什么。教师只是负责引导孩子发挥自己的想象力，让孩子独立自主地完成艺术创作，并让幼儿感受到轻松欢快的氛围，从心里感到快乐。这样的氛围才能使孩子充分发挥自己的幻想能力和创作能力，从而完成一幅幅完美的作品。

例如，让孩子画动物时，因为动物是生活中常见的，所以我们就可以让孩子自助完成艺术创作。老师要鼓励孩子采用不同的艺术形式，从而更加自由高效地进行创作。绘画可以选择多种形式，如印画、写生。孩子要靠自己的想象来绘画。其他手工、雕刻、捏橡皮泥、剪纸等艺术形式也是可取的。这样一来，每个孩子都可以按照自己喜欢的方式来完成艺术创作

四、开展课外活动，引导孩子热爱自然和生活

幼儿艺术活动的创设不仅仅局限于课堂上，教师还可以开展适当的课外活动，让学生真正感受大自然的魅力。开展课外活动时，教师一定要对其进行充分的准备工作，了解幼儿的喜好以及个性特点，并设计具体的幼儿艺术活动，让幼儿可以在活动中，提高幼儿的生活能力。

例如，在一节美术活动《春天真美丽》时，教师可以先带领孩子们在田野里玩耍，让幼儿感受春天的美丽，再让孩子们进行自由创作。也许有的孩子可能会把画儿画得不成比例，此时，教师不能直接去说幼儿画的画儿的样式不对，也不可以强行要求孩子去更改，教师应该尊重幼儿绘画能力的优势，并且找到图画中的优点，进行及时的正确引导，保障幼儿对画画的兴趣，并鼓励孩子

大胆创作。同时,幼师应该举办一些活动以丰富幼儿的生活和视觉经验使幼儿能更用心体验、用眼睛去观察周围的世界,并引导孩子自觉画出自己的画。

只要我们在艺术活动中坚持以欣赏为切入点,以情感为激活因素,坚持形式美与内容美的高度统一,就能让幼儿的心灵在艺术的空间里自由驰骋。这将为培养"审美型"人才打下坚实的基础。幼儿教师不要停下探索的步伐,要紧跟教育形势,不断提高自身的专业水平与艺术修养,勇于创新,勤于实践,将幼儿带入快乐的艺术活动中,挖掘幼儿的潜能。这样才能让幼儿在审美、情感、技能、心理等方面得到全面发展。

第四节 艺术活动在学前教育中的实践案例

《指南》明确了幼儿艺术活动的价值倾向,表明学前幼儿的艺术教育应该关注幼儿运用艺术形式来感受世界、认识世界、表达自己对世界的看法,而非对世界的刻板复制。提出幼儿艺术活动的学习特点,注重幼儿对各种艺术形式的感受、体验、探索等经验的积累,借助对艺术的自我感悟与自我体验,从而实现对世界及生活中的艺术自我表达与创作。本节以趣味美术活动为例,具体阐述艺术活动是如何在学前教育中开展的。

一、趣味美术活动的开展策略

美术的趣味表达能力支持幼儿发展良好的学习品质。美术包含点、线、面、形、色彩、肌理、空间、材质等多样的元素,美术材料和表现方式极为丰富。幼儿美术经验的获得就是通过给幼儿提供丰富的美术要素,实现美术相应的材料与方式,让作为主体的幼儿通过不断探索材料发现美术材料、习得美术语言,在不断与材料、环境进行互动的基础上习得美术核心经验。因此,开展趣味美术活动,可以引发幼儿想要主动表现的意识的萌芽,激发幼儿主动表现的兴趣,鼓舞幼儿敢于大胆表现的勇气。

在实际教育过程中,仍存在以下问题,首先是教师缺乏有效观察的能力,难以提取活动中的教育点,把握教育时机。其次,教师群体普遍缺乏美术语言专业知识, 难以给予幼儿专业的教育。再次, 教师缺乏美术语言核心经验的学习。大部分教师对"范画"与"示范"存在着认识的偏差, 认为"示范"等于出示"范画", 在幼儿美术活动中, 缺乏正确的引领, 在美术活动中幼儿的知识、技能总是原地踏步, 没有得到发展。最后, 活动中缺乏正确的评价方式, 在去小学化进程中, 美术活动不再以"像不像、美不美"作为幼儿作品的评价标准。但教师也无法运用专业的评价方式来促进幼儿在艺术表现与创作过程中的观察、思考, 评价环节缺乏有效性。针对以上问题, 趣味美术活动的开展遵循以下几点:

（一）明确美术活动重难点, 提升活动质量

引导大、中、小各年龄段幼儿感受美术的丰富性、趣味性, 进行趣味表达, 是幼儿园美术活动的重点。通过美术趣味表达, 想象力、创造力、认知发展水平得到提升则是幼儿园美术活动的难点。分析3—6岁这个年龄段幼儿在美术领域的身心特点, 结合他们的生活认知经验, 以及地域特点及社区、家长资源, 立体化进行幼儿园美术活动的设计与运用, 以环境来对幼儿开展美育, 以材料来激发幼儿探索的欲望, 以趣味活动形式来刺激幼儿表现, 则是明确重难点之后的有效途径。

（二）研究幼儿美术教育的价值内涵, 解读幼儿美术活动的设计意图

通过查阅文献, 开展理论研究, 明确幼儿美术语言的内涵, 分析、了解美术教育对幼儿的价值, 激励教师思考如何开展美术教育。开展访谈、调查, 了解幼儿、教师、家长对美术活动的认识, 以及对幼儿美术兴趣的理解。转变幼儿园教育发展理念, 发展趣味美术的幼儿园特色项目。将趣味美术活动作为幼儿园发展重点, 组织教师进行学习、研讨、开发。以教研活动推动科研活动开展, 教师以研带教, 以教促研, 开发趣味美术园本课程。

（三）组织教师参与针对性培训学习, 学思行结合

组织教师积极参与省内外美术培训学习活动, 回园进行二次培训, 将先进美术教育理念, 带进幼儿园, 结合幼儿实际情况与园所地域特色开展美术活动。

（四）开展美术核心经验与趣味表达方式的目标研究, 提升幼儿园美术活动质量

主要分析得出小、中、大不同幼儿所需掌握的美术核心经验内容, 以及趣味表达方式的大致发展水平。以教育活动与游戏活动为研究方式, 在活动中分析教育目标与幼儿最近发展区是否相扣,分析在活动中幼儿与材料之间的互动是否为良性。分析与解读幼儿园趣味美术活动课例、案例,反思美术教育活动设计与实施问题。在活动开展的过程中,也要遵循以下策略:

一是活动内容选择的适宜性策略。活动内容从幼儿的兴趣中生成,充分利用晨谈活动、区角游戏等一日生活各环节,记录幼儿的谈话,提炼出大部分幼儿近期的兴趣点,生成适宜幼儿的活动。

二是活动过程中的支持性策略。教师在活动过程中,更多地成为观察者、支持者与引导者。观察幼儿的活动情况,除创作表现的环节外,探究如何恰当地为幼儿提供习得美术技能的范例,如何引导幼儿摆脱不会、不敢、不愿的桎梏。

三是活动跟进的持续性策略。重视活动的持续性发展,美术活动与其他领域之间的活动形成有机的整体,幼儿能够持续性地处于活动的氛围之中。教师持续性地观察、跟进活动,及时调整活动中各个要素,满足幼儿不同时期的需要。在趣味美术活动中,教师引导幼儿发现作品的独特之美,从美术语言的点、线、面等出发,观察作品中的色彩、线条构成的画面。

开展幼儿美术教育的价值内涵研究。通过查阅文献,开展理论研究,明确幼儿美术语言的内涵,以及分析、了解美术教育对幼儿的价值,激励教师思考如何开展美术教育。开展访谈、调查,了解幼儿、教师、家长对美术活动的认识,以及对趣味美术的趣的理解。转变幼儿园教育发展理念,发展趣味美术的幼儿园特色项目。将趣味美术活动作为幼儿园发展重点,组织教师进行学习、研讨、开发。以教研活动推动科研活动开展,教师以研带教,以教促研,开发趣味美术园本课程。组织教师参与针对性培训学习,学思行结合。

开展幼儿美术核心经验与趣味表达方式的目标研究。以教育活动与游戏活动为研究方式,在活动中分析教育目标与幼儿最近发展区是否相扣,分析在活动中幼儿与材料之间的互动是否为良性。开展幼儿园趣味美术活动课例、案例研究。以教育活动为主要方式,开展教学活动,在活动中分析目标的达成,探索达成目标的方法与策略。创设美术活动区,为美术活动提供场地。园级设置趣味美术活动室,班级创设美工区,在区域内提供丰富的材料,开展多元活动,如:布艺、花艺、绳艺等。以趣味美术活动为支撑,引导幼儿成长。结合我园地处川西的地域文化特征,以及刚刚农转非的社会、家庭环境,多选用幼儿常见、易收集、常使用的自然材料，设计具有地区特色的美术活动。采用试点实验——全园推广的活动模式，科研带头——教科研结合的研究模式。

开展系统的教育资源库建立研究。建立可供教师、家长、幼儿园参考的教育资源库。囊括教师培训集，教师案例集，教师活动集。

幼儿园美术活动的设计与实施，要充分利用好专家资源、家长资源、地域资源，通过教师美术专业提升，为幼儿创设一个专业、自由的美术创作环境，让每一位孩子都能够感受美、欣赏美、创造美、表现美。

二、趣味美术活动的具体实践

一连下了几天的雨，孩子们对雨产生了浓厚的兴趣，他们在座位上自发的互相讨论交流着自己是怎样来幼儿园的，看见了什么……兴趣盎然地讲述对雨的感受。看到这种现象，我想：小班孩子年龄特点容易被自然界中的鸟鸣、风声、雨声等好听的声音所吸引，《指南》中也指出，幼儿艺术领域学习的关键在于充分创造条件和机会，在大自然中萌发对美的感受和体验，丰富其想象力和创造力。于是我组织了孩子们听雨、看雨、画雨的活动。

当我带孩子们来到楼道里看雨时，他们开始七嘴八舌地说着，"老师，我看见玻璃上的雨是小点点儿的，好多好多啦！"房树泽边指着玻璃边对我说。其他小朋友的注意力随即被吸引过来，我打开了门请孩子们轮流真切地观察外面的雨，我问道："也不知道这雨是怎么落下来的？怎么我也没看见雨呢？你们看见了吗？"孩子们听了我的话，一个个都认真地观察着，张福延边用手比画着边对我说："它是这么下来的。"（他的小手勾勒出来斜斜的线）。"老师，我看到雨像帘子一样这么掉下来。"（乐乐用手画着一段一段的线）我接着问道："雨水落下来，落到了哪里呢？""地上！"大多数孩子异口同声地说。"还有滑梯上。""窗户上也有，树上，房子上面……"孩子们都抢着回答我。"我们一起来看看雨水落到地面上是什么样子的？"我的话刚说完，王晓走过来一个劲儿晃着我的手说："老师，地上有水坑。""哦，因为雨水落到了里面，就成了水坑，你仔细看看，雨水落到水坑时是什么样的？"只见王晓回过头用手画着圈，黄思媛抢着用语言告诉我她看到的是小圈圈的。"孩子们，我们一起来看看是不是像黄思媛说的那样，你们看到小圈圈了吗？"听完我的话，他们都用手比画了起来"在那里啦。""那里也有。"……最后，我将孩子们看到的用相机记录了下来，带着孩子们回到了班里。

孩子们在户外充分观察和感知到下雨的时候雨水从天上落到地面，落到玻璃等事物上的现象，也观察到了春天的小雨下落的状态，他们的兴趣很浓，回到班里仍津津乐道地谈论着在外面看雨的情形，于是在实践观察的基础上，我开展了一次绘画活动《我看到的雨》，活动开始，我把孩子们观察到的现象以照片的形式呈现出来，并调动孩子的原有经验，激发他们用绘画表达自己的发现。还鼓励孩子们可以到楼道边观察边绘画。在指导过程中我利用提问和动作帮助幼儿进一步感受雨的形态。绘画中孩子们还有了新的发现：肖溥均说："老师，我还看到了下雨天天是黑的。"洋洋说："老师，下雨了，天上没有太阳，而且雨点大的时候像衣服上的小珠子一样。"经过仔细的观察，孩子们很快用蜡笔把自己观察下雨天的发现、感受表达出来：有的孩子对雨的表达用很直观的线条，从天上垂直地落下来；有的孩子，用一节一节的短线条呈现雨从天上落下来，长短不一；还有个别的几个孩子，用蜡笔点点儿，七散八落地表现雨点落到地面上的样子；还有的用蜡笔很重地涂擦，把地面上水坑的情景表达了出来。当孩子们画完后，我引导孩子们进行交流分享，共同感受自己绘画的乐趣。

通过这次活动，我体会到在艺术学习领域绘画活动中的提问应更多地采用启发式或发散式提问，有效支持幼儿对美的个性化感受，促进联想、想象及创新。打破范例式的说教引导，走进自然生活，搭建孩子自由讲述的平台，充分调动交流愿望，使心灵获得自由，鼓励他们敢于并将自己的感受、发现用语言大胆自由自主地表达出来，并乐于自发的画出来。我们要抓住他们的兴趣，做孩子自由表达表现的引路人，支持他们的想法，肯定他们的发现，鼓励他们自由自主表达表现的行为。

第八章

启迪智慧：学前教育中的数学教育

科学技术对人类社会进步有着巨大的推动作用，一个国家的国力直接取决于其科学技术的发展程度。伴随着互联网技术的不断发展，科学技术的竞争将更加激烈，这种竞争最终要反映到教育上。时代迫切需要我们培养出具有厚实知识基础的、具有探索科学的强烈兴趣和愿望的、具有一定操作实践能力的、具有独特科学想象力的新一代科技人才。这些科技素质的培养都必须从小抓起。因此，对幼儿阶段科学素养的启蒙得到了更大的重视和关注。

《幼儿园教育指导纲要》明确提出："幼儿的科学教育是科学启蒙教育，重在激发幼儿的认识兴趣和探究欲望。要尽量创造条件让幼儿实际参加探究活动，使他们感受科学探究的过程和方法，体验发现的乐趣。科学教育应密切联系幼儿的实际生活进行，利用身边的事物和现象作为科学探索的对象。"

数学作为科学教育的重要组成部分，是开发儿童潜能、为儿童一生奠定良好智力基础的重要学科，《幼儿园教育指导纲要》中指出："在解决问题的过程中帮助幼儿理解基本的数学概念，发展思维能力。"思维是人脑对客观事物进行概括和间接的反映，它借助语言，以知识为中介来实现，思维是智力发展的核心。数学是一门培养和锻炼思维能力的基础学科，数学对幼儿的认知能力，特别是思维能力的发展有着特殊的价值。数学学科的结构和知识体系较为系统和严谨，其逻辑性十分突出，这对幼儿智慧的发展有着特殊的价值。幼儿正处在逻辑思维萌发和初步发展时期，数学的学习对其初步逻辑思维能力的发展、良好思维品质的形成有着重要作用。

　　实验表明，幼儿期特别是 4—6 岁阶段是幼儿认知发展的一个关键期，幼儿就是在这个时期建立和形成数概念，萌发解决问题的兴趣和积极性的。此时幼儿的数学思维异常活跃，我们应该正确地把握这个关键期，提供适合其学习特点的数学教育，让他们在活动中充分展示自我，找到生活与数学的结合点，使他们体会数学带来成功的机会和快乐，进而培养其创造性思维的能力。

　　因此，本章将从数学学前教育的实践发展入手，结合我本人的教育教学实践，探究数学学前教育改革发展的措施，以期对幼儿的科学素养的提升有所借鉴。

第一节　科学启蒙对数学学前教育的要求

　　数学教育是幼儿生活的需要，它有助于幼儿对周围世界的正确认识，对培养幼儿的好奇心、探究欲、思维能力以及良好品质的形成都有很大的帮助。同时数学教育又是科学领域的内容之一，《纲要》中确立的数学教育目标为"能从生活和游戏中感受事物的数量关系并体验到数学的重要和有趣。"它强调在生活和游戏的真实情境和解决问题的过程中，逐渐形成幼儿的数学感和数学意识，体验数学的重要和意义，在解决实际问题的过程中感受和体验其中的乐趣。本节主要通过目前数学学前教育发展中的主要问题，结合《指南》中对于数学学前教育的要求，探讨建立科学思维需要怎样的数学学前教育。

一、目前数学学前教育中存在的问题

　　在幼儿时期必须要接触数学学科的学习，虽然幼儿所接触的数学知识看起来都很浅显，与生活实际联系也不紧密，但是幼儿数学教学可不仅仅是让学生认识几个数字，学会做几道简单的数学题，而是通过正确的引导，让幼儿激发起对数学学科的学习兴趣，提升其数学素养。通过大量的研究发现，现阶段幼儿数学教学中明显存在一些问题，并且这些问题很明显不可忽视，最典型的几个问题表现在以下几个方面。

（一）缺乏游戏体验

虽然幼儿比较喜欢游戏，教师也注意到这一点，开展数学教学尽可能地将游戏融入其中，但是游戏教学仅仅停留在表面，没有发挥游戏教学的真正作用，游戏变成了做数学题，没有了游戏本该有的体验，刚把游戏引入到数学教学中，通常会在教学活动开始以后话锋突然转变，变成了做数学题。数学教学冠以游戏之名，却没有游戏的实质，无法发挥游戏教学的优势，影响幼儿数学素养的形成。

（二）教学治学态度不严谨

幼师的教学治学态度不严谨，网上的教学资源非常多，但是并不是所有的内容都是可靠的，但是幼师对于网上的教学资源往往是不加任何修改的直接应用，在互联网时代，教学资源良莠不一，不乏错误，例如在动画故事"小王子"中有这样一句台词是不正确的，五亿零一百六十二万二千七百三十一颗星星。虽然仅仅是一个零字之差，或许作者也不是故意的，但是如果不是那么就是知识性的错误，如果教师的数学素养不够，是很难严谨地开展幼儿数学教学的。

（三）小学化倾向比较严重

受到升学压力的影响，幼儿时期的数学教学忽视了幼儿的学习特征，导致幼儿数学小学化现象明显，有一些低段小学数学内容例如十以内的加减法，教学方式采用的是小学低段教学方式，虽然融入了一些数学游戏，但是仍然是机械地在做数学题目。

二、幼儿科学启蒙中幼儿数学素养包含的具体内容

在《指南》中就幼儿数学的学习基本内容以及教学情况予以了明确，必须就生活中的数学知识有认识，感受到数学学习的乐趣，感知形状和空间的关系，感知理解数与量之间的关系。幼儿教师如何让幼儿感受到数学的乐趣，需要明确其中存在的问题，在教学活动的认知以及组织能力上需要不断提高。数学素养一般表现在数学知识的积累，借助数学知识解决问题，养成良好的数学思维。

幼儿教师需要不断提升自身的数学素养，表达能力，教学水平。增强数学教学的趣味性，真正将数学游戏融入数学教学中发挥游戏的优势，提升教学质

量。组织幼儿教学活动的时候，注意语言表达能力、活动设计、科学设计、科学表达、科学组织。

三、幼儿科学启蒙中幼儿数学素养的培养要求

（一）幼儿需要掌握简单的数学知识

幼儿科学启蒙中幼儿数学素养的培养，首先让幼儿掌握简单的数学知识，包括集合、数、量、空间、几何图形等。集合在生活中比较常见，是现代数学最为基本的概念之一，数学可以建立在集合基础上，幼儿学习几何是理解数学的期待，对于幼儿数学概念的形成也非常重要，通过对几何知识的学习，体验到事物的共同属性，感知集与子集之间的关系；数引导幼儿感知事物之间的联系；量指的是客观世界中对于事物或现象具有的可以通过测量加以认识。例如教育幼儿认识时间，让他们感知时间的存在和时间的流动，既可以发展幼儿的时间知觉，树立良好的时间观念和生活习惯，明确整体和部分的关系。

（二）幼儿需要初步形成数字思维能力

解决数学问题的过程中帮助幼儿理解数学的基本概念，促进幼儿思维水平的发展，思维是对客观事物进行概括和间接的反映，通过数学知识的联系，促进数学思维的发展。数学本身就是一门思维性很强的学科，数学对幼儿的认知能力，特别是思维的发展有着强有效的推动作用。幼儿时期是一个人认知发展的关键时期，所以一定要把握好这个关键时期，开展适合幼儿学习特点的数学教育，让幼儿在数学学习中充分展示自我，找到生活与数学的结合点，促进其数学素养的有效培养。

幼儿科学启蒙研究中对幼儿数学素养的培养意义重大，关乎幼儿今后学业生涯的发展，也关乎着智力水平及思维水平的发展。开展幼儿数学教学需要符合幼儿的认知特点以及学习特点，选择合理的教学策略，激发幼儿对数学的学习兴趣，真正提升教学水平，帮助幼儿养成良好的数学素养。

第二节 数学教育在学前教育中的组织实施

数学教育是幼儿生活的需要，它有助于幼儿对周围世界的正确认识，对培养幼儿的好奇心、探究欲、思维能力以及良好品质的形成都有很大的帮助。同时数学教育又是科学领域的内容之一，《纲要》和《指南》中确立的数学教育目标为"能从生活和游戏中感受事物的数量关系并体验到数学的重要和有趣。"它强调在生活和游戏的真实情境和解决问题的过程中，逐渐形成幼儿的数学感和数学意识，体验数学的重要和意义，在解决实际问题的过程中感受和体验其中的乐趣。

数学作为一门学科，有其独特的学科思维方式，那就是数学化的思维。数学思维是一种模式化的思维方式，数学就是关于"模式"的科学。数学知识是一种抽象的逻辑知识，数学与抽象思维密不可分。事实上，幼儿获得数学知识的过程就是思维抽象化的过程。例如，幼儿在学习加减运算的过程中，如果他会进行算式的运算而说不清算式所蕴含的数量关系的含义，那么我们就不能认为他已经形成了加减运算的概念。只有当幼儿能够将抽象的数学概念与具体的事物相联系，才能说他真正理解了数学概念。

对幼儿开展数学教育具有两方面的价值：一是思维训练，二是通过数学教育培养幼儿解决问题的能力，特别是用数学方法解决问题的能力。数学知识只是幼儿思维发展的载体，而不是我们追求的唯一目的。幼儿数学教育应强调"为思维而教"。在实践中，我们坚持运用理论为先导，通过经验积累、问题引领、案例分析等多种途径在实践中大胆探索，认真反思，有效总结，有效促进了教师教学的能力与幼儿的发展：

一、运用一条"主线"，解决问题，发现策略

（一）内容选择与准备

在实践中，我们选择的课例很有典型性，以点带面，延伸教育方式和策略，各个年龄班围绕感兴趣的同一教学内容研究，以此分析不同年龄阶段幼儿发展的特点和指导要点。下面以"排序"活动为例，初步探讨了一些有效

的方法：一是选择适宜的符合幼儿探究的数学教学内容是重要前提。如大班《种花》《排一排》，中班《挂灯笼》《串项链》；小班《排队》《给蔬菜娃娃排队》等。二是分析教材把握幼儿的水平是活动前教师深入思考的环节。如大班《种花》活动前，教师发现教材中三种花不但颜色、花种、形状不同，而且还有干扰条件（花带叶不带叶），这些因素对幼儿来说有一些困难，意识到这些后，教师把活动分解为了两个内容，首先认识这些花以及不同之处，然后再进行排序活动。这样使教师在一定的活动时间空间里帮助幼儿获得了数学排序的关键经验。三是为幼儿活动做好充分的经验与材料的准备是活动中的关键。如小班排序活动《排队》，张老师在组织教学时引导幼儿做了充分的经验方面的准备。活动前请幼儿按照男孩女孩排一排队，说一说是怎么排的队，鼓励幼儿大胆表达，同时在活动区有意识地投放一些实物材料，大小的碗、不一样的娃娃等，幼儿在活动区摆弄排一排，逐步对排序活动有了兴趣。

（二）材料投放

活动材料是数学活动中重要的一部分，还是以排序活动为例，如何为幼儿提供操作性、层次性的材料呢？实践中我们发现几种适宜的材料投放特点：一是示范的材料有动感、利于幼儿观察发现。大班《种花》，示范的材料利用多媒体翻拍教材放大利于了幼儿观察，演示中幼儿直观地看到了排序的规律；二是演示材料适合幼儿在集体前操作。如中班《挂灯笼》，教师在黑板上粘贴了一条条的彩带，上面有粘扣，幼儿根据教师的排列接着往下排，利于幼儿参与操作感知；三是幼儿操作材料呈现立体多变利于幼儿探索操作。如小班《排队》活动中教师制作了多个立体的汽车，拼插的小动物，同时在桌子中间提供了四面立体提示图，每个幼儿不但自己可以看到图示同时教师还会根据孩子的水平转动材料，使幼儿尝试不同的排序操作。四是材料符合不同水平幼儿操作，使每个幼儿获得发展。大班教师在《种花》活动中不但提供了教材图片还准备了不同材料，观察到能力强幼儿完成后出示难度大一些材料迁移经验，或者没有提示的图卡鼓励幼儿自由探索排序规律，能力弱的幼儿降低难度提供种类单一，没有明显干扰材料帮助幼儿获得成功，这些材料的准备有效的帮助幼儿在活动中操作探索，使每个幼儿都有了不同的发展，做到了既兼顾全体又关注个别的教育手段。

（三）有效指导

一是提问要精练，指向目标。如在研讨中班《挂灯笼》的活动中，我们重点以记录教师的提问和孩子的回答来分析每一个问题的适宜性。在引导幼儿观察排序规律的十几个提问和回答中，我们共同发现教师部分提问重复、无效，因此我们大家共同设计提问再次进行观摩，这次教师运用了"你们发现了什么？""这些灯笼是怎么排的？你从哪看出来的？"……调整后的提问有效提升了教学的效率，落实了目标，减少了无效回答。二是排序规律适宜的教学方法。排序在三个年龄班有不同的教学方法，大班做标记排序法，教师引导幼儿观察利用 123 或 ABC 记录找相同，感知规律；中班运用分组排序法，引导幼儿观察和分组，利用每组相同的方式帮助幼儿接着排；小班体验排序法，教师在幼儿身体上粘贴同样，自己来排排，感知排序的规律。这些方法在幼儿学习排序中都有很好的效果。三是介入指导时机，先观察、判断再选择指导方式。幼儿操作过程需要教师的指导，指导的方式有排序卡提示、动作的支持帮助、材料的适宜提供、观察分析等。但是每个指导的时机必须教师先判断幼儿出现困难的原因，再确定指导方式。四是示范引领观察和幼儿自主操作发现结合。教学活动中，教师根据内容可以先示范引导、也可以幼儿先操作再引导，多鼓励幼儿的自主探究发现。五是关注幼儿操作的顺序性，鼓励幼儿大胆表达。幼儿在活动中，教师要有意识引导幼儿交流表达。如你按照什么顺序排的，你用了什么新方法，你们相互说一说……幼儿在交流的基础上，会进一步巩固所学知识，内化为经验。

（四）交流反思

活动后的交流分析是提升幼儿数学经验的重要环节，数学内容大多可以延伸到区角的活动，活动后教师要帮助幼儿分析自己的操作结果，表达自己的操作过程，这不仅是对幼儿经验的提升，更重要的是引导幼儿在说一说的基础上，加深巩固学习的知识，更好地运用到生活中去。中班《挂灯笼》结束后幼儿把自己排列的花、灯笼、旗子都粘贴在背景墙上，教师引导幼儿说一说自己排的规律，幼儿很感兴趣争着说"我是按照一个红色两个绿色排的"，"我是两个蓝色两个黄色再两个蓝色两个黄色……"幼儿看到自己排序的图卡成为一片美丽的彩墙都很兴奋，排序的兴趣提高了，还自己探索了不同的排法，这时教师出示了一些生活中的装饰画，幼儿看到都是用不同排序的规律装饰的，很快迁移了经验，在美工活动中运用了自己所学的排序方法，装饰了美丽的画面。

二、抓住研究重点，有效引领

（一）活动重难点的确立

实践中，我们发现教师在确立了目标后，对如何确立教学重难点的问题还有一定的问题，我们采取说课方式，逐一针对活动进行分析。例如大班老师说课"排一排"的内容时，第一次的目标：根据物体间的关系找规律并排序；喜欢排序活动，动手大胆操作。

大家结合目标分析发现：目标定得比较宽泛，欠具体细致，对大班幼儿的年龄特点把握不好，因此导致重难点确立不适宜。针对此，我们请每位教师根据活动内容写下目标和重难点的内容，并说出自己的理由，在共同的交流中我们制定了以下目标：能仔细观察图片，发现物体之间的联系，找出规律并进行排序活动；能大胆表达自己的想法，创造性地运用规律排序，体验排序的乐趣。

由此我们又一起确立了重难点：发现事物间的联系找规律进行排序；能创造性地运用规律排序。利用这种方法，我们又解决了其他活动中存在的问题，就这样，在反复的推敲中帮助大家明确了重难点确立的方法：一是结合内容分析孩子，分析教材，分析近期的目标，在适宜的目标中找关键词表述内容；二是明确重点是帮助幼儿获得的新经验，难点是提升幼儿的经验拓宽幼儿的视野，是一个高层次的教学内容；三是教师的指导与策略紧紧围绕重难点有的放矢地投放材料，关注幼儿表现，把握课堂教学，提升教学的效果。有了初步的经验后，教师在制定目标时对重难点的把握有了一定的基础，解决了实际存在的问题，更好地把目标、重难点物化到教学中，促进幼儿的发展。

（二）具体问题的研究

在实践中结合具体问题进行针对性的研究，运用课例进行反思指导，研究中获得经验。如组织教学活动中对幼儿关键经验的把握：中班教师组织的《左邻右舍》数学活动中，发现教师围绕目标进行示范讲解大约占用了多半的时间，幼儿的实际操作练习时间很短，因此在研讨中我们发现教师对幼儿关键经验的把握重点放在了示范上，没有放手引导幼儿在操作中发现理解，大家针对此情况共同说了几条策略即：导入环节可以直接利用幼儿有"邻居"的经验激发兴趣，然后采用点子、数字、实物结合的方法引导幼儿观察相邻两个数多一少一的关系，接着再通过多种游戏让幼儿体验操作，感知相邻数的关系，如：坐火车、拍手找朋友、摸箱、扑克牌……不同形式帮助幼儿理解。有了这些策略，我们又进行第二次的课堂教学，在这一次发现幼儿积极性很高，能很快投入到活动中，并积极动手动脑，实现了目标的价值。这种随机研究方式更有利于解决教师的问题，在真实的情境中验证策略，使每一次的探讨研究活动都能解决实际的问题，帮助教师获得了经验。

（三）有效组织策略的运用

一是教师要有发现调整意识。如中班的记录统计活动《搭积木》，教材中只有一个汇总的表格，教师分析到孩子的水平有不同，因此把教材内容分解，活动中，教师出示自制的大表格通过幼儿操作积木、扮演角色、直观看到作品并记录运用的积木块数，幼儿有了经验后，教师再交代要求，又提供了块数不同的积木作品和难易结合的记录表，这样幼儿的层次性就体现出来了，在幼儿初步掌握方法后，再运用教材内容巩固提升，这样一来，幼儿在反复地操作中都在原有的基础上获得了新经验。

二是把握幼儿学习的方法，采用不同的指导策略引导幼儿学习。各年龄班幼儿学习数学的方式在运用发现式教学基础上，各班在实践中还有不同的学习方法。

小班：游戏法、实物操作法，如小班活动《去游乐场》教师运用游戏情节贯穿在整个活动中，幼儿以角色的身份进入情境学习，同时教师结合幼儿生活经验提供了点数的实物果冻、奶、饼干……幼儿在操作中兴趣很高，而且点数的时候注意力和坚持性都很好，帮助幼儿在游戏中愉快获得数学知识。

中班：演示法、体验法和设疑法，如中班学习"相邻数"时教师利用"邻居"的模型图片演示，帮助幼儿理解邻居的意义，然后请幼儿直接用数字进行体验，在亲身的经历中获得邻居的含义，然后再用提供的材料请幼儿寻找另一部分的方法巩固练习，如小朋友，5的相邻数是4和几？这样的疑问，帮助幼儿进行思考判断，反复练习中学习了新经验。

大班：讨论法、探索法、交流法，如在排序中教师请幼儿观察后结组讨论：你们仔细看看图片，有什么新发现？幼儿讨论后，请一个幼儿再总结回答，这样，使每一个幼儿都有机会发言，思考，然后幼儿利用多种材料探究排序的规律，再相互交流分享，利用这个方法，我们看到幼儿之间的学习是愉快的，而且情绪很高，符合大班幼儿的学习自主性，教师把枯燥的数学知识融入了情感和语言，使这些方法发挥了有效的教育价值。

三是材料适宜性的运用，材料提供除了遵循目标和幼儿的水平外，还要突出简易型和自检性，在探索中，我们也逐步有了一些方法：一是注重日常生活中的材料搜集，发挥家长的资源。例如大班幼儿学习"认识时间"这个内容时，教师请家长给幼儿准备一个表盘，利用幼儿在家晚上的一些活动和休息的时间，引导幼儿练习拨时间，认识时间，等幼儿有了一定的经验后，教师根据家长反映的问题结合大班的目标，组织集体数学活动"我的星期天安排"，活动材料是家长准备的表盘，内容是书上的画页，教师只是做了一个表的道具。活动中教师引导幼儿认识半点和一刻钟，幼儿在有一定经验的基础上既可以自己操作，也可以相互交流，因此活动顺利地完成了目标，效果很好，同时也解决了教师做教具的困难。二是电视和网络中资源的运用。大班曹老师开展的"创意排序"活动，她在网上找了很多图案，有地板面的、布装饰、装修的布局……很丰富，也很直观，这些画面给幼儿很大的视觉冲击，幼儿不仅能感受到排序的美，同时还有了创作的欲望，活动中幼儿设计了很多种排序的方法，体验了创意排序的乐趣，发挥了想象力。三是多运用身边可操作的材料和实物，提高幼儿的操作兴趣。如大一班郭老师组织的"排一排"活动，主要引导幼儿理解材质的不同进行排序。教师利用班级的窗户、桌子、伙房的刀、门前的花盆等，请幼儿摸一摸、看一看、比一比，用各种感觉了解不同材质的物品特性，再进行排序时，幼儿掌握了方法，很快完成了目标。

三、探索研究方式，发挥研究主动性

（一）问题在前，交流有依据

研究中，我们也逐步探索有效的观摩研究策略，改变了教研活动前提出研讨题的方法，而是观摩研讨的前一天下发资料和研讨内容，鼓励提倡教师自己根据所要观摩的内容进行学习，掌握理论依据，再结合实践具体谈看法。如小班教研活动：配对《找朋友》，活动前资料中给出了三个研讨题：数学配对活动能发展小班幼儿哪些能力？活动中，教师运用了哪些指导策略解决重难点，是否适宜？为什么？活动材料提供的时机和方式是否适宜？为什么？

教师看到后，都上网、查阅有关资料，丰富了相关的知识。在第二天的研讨观摩中，教师们观看得更加深入，讨论时也是抓住关键的问题有理有据地进行分析，提高了教师看问题、找问题、解决问题的能力，实实在在地帮助教师获得专业知识和业务技能，提高了自主学习研究的意识。

（二）把握平行班教研节奏

平行班教研活动发挥重要，能调动了教师集体智慧、班级凝聚力，达到了共同研究发展的效果。

如中班教研活动：目测《七星瓢虫》，平行班共同设计了活动，一起制作操作材料并尝试教学，但是在实践教学中发现了问题：一是材料上的排列不利于幼儿目测；二是教师给幼儿操作的空间小，没有人人参与；三是教师引领指导没有完全达成目标，幼儿不理解。针对这些问题，平行班教师先找原因，结合幼儿的表现以及教师的引领提出了解决的策略：重新调整目标、调整材料、调整活动过程。于是，找到这些问题以及解决的方法后，没有急促的进行大组的教研，而是充分给平行班教师探讨再实践的机会和时间，通过两天的深入探讨，平行班最后呈现给大组教研时取得了良好的效果。

又如大班教研活动《自然测量——桌子有多长》，平行班教师先了解幼儿的原有经验，运用问题和材料激发幼儿兴趣，然后提出问题幼儿操作。观察中他们共同发现幼儿的水平和经验不同，有的幼儿选择了一个盒子在桌子上随意量，有的幼儿没有起点和终点的意识，还有的幼儿甚至不知道干什么，显得茫然失措。观察到这种现象，她们分析幼儿一是对测量工具的使用不理解；二是没有正确的方法测量；三是对长度或宽度等量的概念还没有。结合这些情况，平行班教师共同制定了活动三步法：先请幼儿与家长一起搜集测量的工具，然后提出问题：如何知道桌子有多长？请幼儿说说自己的方法，教师记录幼儿的做法，接着教师出示同一种工具，请幼儿量桌子的长度，最后请幼儿选择不同工具测量，从这三个环节教师又观察到部分幼儿可以简单地测量，只是方法和记录掌握得不是很好，于是平行班教师共同制定了切实可行的目标，在展示教研活动中，教师关注幼儿的测量方法，用对比法、筛选法和示范法帮助幼儿掌握了正确的测量方法，使幼儿获得了有益的经验。

（三）给每个教师研究的机会

每个教师结合自己的教学特点，选择本班经典的数学教学活动，形成严密的教学设计，并且在实践中自己实施，并写出有价值的教学案例进行交流。如小班数学点数分类活动《好吃的坚果》，教师在实践中结合幼儿感兴趣的食物进行分类游戏，活动整个过程教师认真组织，开展了系列的活动，交流中教师总结了几点有效的策略：提供暗示目标的操作材料（礼品盒、坚果数量、人数安排等）；过程中不同层次的提问如"数一数你有几个礼品盒？看看有几种坚果？每一种坚果都有几个？引导幼儿感知了一一对应；给孩子充分表达操作的机会，如给每个孩子的操作拍成照片，利用多种形式引导幼儿大胆表达；活动中渗透情感教育，引导幼儿多吃坚果对身体好，活动取得了良好的效果。

又如中班老师组织的《坐缆车》活动，第一次活动出现了一些问题，幼儿积极性不高，对序数的理解不透彻，教师准备的材料不利于幼儿活动，于是教师自己进行了反思调整进行了第二次活动。活动中，教师利用游戏情境，引导幼儿积极参与先充分感知序数的意义，然后再进行图片的操作，这一次幼儿有了很大的进步。大班的教师在相邻数、单双数教学中也总结了不同的教学策略，形成了经验性的教学案例，这样的交流分享活动，充分给予了每个教师自由探究的空间，同时发挥教师之间的相互学习与分享，达到了教研的合作性与共赢性。

通过有效的教学研究活动，帮助教师在数学活动的组织与指导方面有了一定的提高，同时为幼儿获得有益的数学经验也打下了良好的基础。

第三节 数学教育在学前教育中的深度延伸

心理学家皮亚杰认为："思维是从动作开始的，切断了思维和动作之间的联系，思维就得不到发展。"因此，教师在数学教学活动中不可忽视动作对发展幼儿数学思维的作用，应根据教学内容创设操作情境，引导幼儿感知、探索、发现、理解和运用数学概念、规律等知识，使幼儿在积极动手、动脑、动口活动中获得丰富的数学感性经验。根据幼儿期思维发展的特点，小班幼儿处于思维发展的感觉运动水平，中、大班幼儿处于感觉运动阶段向具体形象阶段发展的思维水平，因此幼儿很难掌握抽象的数学概念，教师最好让幼儿通过和环境的相互作用进行数学学习。在区域活动中，为幼儿准备各种各样的尝试性操作的材料，创造良好的学习环境。让幼儿通过看一看、比一比，在意识到材料的多种特征以后，再让他们进行多角度的分类，鼓励幼儿依据不同的特征（大小、颜色、名称）变换分类方法，看看谁的方法多，让幼儿从小意识到"万事万物都是可以变化的"。这有利于培养幼儿思维的灵活性和变通性，为幼儿学好数学奠定良好的基础。根据幼儿使用的分类方法设计分类提示卡，便于能力差的幼儿在以后的游戏中进行分类操作。

在数学教学中，教师应把幼儿当成合作的伙伴，在平等的关系中，幼儿从心理上感到安全、放松，加上环境上宽松、和谐，幼儿在这样的环境中充分地"做"和"玩"，显得兴致勃勃，跃跃欲试，学习兴趣也被激发出来了，收到了事半功倍的效果。在幼儿园教育中，数学教育不仅仅是简单的数字计算，还有很多其他的延伸。本节通过操作活动和区域游戏这两方面的延伸，为幼儿园数学教育方式提供新的角度和可能。

一、操作活动在数学教学中的作用

数学是人类生活的工具，对数学的认识不仅要从数学家关于数学本质的观点去领悟，更要从数学活动的亲身实践中去体验；数学发展的动力不仅要从历史的角度来考量，更要从数学与人和现实生活的联系中去寻找，充分说明数学来自生活又运用于生活，数学与幼儿的生活经验存在着密切的联系。如何把数学活动生活化、把幼儿的生活经验课堂化、化抽象的数学为有趣的、生动的、易于理解的事物。让幼儿在操作性活动感受数学其实是源于生活且无处不在的，数学的学习就是建立在日常的生活中，学习数学是为了更好地解决生活中存在的问题，更好地体现生活。

动手操作是一种特殊的认知活动，幼儿借助手的活动能够实现和反映其内部的思维活动，让多种感官参与学习改变了"耳听口说"的学习模式。幼儿的很多经验正是在动手操作中形成的。如果仅给幼儿以语言讲解，而没有实际操作，只是将抽象的数字符号强加给孩子，那么幼儿并不能很好地掌握数学概念。在幼儿数学教学中，操作活动的运用，能充分调动幼儿的各种感官，让幼儿在与材料的相互作用中，自主、独立、愉快地体验某一数学概念的属性，探索数学运算的规律，获得数学知识和技能。操作活动是幼儿在头脑中构建数学概念的起步，是幼儿获得抽象数学概念的必经之路。

（一）善用游戏性激发幼儿主动活动的积极性

陈鹤琴指出："小孩子玩，很少空着手玩的。必须有许多玩具的东西来帮助才能玩得起来，才能满足玩的欲望……玩固然重要，玩具更为重要。"这说明材料与幼儿活动有着密切的关系。在材料的选择时还要注意所选材料的操作性、趣味性，努力做到就地取材，充分利用自然物或廉价的实物，因地制宜地将现实生活中的材料当作数学材料。小冰棍、纽扣、吸管、瓶盖、积木、花片、图形卡、指偶等材料，只要干净、安全都可利用，同时我们还增设了"百宝箱"，提供其他废旧材料供幼儿选择，这些幼儿熟悉和喜欢的操作材料提高了幼儿对操作活动的兴趣，增加了幼儿操作的持久性和创造性，大大满足了幼儿探索与创造的需要。在操作活动中加上游戏情节，可以将"就事论事"的摆弄材料，变为趣味的手脑并用的活动，使幼儿的各个感官都能积极参加到学习活动中，反复操作而不感枯燥乏味，有利于幼儿保持学习兴趣，提高学习效果。

如学习数的形成，需要幼儿反复进行添上 1 个、去掉 1 个的练习。设计操作材料为一朵梅花，每朵梅花瓣上都画有一个小圆点，让幼儿用它玩"开花"游戏：先把每个花瓣向花蕊折成合拢样。幼儿在操作时首先看见花蕊的 1 个小圆点，每打开 1 片花瓣，就增加一个小圆点，1 个圆点添上 1 个圆点是 2 个圆点……依次打开。花开完再收花瓣，每次收拢一个花瓣，就是去掉 1 个小圆点，即 6 个去掉 1 个是 5 个……由于操作具有简单的游戏情节，幼儿多次"开花""收花"兴趣不减，达到了反复练习、体验数形成简单规律的目的；另外也可用指定操作规则和奖励的办法来加强操作活动的游戏性。如 7 的组成，幼儿每两人一组，每组幼儿 7 片双色花片，每人轮流进行，在轮到自己撒花片前把花片分成两份，双手各拿一份，同时记牢手中的数量，如 3 和 4，若花片落下时，显示出刚巧是 4 片红色和 3 片白色花，则为"中奖"，就给一张好看的贴纸。在这富有刺激性的游戏中，幼儿将注意力集中在 7 的组成上，也就自然记准了 7 的几种组成方法，为了"中奖"，他们还会进行反复多次操作，学习的积极性就会一直比较高。

（二）贯彻自主性确立幼儿在活动中的主体地位

幼儿进行自主性的探索学习，需要调动幼儿已有的经验与方法，还需要有正确的导向。教师在幼儿操作时不能只用指令性指导，也不能"随意放羊"，需要通过对材料的美化、适当的设疑、引疑，既引发幼儿的探究欲望，又对幼儿操作目的有积极的引导，使幼儿在探索过程中，发挥主动性。如学习4的组成，提供给幼儿4片双色花片（花片一面是红色，另一面是白色，和一张印有花朵图案可让幼儿涂色的纸。请幼儿玩"撒花片"游戏，每撒一次就根据花片停住后颜色分布的数量在纸上涂色。只要落下的花片颜色分布的数量与前几次不同，就可依次画在纸上。这样每次撒后，幼儿就要比较对照，做出是否要涂色的判断。在操作过程中，幼儿还会发现一些问题，如：4片花片撒出去，出现了都是同一种颜色的情况，就会提出怎么办？有的孩子会发现涂了三次后再要涂的话，总是与其中的一组情况一样，从而产生疑问，这样有利于幼儿独立性、自主性的充分发挥。

（三）活用互动性营造主动学习的氛围

有时在操作活动中，由于材料多，操作室空间小，幼儿整理能力弱，往往刚开始操作就出现材料混乱的局面，影响了幼儿操作的目的性。这时，运用互动方式，让两人共享一份操作材料，能力强和能力弱的幼儿搭配，轮流操作，共同记录。如9的组成，幼儿每两人一份吸管（共9根），把9根吸管分给两人有几种分法，两人轮流操作，一起记录，两人互相检查，互相纠正，有问题协商解决，或共同质疑。能力弱的还可得到能力强的幼儿的指导和鼓励，面对小伙伴，能力弱幼儿没了思想压力，不再有是否对错的顾虑，"玩"得大胆、积极。这样使幼儿都积极投入到学习中去。

（四）运用针对性使幼儿乐于动手

一般来说，操作活动是符合幼儿的年龄特点的，但3—6岁各年龄段幼儿的学习特点、接收能力不同，年龄越小，差异越大，因此小班幼儿操作活动以个别为主。可提供一些用于比较多少、1和许多、分类等联系生活实际的简单材料供幼儿操作。中班在个别操作的基础上，可以增加合作，如两人轮流抽卡片，按卡片上的数字到箱中摸出相应数量的实物或者是摸出比数字多1少1的食物；又如两人手中各拿1—6的数字卡片，两人同时各出一张卡片来比大小，由其中一人说，说对的就可以把两张卡片一起收回，最后看谁的卡片多。

大班幼儿则可以用多种形式开展操作活动——个别活动、两人或多人的小组活动。如幼儿在学习"二等分"时,在幼儿理解"二等分"的含义后,可以为每位幼儿提供圆形、正方形、长方形三种的几何图形,请幼儿自己动手进行几何图形"二等分"的实践操作活动,比比看,谁"二等分"分得最好,方法最多种。操作一段时间,有的幼儿已完成了三种几何图形的"二等分",但对正方形、长方形的"二等分"只有一种方法。这时,我就提醒幼儿,想一想还有没有其他"二等分"的方法,比比看谁的方法多。经过教师的启发、鼓励,幼儿又活跃起来,纷纷继续动手操作,最后他们通过同伴之间的相互指导、比较和自己的探索操作,找到了正方形、长方形的其他等分方法;如小组活动"撕纸列算式接龙",要求幼儿把一张画有许多个同一物体的纸撕成两部分,组内幼儿从头到尾一次轮流撕,并根据撕的物体,每人自己列出相应的加减算式进行运算。

(五)巧用激励性激发幼儿向上

教师激励性的语言与动作往往能激发幼儿持续、愉快的探究,能让幼儿在操作中体验成功,增强信心。激励的形式多种多样,有集体的、个别的、有点头、微笑、夸奖、贴纸、插红旗、奖励玩具等,当幼儿回答正确时,老师用点头、微笑或夸奖的话等方式表扬他时,会使幼儿产生喜悦、愉快的心情而更积极地参与活动。当幼儿在操作中,得到老师的鼓励和表扬就会感到"我能行"并产生了自信心,当积累了无数细小的成就,自发的内驱力会像泉水一样涌出,幼儿愿意干多次喜欢做的事,对得到表扬的事感兴趣,老师会意的眼神,微微一笑等,小小的动作就能产生激励的效果。对孩子的表扬因人而异,对于学习积极,反应较快的幼儿要肯定成绩,并提出更高的要求,对于比较被动,思维能力弱,反应慢的幼儿,应尽量寻找他们的长处,多表扬他们的进步,让他们体验到学习的愉快,产生再学习的愿望。大班年龄的幼儿,有了竞争意识,有了荣誉感,在富于竞赛和刺激的操作游戏中,几乎每个孩子都能情绪愉快、积极主动地投入地学习数学。

操作活动是幼儿学习的重要方式之一。利用操作活动学习数学,提高了幼儿学习兴趣,又有利于发展幼儿的逻辑思维能力、创造力、观察力、判断推理等能力。操作活动使幼儿的个性得到了发展,为幼儿全面发展奠定了坚实的基础。

二、幼儿园数学区域活动的开展

幼儿园数学区域活动的开展是幼儿园数学活动的一个有益的延伸和补充。它以小组活动的形式，针对一定的数学教育目标为幼儿提供动脑思考、动手操作等大量活动机会，让幼儿在活动区内发挥其积极性、主动性和创造性。使他们在自己原有水平的基础上得到发展。但，幼儿园数学活动区存在着材料投放单一，目标性差，幼儿活动的积极性不高等问题，因此，结合《指南》中对幼儿区域游戏开展的新理念，我们对如何在活动区开展数学活动进行了实践，以便更好地拓展幼儿数学学习经验，更好地完成幼儿每一阶段的数学教育目标。

（一）在区域游戏中投放适宜的材料

第一，教师对本学期的数学活动目标要做到心中有数，有什么样的目标就要考虑设计达到某个目标的数学活动区。并将活动目标细化，把教育意图贯穿到数学活动区材料的投放内容上，创设一个与数学目标相一致的可供幼儿操作的环境。例如，本周小班数学活动的目标是"按物体的颜色分类，能从多种颜色的物体中找出同一颜色的物体"。那么，教师在当周设置计算活动区时，投入了红、黄、蓝等各色的多种硬圆片及形状相同颜色不同的塑料玩具，区域活动时供幼儿练习分类。

第二，教师要根据目标，把材料分出层次，让幼儿获得不同的知识经验。数学活动区操作材料的投放是非常关键的，是帮助幼儿系统地建构数学知识，及诱发幼儿主动探索学习的工具，是施于操作动作，使外部物质动作，逐步进化到内部概念化，提供材料不单是活动前的准备，还是引导幼儿学习数学知识，发展思维能力所需的重要手段。因此，提供操作材料要充分考虑到幼儿各年龄段的认知特点和不同发展水平，材料投放要有层次性。例如，中班的排序活动，教师在活动区里投放了一维排序、二维排序、多维排序的材料，供不同水平的幼儿，再如，小班幼儿在认知过程中好模仿，学习目的性差，任务意识淡薄。他们对活动的工具和使用工具感兴趣。而到了大班，他们的学习目的性能增强了，能为完成学习任务做出努力，重视学习结果和评价。小班和大班认知特点不同，同样的材料其效果是完全不同，同样是拼图形的材料，在小班孩子们只限于拼出圆形、正方形，到了中班，他们就在拼出图形的基础，还可以数出用了几块小部分拼出的，而大班的幼儿还可以用统计的方法进行记录。因此，在投放材料时要注重幼儿各阶段的认知特点，将材料分出层次，便于幼儿获得相应的经验。

（二）在区域游戏中积累数学关键经验

第一，教师要依据每个幼儿的现有水平，引导幼儿在进行区域游戏时，获得一定的数学经验，虽然活动区是一种开放、自由、自主的活动，幼儿可以按照自己的意愿选择活动内容、活动方式和活动伙伴，并按照自己的方式、能力去操作实践。教师的有意引导也是非常必要的。如小班幼儿对数数不感兴趣，我们利用活动区喂小动物的材料，让幼儿一个一个地喂，孩子的兴趣调动起来，久而久之他们就掌握了一一对应的数学经验。中班幼儿，在落实数的含义、10以内的事物排序、寻找排序规律，教师在数学区里投放了体现目标实现的材料，铺小路、给小熊串项链、坐缆车、挂灯笼、按红黄绿规律栽花等材料，开始孩子们不知道投放这些材料的用意，只是乐此不疲地反复摆弄，在与材料的活动中，教师适时地用语言提示，孩子们有意识地寻找规律，发现不同的排列方式，从而获得相应的数和排序的数学经验。

第二，要调动幼儿选择数学区的兴趣，数学区不像角色区、积木区、美工区那样吸引幼儿，孩子们在自由选区时，几乎都不选数学区，针对这种情况，每次活动前，教师都有意识地利用所投放的材料，以情景导入，来吸引幼儿。例如：中班投放的排序材料坐缆车，让小动物们坐在不同位置的缆车内，开始孩子们还感兴趣，可是，几天后，材料放在那无人问津，不能很好地发挥材料的应有作用，于是，我利用游戏以小动物们去郊游为内容，它们在过山道时，遇到了困难，有没有小朋友要帮助它们？孩子们的兴趣被调动起来，区域活动时，被冷落的材料又重新发挥它的作用，让更多的幼儿获得排序的经验。

（三）在区域活动中培养对数学的兴趣

兴趣是学习的最好的老师，对于幼儿来说，调动幼儿的兴趣更为关键，幼儿的发展特点决定了他们的坚持性、有意注意的时间长短。那培养幼儿的学习兴趣尤为重要，特别是数学活动，一些点数、排序、分类很枯燥，对大部分幼儿很难，于是我们利用数学区的活动一方面培养幼儿的兴趣，一方面教给他们学习方法。例如：中班"小刺猬背果子"的活动，幼儿对接着数不感兴趣，只对画果子有兴趣，许多幼儿不按数量一个一个递增画果子，许多幼儿根本就不感兴趣，在玩笔，于是，我将小刺猬和果子做成立体的投放到活动区，孩子们就很想玩，老师再根据幼儿的数学水平，提出不同的要求，这样孩子们对材料感兴趣了，久而久之对数数也发生兴趣。再有，排序活动"小动物搬家"，孩子们对序数不感兴趣，我把活动内容做成可供幼儿操作的立体材料投放到活动区，让幼儿在与材料的互动中，对楼层有一定的理解，让小动物住楼房，这样在组织活动时，孩子们对第几就有了认识，再学就有了兴趣，相应地获得序数的经验。

幼儿园数学教育是幼儿课程中不可缺少的一部分，新的课程观和知识观告诉我们，在幼儿数学教育领域中，让幼儿真正做到"学会应用数学的观点和方法去解决身边生动的实际问题，而不是把他们作为一种知识储备或是教条。"这就需要我们从观念到行为做一次深刻的反思，让我们在工作中依据各年龄段幼儿的认知特点，为他们创设良好的学习环境，提供有利于幼儿主动活动的材料，使其在操作中学习粗浅的数学知识，培养对数学学习的兴趣，以便促使幼儿在各领域得到更好的发展。

第四节　数学教育在学前教育中的实践案例

排序是将两个以上物体按某种特征上的差异或规则排列成序，序列关系是数概念中的一个基本结构，而数概念的形成和发展又是幼儿数学教育的一个重要内容，认识排序活动有助于幼儿学习计数，认识数的顺序，理解抽象的数概念，并对幼儿将来学习数学知识起着重要的铺垫作用。我们在实践研究中进行了尝试，逐步探索了一些幼儿排序活动的组织与指导的经验。

一、选择适宜幼儿探究的排序教学内容是重要前提

新《纲要》指出，教学内容的选择既符合幼儿的现实的需要又具有一定的挑战性，同时在数学目标中提出数学来自生活应用于生活，因此，我们的教学内容结合幼儿学习的特点，各年龄班选择了适宜的内容：大班《种花》《排一排》《站队》、中班《挂灯笼》《串项链》《彩旗飘飘》、小班《排队》《美丽的小路》《坐火车》等排序内容。这些排序内容的筛选来自教材、优秀课例借鉴、

生活中的排序现象以及幼儿兴趣等，每个活动选择后，我们都先提出问题大家共同研讨，确立活动的目标及环节。如大班排序活动我们重点探讨了活动重难点的把握，环节的设计、教师预想指导策略、提供的材料等，有了设计的方案加上执教教师本身的思考形成教研活动、大组观摩，以此来深入观察幼儿的表现和教师的课堂驾驭，每个活动都经历这样的前期过程，因此内容的确立具有一定的挑战性，符合幼儿的探究特点。

二、分析把握幼儿的水平是活动前教师深入思考的必要环节

教师结合本班幼儿发展现状和年龄特点选择活动内容后，要对内容做深入细致的分析，而且要了解幼儿的水平，详尽制定环节及提问。如大班排序活动《种花》，活动前，教师发现教材中三种花不但颜色、花种、形状不同，而且还有干扰条件（花带叶不带叶），这些因素对幼儿来说有一些困难，大部分幼儿观察没有那么的细致，我们就引导教师思考：怎样在活动前排除这些因素，使活动更指向目标？怎样帮助幼儿在活动中理解三维排序，获得关键经验？有了这些思考后，教师把活动分解成了两个活动内容。首先认识这些花，观察它们的不同，运用找一找，比一比，看一看的方法使幼儿对花的外形、名称、特点先进行了解和观察。然后再组织排序教学时，由于活动前解决了对花的整体认识，使活动的开展利于了目标的实现，活动中教师在一定的活动时间、空间里帮助幼儿获得数学排序的关键经验。可见，教师这种深入分析教材、分析幼儿、把握活动重难点的方法在实践中也得到了印证，帮助幼儿获得了发展。

三、为幼儿活动做好充分的经验准备是活动开展的重点内容

在选择了适宜的内容，确立了活动的重点和难点，还要为幼儿学习搭建适宜的台阶，那就是经验的铺垫和材料的准备，实践中我们也发现，这些准备对活动的开展起到了关键的作用。如小班排序活动《排队》中，教师在组织教学时引导幼儿做了充分的经验准备。活动前请幼儿按照男孩女孩排队，说一说是怎么排的队，鼓励幼儿大胆表达，同时在活动区有意识的投放一些实物材料，如大小不同的碗、不一样的娃娃等，幼儿在活动区摆弄、练习排一排，帮助幼儿逐步对排序活动有了兴趣，然后教师再组织活动，引导幼儿进一步操作与探究，获得了很好的效果。又如中班排序活动《挂灯笼》，活动前，老师在环境

中设计了一个大房子，投放一些颜色不同的灯笼和彩旗，幼儿先利用原有经验练习排序，教师观察幼儿排序中遇到的困难和存在的共性问题，然后结合目标重新调整材料和确立重难点，由于为幼儿提升经验做了充足的准备，因此活动开展中幼儿都在原有的基础上获得了发展。

四、提供适宜的排序活动材料是幼儿探究的重要的环节

排序活动中如何提供操作性、层次性的材料很重要，我们在实践中也初步总结了几点经验：一是示范的材料有动感、利于幼儿观察发现。如大班排序活动《种花》，活动前，教师示范的材料是利用翻拍教材在多媒体中放大、移动，这样的示范利于了幼儿观察，在演示中幼儿很快就直观地看到了排序的规律，对后面操作提供了很好的帮助；二是演示材料适合幼儿在集体前操作。如中班排序活动《挂灯笼》，教师在黑板上粘贴了一条条的彩带，上面有粘扣，幼儿根据教师的排列接着往下排，这种材料幼儿操作方便还可以调整，利于幼儿参与操作感知规律；三是幼儿操作材料呈现立体多变利于幼儿探索操作。

如小班排序活动《排队》，老师制作了多个立体的汽车，上面有拼插的小动物（包含排列的顺序），同时在桌子中间提供了四面立体盒，盒的四周都有提示图，每个幼儿不但自己可以看到图示，同时教师还会根据孩子的水平转动材料，鼓励幼儿尝试不同的排序操作；四是材料符合不同水平幼儿操作，使每个幼儿获得发展。大班教师在《种花》活动中不但提供了教材图片同时还准备了不同层次的材料。观察到能力强幼儿完成后，就出示难度大一些材料迁移经验，或者提供没有提示的图卡鼓励幼儿自由探索排序规律，对于能力弱的幼儿降低难度，提供了种类单一，没有明显干扰材料帮助幼儿获得成功。这些材料的准备，有效地帮助了幼儿在活动中操作、探索，使每个幼儿都有了不同的发展，做到了既兼顾全体又关注个别幼儿的发展，让材料物化目标，促进幼儿的发展。

五、排序活动中教师的提问引领是幼儿获得经验的关键过程

在排序教学活动中教师都精心设计提问，引领幼儿探索操作，实践中，我们也探讨了一些活动中有效的指导策略：

（一）提问要精练，指向目标

如在中班《挂灯笼》的活动中，我们重点以记录教师的提问和孩子的回答来分析每一个问题的适宜性。在引导幼儿观察排序规律的十几个提问和回答中，我们共同发现教师部分提问重复、无效，因此我们大家共同设计提问，再次进行观摩。这次教师运用了"你们发现了什么""这些灯笼是怎么排的？你从哪看出来的"……调整后的提问有效提升了教学的效率，落实了目标，减少了提问的无效。

（二）排序规律适宜的教学方法

排序在三个年龄班有不同的教学方法，大班做标记排序法，教师引导幼儿观察排序规律，利用 123 或 ABC 记录找相同，感知规律，再接着排；中班运用分组排序法，引导幼儿观察和分组，利用每组相同的方式帮助幼儿接着排；小班体验排序法，教师在幼儿身体上粘贴同样，自己来排排，感知排序的规律。这些方法在幼儿学习排序中都有很好的效果。

（三）介入指导的时机是先观察、判断再选择适宜指导方式

幼儿操作过程需要教师的指导，指导的方式有排序卡提示、动作的支持帮助、材料的适宜提供、观察分析等。但是每个指导的时机必须教师先判断幼儿出现困难的原因，再确定指导方式，这样会更好的支持幼儿探究。

（四）示范引领观察和幼儿自主观察发现结合。

排序活动中教师示范很重要，在三个年龄班教学中，教师有意识地引导并示范操作，给幼儿直观的提示，并且引发幼儿学习教师的方法在操作中自己发现规律，这种方法有效提升了幼儿的学习经验。

（五）关注幼儿操作的顺序性，鼓励幼儿大胆表达

幼儿在排序活动中，教师要有意识引导幼儿边说边操作。如"你是怎么排的？""按照什么顺序排的？""你们相互说一说。"……幼儿在交流的基础上，会进一步巩固所学知识，内化经验。

（六）活动后的交流分享是提升幼儿经验的重要部分

每次活动后教师要帮助幼儿分析自己的操作的结果，表达自己的操作过程，这不仅是对幼儿经验的提升，更重要的是引导幼儿在说一说的基础上，加深巩固学习的知识，更好地运用到生活中去。中班排序活动《挂灯笼》结束后，幼儿把自己排列的花、灯笼、旗子都粘贴在背景墙上，教师引导幼儿说一

说自己排的规律，幼儿都争着说"我是按照一个红色两个绿色的排的""我是两个蓝色两个黄色再两个蓝色两个黄色……"幼儿看到自己排序的图卡成为了一片美丽的彩墙都很兴奋，排序的兴趣提高了，同时还自己探索了不同的排法，这时教师又出示了一些生活中的装饰画，幼儿观察到都是用不同排序的规律装饰的，很快迁移了经验，在以后的美工活动中也运用了所学的排序方法去装饰，真正使数学活动运用到了生活中。

在整个教学实践中，如果教师意识不到依托一定的情境进行探究对幼儿数学学习的价值，直接告知幼儿如何做，或者因为担心幼儿做不好而不给幼儿机会，那么幼儿的数学思维和知识经验便难以培养。因此，给幼儿充足的探索空间，支持幼儿通过观察、比较、分析、综合、抽象、概括、判断、推理等方式来解决真实的问题，在用中学数学是幼儿园数学教育生活化的终极路径，也是提高幼儿园数学教育质量的重要保障。

第九章

体验快乐：角色游戏促进幼儿成长

近年来，随着我国幼儿教育事业的不断发展，学前教育也越来越受人们的重视，家长们希望幼儿在幼儿园能够得到良好的发展，能在幼儿园的游戏中学到知识。幼儿教育时期是幼儿智力发展的重要时期，也是教师在教育过程中正确引导幼儿、使其迅速熟悉学习环境、朋友和周围事物，获得创新能力的重要时期。而游戏能促进幼儿的自我发展，帮助幼儿在"游戏"的过程中完成对于社会和自我的认知。

在诸多适合幼儿发展的"游戏"中，角色游戏与幼儿的学习以及个性发展需求契合度极高。角色游戏又被称作角色扮演，即幼儿园的幼儿通过扮演不同的角色，模拟现实生活，以增进其对社会和自我的认知。角色扮演游戏是一种通过幼儿的想象与创造性，反映出幼儿的印象的游戏，是幼儿时期最典型，最有特色的一种游戏，也是幼儿园课程中的一个重要板块，对幼儿的认知和社会性交往能力发展具有重要意义。幼儿园设计实施角色游戏所追求的并不是一时的效果，而是希望能够通过这种方式，为幼儿的身心发展提供良好的环境与条件，以此来促进幼儿各方面能力的综合发展。

角色扮演游戏能让幼儿模仿学习角色的言谈举止，在这一过程中幼儿不仅能融入集体，提高幼儿的学习兴趣，也能培养其良好的行为习惯，对幼儿的成长起到重要作用。幼儿教师可以通过角色游戏帮助幼儿更好地融入整个学前教育体系中，使幼儿能够尽早适应幼儿园生活，更好地培养幼儿的创新素养。

幼儿教育时期是幼儿智力发展和能力培养的黄金阶段，教师在幼儿教育中引入角色游戏，不仅有利于培养幼儿的创新能力，而且有利于利用角色游戏使幼儿更好地学习知识，让幼儿真正做到赢在起跑线上。

第一节 角色游戏在学前教育中的重要意义

角色游戏是指教师根据教育目标与幼儿的发展水平，有计划地投放各种材料，从而创设活动环境，使得幼儿在宽松和谐的环境中能够按照自己意愿选择学习的内容与合作的伙伴，在角色游戏的过程中也能够自主地进行操作与探索。每一个角色游戏都有目标，可能各不相同，角色游戏的目标包括了五大领域：语言、科学、社会、艺术、健康。小朋友的模仿能力很强，学习能力也很强，角色游戏就是希望让幼儿能够在参与游戏的同时学习到更多有用的知识，还能够通过角色游戏活动的延伸加强小朋友的知识。角色游戏的展开能够使得幼儿增强自尊心和自信心，能为每个幼儿提供表现自己优势和获得成功经验的机会。

一、角色游戏实施的必要性

（一）符合幼儿的年龄特征

幼儿的年龄一般在3—6岁左右，这一年龄段的幼儿思维和智力发展仍然很不全面，部分幼儿对生活的理解和个人能力开发水平有待提升。这样，提高高年级学生的创新素养就显得尤为重要。考虑到幼儿对角色游戏的兴趣很高，所以可以通过角色游戏使幼儿明白合作和责任感的重要性，在这一过程中幼儿能够不断接触新的事务，获得新的成长，创新素养也能得到培养。

（二）符合独生子女和二胎子女的成长环境

许多家庭对于独生子女过于宠爱和纵容。在这种成长环境下，幼儿倾向于形成一种更不符合现实生活、更不合理的思维方式。毕竟在家里，这些幼儿都是家庭的中心，但是在幼儿园这一集体中，每个幼儿都不是集体的中心而只是集体的一分子，因此他们需要更好地了解新环境、感受新环境、适应新环境，而这就需要幼儿具有良好的适应能力和接受新事物的能力。与之相对的，当今许多二胎子女家庭都认识到良好教育的重要性，因此二孩家庭的幼儿往往具有很好的分享意愿和亲和力。然而，一部分二胎家庭的幼儿在进入到幼儿园的新环境时，往往会产生自卑感，这也需要他们具备适应环境和改变自我的能力，只有这样幼儿才能够在后续教育中不断成长。

（三）帮助幼儿发展创新学习能力

角色游戏具有良好的游戏性和互动性，教师在教学过程中可以充分利用幼儿的特点，整合角色游戏内容，提高幼儿在角色游戏过程中的个人沟通能力和创新能力。考虑到部分幼儿的社会认知能力较低，理解力不强，因此，教师需要在课堂教学过程中利用角色游戏为幼儿创设各种情境，从而丰富幼儿对世界的了解，帮助他们掌握新知识。此外，由于角色游戏涉及各种角色，幼儿可以与不同角色进行互动，培养幼儿的沟通能力。在角色游戏活动中，单靠一个人的力量是很难成功进行整个游戏的，因此幼儿需要学会掌握新工具、结交新朋友，从而使得整个角色游戏活动顺利开展。

二、角色游戏实施的价值

（一）角色游戏可以激发幼儿的好奇心

角色游戏对幼儿好奇心、兴趣有一定激发效果。幼儿缺乏丰富的角色体验，相比而言，角色游戏活动凭借大胆想象让幼儿自主选择角色进行扮演，从而充分将幼儿体验角色的欲望激发出来。一般情况下，幼儿对新颖的角色会抱有浓厚的兴趣。另外，在角色游戏活动中通常需要投入丰富的活动材料，活动开展并非简单摆弄游戏道具。比如在确定好主题、角色以后，教师需要根据角色为幼儿提供合适的服装，部分道具是幼儿无法直接进行操作的，教师则需要提前给学生们展示道具的使用方法，通过这种方式给幼儿们带来更加丰富的角色体验让幼儿对角色游戏活动抱有更大的好奇心。

（二）角色游戏可以提高幼儿的主动性

角色游戏具有十分鲜明的主动性特征，在游戏开始之前，幼儿需要自主选择自己喜欢的角色，在这个过程中幼儿的自主性可以得到有效提升。游戏活动开始之后，由于游戏情节并非固定不变，因此幼儿可以自主对游戏情节进行设计，充分结合幼儿个体的生活经验，有效推动游戏活动的进程。由于幼儿对现实生活中的各种角色有着浓厚的兴趣，通常都希望了解不同角色在日常生活中可以做些什么，积极开展角色游戏活动可以更好地满足幼儿的需求。想要保证角色游戏的效果，还要求幼儿在游戏活动中需要明确该角色在社会中需要承担的责任，并主动在游戏活动中履行相关责任，这对促进幼儿主动参与有很好的保障效果。

（三）角色游戏可以提高幼儿的专注度

幼儿的专注度能够在参与角色游戏的时候得到有效提升。这是因为角色游戏会将许多现实生活中的元素转移到游戏情境当中，在遇到问题的时候幼儿就可以利用既有经验解决问题，让游戏进程不会被问题的出现打断，让幼儿根据预先设计的活动路线走，时刻保持专注度。在活动中幼儿扮演的角色，多数是其自主选择的，因此幼儿对参与活动的兴趣十分高昂，在遇到问题的时候不会轻言放弃。

（四）角色游戏可以提高幼儿的合作能力和表达能力

对于合作能力而言，由于每个幼儿在角色游戏过程中所扮演的角色不同，因此，这意味着每一个幼儿都可以与其他幼儿一起在游戏中扮演角色，彼此之间需要相互信任和良好的合作，才能在此基础上完成角色游戏。幼儿之间的有效沟通提高了幼儿在这一过程中的合作能力和创新能力，并有助于在幼儿间建立良好的互动关系和个人友谊。

对于表达能力而言，由于幼儿年龄较小，其性格大部分方面都是害羞和内向的，这表现在许多幼儿害怕与家人之外的人交流，但角色游戏可以促使幼儿在扮演不同角色时积极与他人交流，因此，角色游戏可以有效地提高幼儿表达自己想法的能力。此外，教师在角色游戏中，可以根据幼儿的表现，如喜欢奖励的特点，对每一个角色的表演效果都认真进行评估，准备一些轻微但是精巧的奖励，以极大激发幼儿的表演欲。另外，在角色游戏中，教师经常以不同方式向幼儿推荐故事，随着时间的推移，幼儿就养成了喜欢思考和交流的习惯，当幼儿对思考和交流感兴趣时，其创新思维能力自然会得到提高。

三、角色游戏实施过程中的困难

（一）幼儿长期选择同一个区域

在活动中幼儿每次插游戏牌选择要玩的区域活动时，总会有一半左右的幼儿一直都是选择同一个区域。例如，通过这段时间的观察，发现幼儿一直会选择建筑区。他非常喜欢建构高楼，幼儿在建筑区搭积木时，最爱搭的就是各种类型的楼房，每一次搭的楼房外形都非常的独特，但是他就是没有主动选择过其他的区域。幼儿一直都对建筑区情有独钟，不选择其他区域可能是因为其他区域没有吸引他的地方，或者是其他区域的材料准备上没有及时更换或增添。

（二）游戏中幼儿缺乏定性

经观察，全班一半的幼儿都到银行取过钱，他们取钱后来到理发店、烧烤店、鞋店、医院等游戏中进行消费。由 2 名幼儿担任"银行"的工作人员，刚开始凯凯小朋友连续好几天选择了这个游戏活动，工作人员的工作主要是根据顾客的需要把钱给他们，当银行的"钱"被顾客全部取走了，银行的工作人员凯凯小朋友在钱全被取光的情况下就离开了银行，出现"银行"无工作人员的情况。

幼儿在游戏中对银行中出现的"钱"很感兴趣，因此每次取钱的顾客也很多，由于银行的工作人员缺乏一定的生活经验，所以初期出现钱被取光的现象是正常的，但这种现象不利于游戏的继续发展。但是由于钱被取光，银行的工作人员不知道该做什么事情，兴趣也随之降低，所以离开了银行。

（三）游戏材料的准备不够充分

如在医院中"医生"在给病人看病时需要填写与之相关的病历，通过这个游戏过程能让幼儿更加清晰并深刻地了解到医生给病人看病的过程。由幼儿 L 扮演的"医生"给病人看病时，准备写病历，却发现没有病历纸了。于是在接下来看病过程中，"小医生"就变得"随心所欲"了，幼儿 L 的注意力都集中在医生的工具上了，用了不同的工具给病人看病，也忽略了不同工具使用的方法了。现在的幼儿教师只有在第一次对活动的材料进行准备，往往忽视了对之后活动中材料的补充。教师应及时检查不同区域中材料的消耗情况并及时进行补充。

此外，还存在其他问题，比如：一是角色扮演游戏中的幼儿大多停留在简单的角色分配、对一些材料的机械操作等表面现象，缺乏创新意识；二是教师缺乏策略引领和引导幼儿进行创造性的角色扮演，缺乏经验，促进深入游戏的策略仍然欠缺；第三，教师在游戏空间和材料方面仍然限制了幼儿的创新想法，不能大胆地拓展和实践一些对幼儿的新要求和想法，这在很大程度上限制了幼儿的能力。

角色游戏是幼儿期具有代表性和典型性的游戏形式，是幼儿按照自己的意愿扮演生活中的角色，运用语言、动作、表情、想象等，创造性地反映其生活环境、生活体验和生活感受的一种游戏。角色游戏能够充分满足幼儿与同伴一起装扮、模仿、尽情想象与创造的心理需求，也为幼儿提供了模仿、再现人与人之间关系的机会，为他们的社会性发展打下基础，对幼儿的健康成长具有极为重要的促进作用。

第二节　角色游戏在学前教育中的创新发展

针对当前角色游戏在学前教育中的问题，教师应该积极调整，尊重幼儿的意愿，发挥幼儿的积极性与主动性，以促进角色游戏设计的完善，更好的发挥角色游戏在幼儿成长中的作用，基于此，我根据自身实践提出了一些建议，希望能对大家有所帮助。

一、根据幼儿的喜好决定角色游戏主题，确保幼儿参与游戏的热情

只有当幼儿对教学方式产生兴趣时，教学才能达到事半功倍的效果。因此，教师应从生活细节的角度来确定幼儿感兴趣的游戏角色主题，使幼儿能够享受到角色扮演的过程，从而加强角色扮演的教学效果。此外，教师在确定角色扮演主题时应充分考虑幼儿的喜好，使幼儿始终保持更大的动机，提高幼儿的参与度。同时，在角色扮演的整个过程中，教师要关注每个幼儿的状态变化。当然，这并不意味着确定主题可以满足每个幼儿的需要，教师可以在教学过程中随时做好调整工作，在同一学科中整合多个因素，达到最大的幼儿满意度，使角色扮演的整体教学效果达到最好。

此外，教师对游戏主题的决策过程不仅是教师与幼儿沟通和协商的过程，在一定程度上也是一个幼儿与其他幼儿沟通、协调和反思的过程。例如，为了展示教育的民主性，保持幼儿对角色扮演的热情，教师在决定角色扮演的主题之前可以先征求幼儿的意见，然后让他们在小组之间进行讨论，选择感兴趣的内容作为角色游戏主题。在讨论过程中幼儿可以与他人交流，并在一定程度上

锻炼他们的语言表达能力和逻辑思维能力。

因为每个人都有自己的想法,在交流讨论中,幼儿才会真正注意到别人的想法,并努力在两者之间找到平衡,这也是幼儿需要掌握的一项新能力。在幼儿彼此沟通的过程中,往往还需要对角色分配做出适当的妥协,以便更快、更好地确定角色游戏的主题。同时,教师为了照顾绝大多数幼儿的情绪,需要明确角色游戏的方向,并且将不同幼儿思考的内容添加到角色游戏中去,从而让幼儿获得更加良好的游戏体验,在最大限度上提高每一个幼儿的参与热情和满意度。

二、尊重幼儿的主观意愿,不过度干扰游戏发展

幼儿是整个角色扮演的主体,在角色扮演过程中,教师应充分尊重幼儿的地位,让幼儿在整个角色扮演过程中自由发挥,充分发挥个体的适应能力、想象能力和创新能力。在这一过程中,教师不应该过度干涉角色游戏的进行,避免对这幼儿的成长造成不当影响。在这一过程中,只有幼儿自己去解决人际关系中遇到的问题,其人际交往能力才能得到提升,这也就意味着教师不应当过度干预游戏的进程和进行,并且重视幼儿自己的看法。

但是在这一过程中需要注意的是,一旦教师发现了游戏中存在的问题,就要及时给出正确的建议,这样幼儿就不会偏离整个游戏的主题。这考验了教师的个人能力,也有利于提高教师的教学管理水平,给幼儿一个自的游戏环境,从而达到更好的教学效果。

例如,教师可以安排将角色游戏安排在一家餐厅进行,父母带幼儿去餐厅吃饭,偶尔还会遇到父母的同事,他们会引导幼儿向同事问好。此外,幼儿需要通过模仿父母与餐厅的员工进行互动。本系列中的角色由幼儿作为家长、家长同事、餐厅员工等共同表演,让幼儿有礼貌地与父母同事简单打招呼,与餐厅员工进行沟通。在幼儿完成这一系列动作的过程中教师并不需要太多地介入到整个游戏中,将舞台留给幼儿,任凭幼儿发挥自己的主观能动性,从而获得更加良好的教学效果。但是当幼儿因为不识字而下错订单时,教师也可以也及时参与进行解决问题,使得角色游戏正常进行。

三、融入家庭元素,促进角色游戏融入家庭生活

家长是幼儿的第一位教师,家长的创新思维,在一定程度上会影响幼儿的

创新能力。因此，教师可以将家庭因素纳入幼儿的沟通训练中。将角色游戏融合到幼儿的家庭生活中，让父母更多地参与幼儿的成长和进步，关心幼儿的学习和生活。幼儿的培养不仅是教师的事情，同时也是家长的责任与义务。在角色游戏的生活过程中，教师可以及时与幼儿父母进行沟通，使父母在幼儿的示范中发挥主导作用，并给幼儿一些指导，从而提高幼儿在倾听情境中的个人沟通能力。

同时，家长可以看到幼儿园素质培养的重要性，增强家长对幼儿园的信心，与幼儿园达成共识，共同促进幼儿不断进步。在家庭合作模式下，让幼儿更好地了解各情境下的人际关系，提高幼儿的个人沟通能力，并学会在日常生活中运用学到的内容，强化教育效果，提高幼儿的学习能力和创新水平。

教师可以安排特别的角色游戏，让幼儿在家里和父母一起玩。例如，教师通过为幼儿设定游戏场景：让父母敲门，这样做的目的是让幼儿记住，当他们独自一人在家时，他们应该如何应对陌生人的敲门。同时，通过这种简单的角色游戏，家长也能意识到对幼儿进行安全教育的重要性。此外，在共同促进幼儿沟通能力提高的家园合作过程中，教师需要与幼儿的父母站在同一战线，共同促进幼儿健康成长。

四、及时鼓励幼儿，维护幼儿利益

幼儿的心理承受能力往往较差，因此教师应该鼓励幼儿进行角色游戏，让幼儿对角色游戏产生兴趣。角色游戏结束后，教师要根据游戏的情况，对存在的问题进行归纳和分析，让幼儿自己发现游戏中存在的问题。此外，在分析问题的过程中，教师要注意自己的说话方式，首先要采用友好易懂的讲解方法，让幼儿能够顺利地理解问题。此外，教师还应注意语调，在和幼儿沟通时要温柔地说话，不要给幼儿带来负面情绪，避免不必要的细小争执。

同时，教师的反馈和评价也需要具有针对性，有时光表扬是不够的，不同的幼儿有不同的表现，教师要有针对性地对幼儿给予评价和指导，让幼儿在角色游戏的过程中深刻理解创新素养的重要性并在今后的学习生活中获得更多的新思路，最终达到利用角色游戏培养幼儿创新素养的目标。

例如，当每个角色游戏结束时，教师可以评估所有幼儿在游戏中的表现，进而指出幼儿在游戏中的不足和亮点，充分鼓励幼儿保持高度的角色游戏热情。在讲述幼儿问题的过程中，教师可以试着用甜美的微笑告诉幼儿在进行游戏时应避免的问题，帮助幼儿认识到自己存在的不足之处，让幼儿每进行一次角色游戏都可以做到有所收获。

五、合理选择游戏内容，提高幼儿教育水平

角色游戏是提高幼儿综合能力的重要活动。教师为了更好地提高幼儿的创新能力，需要合理地安排幼儿的角色游戏内容，并且在幼儿没有能力继续推进游戏时，适时地出现并且对幼儿予以帮助和指导。

例如，在玩偶屋的角色游戏中，当幼儿抱着玩偶亲吻几次时，教师可以任其自由发挥、自由实践、自由创新，但是，当幼儿开始争夺角色和玩具时，或者当幼儿对游戏情节不感兴趣时，教师也要及时介入和调整。

当游戏无法进行时，教师可采用平行干预的方法，与幼儿一起玩相同的游戏或相似的游戏故事，以鼓励幼儿对正确的行为进行模仿。例如，如果教师发现一家"小吃店"只有一种食物，而且生意很冷，他可以扮演顾客的角色，点菜单上没有的食物，提醒"店主"增加"菜肴"，吸引更多的顾客。此外，教师也可以采用直接干预的方法直接干预幼儿在游戏中的不正确行为。

另外，教师还应当帮助幼儿提高角色游戏的质量。例如，在超市游戏中，教师发现幼儿对超市不同角色的认识还很肤浅，于是组织了"我是超市老板"的社会活动，帮助幼儿明确超市工作人员的具体职责。教师也可以利用家长的课外辅导来提高幼儿的角色意识。例如，让医生家长向幼儿讲解卫生保健、食物营养等知识，以提高幼儿对卫生重要性的认识。这种教育形式加深了幼儿的印象，为"爱小医院"等角色游戏的发展提供了专业支持，丰富了游戏内容。考虑到幼儿在角色游戏中不可避免地会遇到问题、产生矛盾，因此教师可以鼓励幼儿自己去思考解决办法，并根据自身体验总结经验，培养幼儿的创新素养。

考虑到幼儿在角色游戏中不可避免地会遇到问题、产生矛盾，教师可以鼓励幼儿自己去思考解决办法，并根据自身体验总结经验，培养幼儿的创新素养。例如，教师可以根据幼儿的交流情况，帮助幼儿加深对游戏规则的理解，为幼儿构建创造性的游戏内容打下基础。此外，教师应当根据幼儿的年龄特点，关注角色游戏的主要目标，同时作为游戏的参与者，尽可能地做到合理、

科学地介入到角色游戏中去，合理强化幼儿的游戏体验。

教师作为观察者，在游戏结束后应对幼儿进行引导和评价，让幼儿能够发现游戏中的不足，从经验中学习，不断提高自身的角色游戏水平

教师应该包容孩子在游戏中出现缺点，不能以成人的标准要求幼儿。如果说孩子有一百种言语，那么教师就要有一百零一种方式去聆听、去解读。在游戏中教师应时刻关注幼儿的需要，发现游戏中存在的问题，了解幼儿的需求并针对幼儿的年龄特点和个性差异给予相应的指导，让幼儿在游戏中快乐成长。

第三节　角色游戏在学前教育中的组织实施

《指南》中指出：游戏是促进幼儿学习与发展的重要途径，幼儿的学习是以直接经验为基础，在游戏和日常生活中进行的，要珍视游戏和生活的独特价值……在幼儿园里，角色游戏是孩子们最喜爱的活动，在角色游戏中幼儿通过扮演角色，运用模仿和想象，创造性地反映现实生活，获得身心愉悦健康的发展。通过研究希望教师能更多地观察关注幼儿在角色游戏中的新想法新创意，并积极采取有效的教育指导策略深入引领，让角色真正成为幼儿喜欢与发展的活动。

近年来，我园结合《纲要》和《指南》的精神，在开展幼儿自主游戏方面也进行了探究。围绕"如何创设游戏情境，加强游戏中的指导""如何提供适宜的材料支持幼儿进行游戏"等方面做了专题研讨，初步取得了一定的教研成果。具体表现在：一是转变了教师的教育观念，充分认识到了游戏的重要性和必要性；二是教师能积极地为幼儿提供较为丰富、适合的游戏材料；三是能适时地以游戏者的身份进入游戏观察、指导；四是游戏中能尊重幼儿的自由自主的表现。同时，幼儿通过游戏能根据自己的意愿参加活动，游戏中表现出愉快的情绪，在角色游戏中有一定的角色意识，遵守游戏规则，能正确使用材料，游戏中有一定的交往能力。另外，我园还进一步帮助教师认识角色游戏培养幼儿创新意识的重要性，调整指导引领策略，提供适宜的空间材料，拓展思路，有效促进幼儿在角色游戏中不断拓展经验，取得了一定的成果。本节我将从角

色游戏在本园的具体组织实施入手,阐述如何从幼儿园角度出发,统筹实施角色游戏的设计创新,希望为大家提供一些实践指导。

一、学习突出引领,交流突出实效

(一)学习提升

学习是获得有益经验和研究目标最有益的途径,尤其现在有很多新思想,新理念需要教师去重新审视接纳并且物化在教育行为中。因此,我们除了定期开展学习活动外,把学习的方式进行了改进,我们提出了——确立目标、问题引领、分享交流、行动实施的四部学习法,鼓励教师自己从不同的书籍、网络中寻找先进文章,寻找关于幼儿角色游戏中创造性游戏活动开展的指导策略、方法等,共同提升对幼儿在游戏中是如何实现自己的想法有了深入的价值领悟,明确研究的目标,激发每位教师研究的兴趣和乐趣。

(二)交流调整

鼓励每个教师结合自己班级幼儿特点,自查幼儿游戏中的优势与问题,然后我们采用课件展示,小组交流,典型理念,经验分享、摘抄等方式进行分享交流,开阔眼界,获得新的思路。在活动研究中鼓励教师大胆激发引导幼儿在角色游戏中自己创设区域环境,自己自由地进行协商开展游戏过程,教师观察幼儿在活动中的新想法,与他人交往合作的能力,使用材料多元化的能力,在主题游戏中拓展思路情况,并且采用教师体验式的方式进行角色游戏,感受幼儿在游戏中新的想法与创造力,然后组织教师研讨:我们如何结合实际情况最大限度地发挥幼儿在角色游戏中有创意的想法和表现,怎样去引领他们的角色主题的深入开展,怎样为他们的想法提供支持和帮助,他们在角色游戏中社会性表现是什么,哪些创新意识和想法得到支持和帮助……

结合问题运用原有经验,我们大家一起从环境的创设条件和空间中进行调整,我们把角色游戏中一些固定的橱大部分改为了能够随意活动搬动的纸箱、矮柜、鞋橱、小推车,把幼儿喜欢的角色主题游戏做成背景墙饰和吊牌等,这些主体空间材料的提供为幼儿在角色游戏中的创新活动的开展提供了更大的游戏空间和自主性,教师们在经验的引领下也能因地制宜,发挥空间的最佳利用,观察引领支持幼儿获得新经验。

二、实践突出研究，讨论突出参与

（一）在实践、观摩、体验中发现孩子游戏的新想法

实践教学研究，课例研磨是我们开展的重要活动，结合以往在游戏研究中的经验，我们更加关注幼儿的内心感受，更加注重观察了解幼儿在游戏中的需求和想法，因此我们开展了"走进孩子游戏世界，看看听听想想做做"的教师体验参与式的研究活动。我们请每一位教师深入到孩子的中间去陪他们一起游戏，一起玩耍，倾听孩子的谈话，感受他们的需要和内心的体验，观察他们游戏中动态的一些表现。经过一段的观察时间，我们大家一起运用课件、视频反复播放、录音等方式对孩子的表现进行分析，一起畅谈，一起感受。通过这样的活动使每一位教师感受到了作为幼儿在角色游戏中的需要和想法，了解了自己作为研究者的使命和责任，同时也深刻地感受到研究的重要性以及角色游戏带给幼儿学习发展，身心快乐的重要性。

如中班老师说，幼儿在娃娃家游戏中提出要开汽车一家去旅行，但是没有汽车，如果是以前肯定也就不去回应搭理或者转移他们的关注点，但是经过思考后她发现这是孩子的新想法，教师要给予支持和帮助，于是她利用启发性的提问引领幼儿深入游戏中有价值的内容：小朋友们请你们想一想一家人要去旅行先要准备好哪些东西呢，于是通过讨论和原有经验他们知道了要准备食物、衣物、洗漱用品、地图等，这样不仅丰富了孩子们在娃娃家的游戏主题，同时还深化了主题游戏，激发了幼儿创造性的活动欲望；又如小班的张老师说孩子入园都喜欢娃娃家，他们开始在那里就是摆弄材料，但是都不会照顾娃娃，在连续几天的观察中，发现孩子们喜欢小动物，都说自己的小狗叫什么、吃什么，自己怎么抱它逗它玩等，很多孩子都有同感。于是，她们创设了"宝宝宠物店"的游戏环境，里面投放了许多孩子们自己带来的小狗小猫玩具，小朋友们都能很好地抱这些动物，跟它说话，抚摸它，给它喂水喂狗粮等，张老师又提供了彩泥和狗粮袋，孩子们在这个游戏的空间里，创造性大胆自由的团、搓、喂狗，孩子们自由自主地探究玩耍，从不同程度得到了发展，获得了游戏中真正的快乐，在后期孩子们需要开一个宠物超市，于是她带孩子们一起搜集半成品材料进行制作，投放，一起设计标记，游戏规则等，极大程度上支持了幼儿创新的意识。通过讨论交流分享也使大家感受到，游戏内容也要与时俱

进，走进孩子的童心世界，真正为孩子创设他们喜欢贴近生活的游戏内容，在角色游戏中时时刻刻关注幼儿的想法，激发支持他们的创新意识，这样会帮助孩子获得更大的发展。

（二）在真实参与的情景中，积极观察记录讨论探究

我们要倾听孩子们的心声，在角色游戏中拓展他们的想法；为幼儿提供他们喜欢的角色游戏时间和空间与材料，引导幼儿尽情自由自主地在游戏中大胆创造，获得快乐。如小班的角色游戏——百果园超市，投放食物，幼儿制作的半成品，各种制作材料等；中班的角色游戏——汽车美容店、幼儿制作汽车、设计车牌、洗车步骤、车美容服务等；大班的角色游戏——乐乐婚庆公司，帮助幼儿了解准备的物品，程序，主持，主要从服装道具的制作绘画布局上激发幼儿创新的意识。这些班级有特色的不同角色游戏情境就给了幼儿主动创新的动力。但是为了促进他们更深入地在喜欢的角色游戏中获得发展，我们也采用个别观察，小组观察，集体分析，归纳调整的方式观察幼儿游戏中创新的行为和表现，深入探究幼儿的内心需求，帮助幼儿在游戏中创新的体验发现。于是，我们一起进行游戏活动的记录，用视频、照片、录音、简单符号记录等方式，把幼儿在游戏中的典型表现记录下来，并且提倡教师根据自己的方式大胆设计观察的方法。通过这些观察方式，帮助教师更好的关注幼儿角色游戏的价值，获得的经验，对有目的的指导提供了一定的帮助。

（三）在游戏冲突中，引导幼儿自己解决问题

游戏的过程中，常会出现一些问题，培养幼儿解决问题的能力也是发展幼儿有创意想法的重要方面。当出现问题时，我们引导教师不急于处理，也不能把自己的意见强加于幼儿，而是应该尊重他们，启发他们妥善解决问题。游戏中幼儿有时出现争当角色的现象，除了启发他们谦让协调解决外，还应注意培养幼儿自己解决问题的能力。另外，在解决问题的过程中，引导幼儿带着问题去创新，可以让幼儿了解解决问题的方法是多样的，充分体验创新的乐趣。例如：在玩"小超市"的游戏时，售货员卖的都是大家常见的苹果、橘子、梨，但是没有顾客去买，于是教师便引导幼儿想一想为什么大家不在意你的水果，不来买呢？在引导启发中让幼儿去调查幼儿吃水果的想法，于是，售货员去问小朋友喜欢吃什么，当听到有火龙果、西瓜、芒果的时候，他就用彩泥捏了形象的水果，果然，"顾客"纷纷抢购了他的新产品。通过引导幼儿解决游戏中

的问题，激发幼儿创新的想法，积极推进了游戏的深入开展。

（四）通过积极的评价，发展幼儿的创新意识

教师的评价直接影响幼儿对自己的认识和评价，不恰当的评价会使所被评价的幼儿对自己产生不良评价，从而影响其行为和以后的发展。因此，教师在研究中我们注重对幼儿进行正确、积极的评价，正确使用评价语言。例如：在游戏中，有的小朋友把医院的材料弄得很乱，桌椅搬来搬去，作为教师是否该批评他的想法呢？针对这样的情景我们一起讨论，总结先去问清他是想干什么，他的真实想法和意图。当教师得知他是想重新设计"小医院"的布局时，便鼓励他并帮助他设计了一个"新的小医院布局方案"。教师观察评价对幼儿积极的创新做法会有很大的促进作用。

三、展示突出重点，梳理突出经验

（一）开展角色游戏交流展示活动

我们依次对小中大班角色游戏进行开放，设计观察表格，尤其观察记录幼儿在游戏中的创新想法和做法以及教师的支持和鼓励，并且鼓励教师一起参与游戏中，与幼儿共同游戏，以幼儿的心理和状态自由地进行活动，并分析记录，然后让每一位教师谈自己的感受：如张老师说，小班的"宝宝宠物店"毛茸茸的小狗，可爱的小猫都那么可爱，幼儿给它们做食物，洗澡，吹风，但是有一个幼儿想带狗狗去公园去遛弯，他就抱着小狗去了不同的区域玩，如果教师能再给他提供一条路线能走动，逛逛小狗，或者搭建狗窝，给小狗小猫做衣服头饰等会更高兴，这就需要教师及时关注到幼儿的想法，或者利用评价的环节加强引领会满足幼儿的创造性想法。老师们在充分交流中，对如何为幼儿提供更加主动发展的游戏空间和材料打开了思路，在后期的调整中，各班都相应发现幼儿更喜欢这些角色游戏，自主性更大了，而且也有了自己的想法，同时交往能力，语言能力，解决问题的能力有了更大的提高。

（二）开展角色游戏经验分享活动

我们不断加强角色游戏中的开放性观摩，从环境空间、投放材料和有效策略上进行研讨，在一次次的碰撞中，我们也梳理了简单的经验：在角色区域空间设置上要遵循目标与兴趣性相结合的策略，大胆拓宽思路，积极回应幼儿的新想法与时俱进；在观察幼儿行为的策略上注重游戏中幼儿行为语言和交流重

点的观察，分析幼儿行为的原因，随时调整完善材料，支持幼儿创意的想法，满足幼儿可以持续性发展深入游戏的需求；在教师指导方面的有效策略要研究幼儿在角色游戏中的意图，适时介入深入游戏主题，有智慧的准备空间和可替代材料满足幼儿当时的需求，或者开展讨论探索，集思广益，发挥幼儿的游戏能动性，一起解决问题，帮助幼儿获得成功策略；在评价方面的有效策略，教师要利用幼儿在游戏中的经历采用对话式提问，启发性讨论，照片视频回放，成果展示等方法激发幼儿相互学习，拓宽游戏思路，促进发展。

游戏是幼儿内心活动的自由体现，游戏也是幼儿心灵活动的产物，既纯洁也神圣。游戏也是幼儿释放过多精力的一种实践活动，在游戏中孩子们的思绪是放松的，心情是愉快的。幼儿在游戏中能够获得快乐。幼儿也能够通过玩练习各种本领，比如折纸、串珠子、骑车、拼图等，在游戏中玩，并且越玩越熟练，在游戏中达到"熟能生巧"的目的，达到"教与学"相长的效果。在角色游戏中，幼儿们也视它为最严肃的工作，为了寻求最大快乐，他们也总是乐此不疲地自愿参加其中。在幼儿阶段开展游戏教学能为他们今后真正步入社会奠定好基础。作为幼儿教师，作为幼儿成长道路上的引航人，我们一定要把握正确的儿童观，要充分发挥出游戏对幼儿成长所具有的价值。

第四节　角色游戏在学前教育中的实践案例

《指南》中指出：幼儿的学习是以直接经验为基础的，要珍视游戏和生活的独特价值，最大限度地支持和满足幼儿通过直接感知、实际操作和亲身体验获取经验的需要。因此在实践中，提高教师观察幼儿游戏的能力，开展有意义的游戏活动尤为重要。教师作为幼儿游戏的观察者，不但要为幼儿创设良好的游戏环境和氛围，更要在游戏中了解幼儿游戏发展的需要和水平，并提供适宜有效的帮助与引导，建立良好的师幼关系，关注记录幼儿游戏中的言行，倾听幼儿的心声，感受幼儿游戏中独特的体验和思维方式，努力帮助幼儿在游戏中发挥自主、自由、喜悦、放松的状态，从而在各类游戏中获得发展。本节将从我园具体的角色游戏实践出发，基于实践案例与反思，着眼于幼儿游戏行为发展，以保护幼儿的游戏权利为主线，具体阐述我园转变教师的育儿观念，提升游戏组织指导能力，实现教师和幼儿共同学习与发展的实践措施。

一、创设游戏体验情境，多途径提升教育理念

在实践中，教师能有意识地去观察幼儿游戏的过程，但是在观察中遇到很多问题：哪些是幼儿的真游戏，我们在什么时候介入幼儿游戏，我们观察幼儿哪些方面，怎样判断游戏的价值性，游戏故事应该怎样全面体现幼儿的发展？结合问题我们开展了以学习为基础，以体验为引领，以思考为主线，以交流为契机，从理念上激发教师内心真实的教学行动，从而形成对幼儿游戏发展的主动探究源泉。

（一）"学"——双刃相向，共同成长

首先我们以教师的研究能力和工作实践能力以及参加研究的时间成立了三个小组，即学习型小组，互助型小组，思维型小组，建立相应的学习机制，推送组织多种形式的学习研讨活动。先后学习《指南》《幼儿教育发展质量评估》《游戏　学习　发展》《幼儿游戏故事》等先进理念和案例内容，从思想观念到意识行为再到实践的能动性给教师上了一堂生动的理论课，不仅触动了自己的内心，也从中理解了孩子的个体发展和游戏带给孩子的赋能，学习到了孩子给予自己提升的力量，为积极实践中的幼小发展打下了基础。

（二）"体验"——越发生趣，理解童趣

其次我们在理念的支撑引领下开展"体验感知　读懂幼儿"的教学研究活动。充分利用室内外材料空间组织教师参与其中，玩滚筒、玩沙玩水、梯子组合、轮胎畅想、垫子大体验、索道实战等，把平时孩子们喜欢的玩具材料空间都体验一遍，观察记录录像的教师随时跟拍纪实，老师们玩得不亦乐乎，玩得若有所思，玩得触动心弦。

（三）"细思考，深交流"——深度反思，热情感悟

在轮回参与后，我们研讨思考交流：你在游戏过程中玩的心情，遇到的问题，需要的帮助是什么？结合自己的体验和实践中幼儿的表现你又体悟了哪些？启示得到了什么……老师们畅所欲言，积极主动诉说着自己的心得。"我发现游戏中自己在没有约束的环境下玩得很轻松，很随意，探索着解决一些小问题，当得到成功时，发自内心的喜悦""我发现没有他人的干预玩得很自由，

自己知道什么时候小心，保护自己，有足够的时间来思考，老师的打扰和担心有时候干扰孩子的心情""我想把所有的材料都尝试组合玩，我们几位老师一起搬运一起搭建，可开心了，我胆子小，张老师鼓励我走梯子，我成功了，太开心了，我突破了自己……"热烈的讨论后，真的有一种深入到幼儿心中，真正知道了幼儿的需要，理解了幼儿的发展特点，从而尊重幼儿的选择和游戏中的多元化表现。激烈的讨论后便是老师们在实践中对幼儿游戏的尊重理解，支持和追随。

二、追随幼儿游戏行为，推进幼儿自由自主发展

实践中，每位教师都带着对幼儿游戏的尊重，带着观察幼儿游戏的责任重新审视幼儿游戏中的价值，他们在自己的实践中确实看到了游戏带给孩子的成长与发展。

（一）伴随幼儿游戏，看到有能力的幼儿

幼儿园的活动材料和空间瞬间成了孩子们游戏的海洋，放手的游戏让老师观察到了倾听到了那些来自孩子们的游戏故事，同时也冲击着老师们理念。例如年轻的小班王老师觉得幼儿很小，很难有精彩的游戏故事，一直很苦恼，于是我们鼓励她，告诉她孩子的游戏不一定高大上，你只要关注记录每一次幼儿的游戏过程，多观察，多深入倾听，多思考分析，肯定会发现惊喜时刻。就这样，她追随孩子的每一次游戏过程，细心地搜集信息，发现了孩子们游戏中的一次次小小的探究，一次次大大的收获：一次户外活动时，她看到有几个小朋友观察蜘蛛在织网，看得入神，回到活动室就与孩子们进行交流，她发现孩子们观察仔细，还用动作模仿蜘蛛，接下来，她就连续观察记录孩子的表现，户外游戏时，她观察到几个小朋友抬着爬梯放在了轮胎上，夏懿洋和李鑫镭首先跑了过来，夏懿洋抬起腿，一步一步跨过梯子；李鑫镭把两只小手放在梯子上，直接趴了上去，后来他又开始倒坐在梯子上爬。看到他们爬，陈继平也被吸引了过来，她说："我看小蜘蛛这样爬。"说着自己一边爬一边说："我是大蜘蛛，我是蜘蛛……"其他孩子都被吸引过来，爬梯的后面很多孩子排起了长长的队伍。游戏分享时间，她把视频和照片播放出来，请孩子们说说自己的游戏过程，陈继平说："我今天像小蜘蛛一样爬梯子。"他伸出两条小胳膊轮流向前伸去。董泽均说："我一下就爬过去了。"王宸说："小朋友都挤到了一

起。""那怎么可以不挤呢？"董泽均说："长一点就可以了。""我们可不可以增加一些难度呢？"陈继平说："高一点，把梯子弄高一点，可以再高一些。"第二天户外时间，几个小朋友一起搬来了一个梯子，这次他们把梯子搭在了支架上，有了一定的高度，试着往上爬，孩子们爬得非常高兴，而且都很小心，我紧张的小心脏一直在跳，总怕孩子摔下来，但是他们紧紧地抓住爬梯四肢协调地爬行，没有一个摔下来的。

在交流中，老师说，看到小班孩子自主快乐而有探究合作的游戏场景让她感受到了孩子们的自我保护能力，放手给孩子游戏的自由，他们能做主，能做到安全自护，这个场景让她对小班的孩子们刮目相看，看到了有能力的孩子，看到了他们独特投入的游戏发展。

（二）做有准备的教师，为幼儿深度游戏提供支持

每一位教师在伴随幼儿游戏中，鼓励幼儿有计划地设计分享游戏内容，用自己喜欢的方式表达表现出来，但是教师一定要在观察伴随幼儿游戏的基础上，学会为幼儿的探究发现指路搭建平台，做好游戏中思考关注的准备，做好幼儿引路支持的准备，做好倾听理解幼儿的准备，这样给予孩子们的帮助才是真正能顺应幼儿游戏的深入学习。例如中班幼儿的连续多次因"玩水"而引发的深度学习案例，教师就伴随幼儿的学习一次次给予了有价值的帮助和支持：一次如厕环节，程程把洗手池放满水，毅毅看见了便想起来了刚折叠好的小船，他们将小船放到水池里，开始了探索活动。可是由于洗手池太小了，第二天，程程便将家里的闲置洗澡盆带到了班里，引发了一场有趣的水上探索活动。

1. 如何往大澡盆里放水。

榕榕和程程两人一起把澡盆抬到盥洗室，发现澡盆太大接不了水，程程便想到了美工区的黏土盒，拿来一次次往里面倒水，榕榕也开始一起找来了瓶子、纸杯帮忙运水。反复几次后，程程说："一次次运水太累了。这样太累了！"正在益智区拼插的杰杰看到了他们，说："用我做的积木水管吧。"程程便开始拼了一个长长的塑料水管，但是发现连接水龙头时需要有人攥着，而且出水口水一冲，积木水管就断开水流了一地。他们尝试了几次没有成功，然后就放弃了这个探究。作为教师观察到幼儿的表现，发现这些行为中蕴含着很好的教育价值，于是做好了推进活动的准备。在分享时，教师有意识地出示他们过程的照片和视频，引发所有的幼儿讨论："怎样才能用合适的水管接到水龙头上,怎样才能不漏水呢?"这个问题引发了孩子们积极的思考。纷纷想出了用绳子把积木水管系在水龙头上,多找一些塑料积木连接起来长长的,量一量水龙头有多粗让他们合适就不掉了……在连续 3 次的探究中终于他们找到了合适的积木水管终于可以直接放水在大澡盆里啦。

2. 用玩具水管浇花。

这一天,杰杰突然端来了一盆花,开始用水管浇花。"浇的水太多啦"毅毅大声喊道:"本来花就要枯萎了,浇太多花就更枯萎了。"榕榕又端来一盆花,继续浇水。程程:"这盆浇得正好。"毅毅跟杰杰商量着:"咱们可以把管道加长呀!这样就省得往里面端花了。"三个小伙伴开始接水管,接好后杰杰拿起水管一头,毅毅拿好水管另一端,又成功地浇了一盆花,孩子们看到自己拼插的水管可以浇水很是高兴,反复几次后,突然程程好像想到了什么,说:"这个水管每次只能浇一盆花,我数了一共有七盆花,做个七排的就能一次性浇花了。"发现孩子们这些奇特而惊喜的想法时,教师都被孩子的探究感动了,可是班里的管道积木有限,肯定不能满足孩子们的需求,于是教师就寻找了一些备用水管积木悄悄地放在了积木区,减少孩子们的无效等待,为连续不断深入的游戏探究做足了准备。

3. 拼插多种造型水管。

接下来的日子,他们的探究让人意想不到:毅毅很聪明,他用直管连接了三个弯管做成了有 3 个出水口的管道。程程:"看我的,我的能直接浇两盆花。"毅毅说:"你这一共有三个,也不能连接在一起呀。"杰杰也跟着应和道:"对呀,你也没办法用直管连起来,还是只能浇两盆花。"孩子们拼插好了自己的水管,便开始测试是否能成功浇花。毅毅:"为什么这个口不出水呢?"榕榕自豪地说:"因为这边高,这边矮。"毅毅说:"可是这花不一样高。"由于中间的水管总断开,杰杰想到了可能是水管太短,便又拿来了一段水管拼接上,可是怎么也连接不上了。毅毅又找来了一根软管做连接。水管连接得太长了,几个人很费劲地把双手举起来让水流下去。"啊,水流到地上了。"杰杰拿起水管两端,将另一端放到花盆上继续把水流干净。程程说:"要一排一排地插。"毅毅说:"要有出水的地方,前面不能漏水,堵上就好了。"程程说:"这里没有花,需要用直的连接。"榕榕说:"这样的两排不够长,伤害到小花了,加宽双排水管。"发现水管漏水。杰杰说:"咱们这个要用胶带粘上。"毅毅也发现了问题说道："对，去拿剪刀和胶带。"四个人又开始尝试改装，不一会水管就改好了，接通水龙头实验浇花啦。

4. 水管总漏水怎么办。

毅毅边唱歌边认真的拼插起来："我要做个方形的水管。"程程说："这个能套在脑袋上啊。"随后便套在脑袋上。毅毅："哎呀，你都把我的管子弄坏了，自己便又重新拼插起来。"榕榕说："水出来直接就流到这个口了，所以其他的口不能出水。"程程说："咱们试着把接口换到别的地方。于是他们便开始调整，果不其然，大功告成，他们把水管接到了利于水分流到其他出水口的地方。杰杰"出水了吗？"毅毅"没有，水都流到外面了。"程程"一直开着水龙头才行，水才能流过来。"反复尝试后，大家激动地喊道："成功啦，终于有了冲击力，几个水管能同时出水啦。"

经历了几次探究，孩子们把多个出水口一次次更改，在解决问题的基础上，成功将方形水管多个出水口同时出水。他们将自己在生活中的经验迁移到游戏中，不断发现创造出更多造型的水管，幼儿的探索是自由自在的，他们有充足的时间、有机会去尝试每个奇思妙想，玩具水管浇花激发了幼儿的无限创想，教师努力做幼儿坚定的有准备的支持者，肯定幼儿的点滴进步，幼儿的空间判断和解决问题的能力逐渐提高，想象力、动手能力都得到发展。在这样的游戏中我们发现教师时刻有准备地观察关注支持是多么重要的环节。

三、强化日常经验引领，深化游戏故事纵向拓展

实践中，我们发现幼儿的游戏故事无处不在，一日生活中以游戏为基本活动的教育内容进一步拓展着幼儿游戏的发展。

利用多环境，发现游戏的价值。我们利用幼儿晨间入园环节，创设了游戏参与式的签到墙，喝水记录墙，游戏计划墙等，每个年龄班结合幼儿不同年龄特点和发展，以游戏形式开展活动。各班创设以爬城堡、串串积木、小球投篮、上楼梯、加油站、测量杯、游戏设计与计划、我的心情小故事等方式，将签到喝水活动中的心情与感受以故事游戏的方式，帮助幼儿参与，从中使幼儿发现问题解决问题，不断调整适应幼儿发展的游戏环境。

改善游戏环境，扩大空间多游戏。我们改变了室内外游戏环境，把室内狭小的娃娃屋、烧烤店、涂鸦等活动迁移到了户外，利用草地、轮胎、纸箱、道

具等扩大游戏无限空间，投放大量易于游戏的材料，室内拓展游戏空间，更多的留白墙、活动的纸箱墙都成了孩子们自主游戏记录的空间，室内游戏空间变成了可移动可合并的空间，满足了幼儿游戏的需要。

四、关注幼儿社会生活动经验，拓展幼儿游戏发展

充分发挥家长的教育资源，运用社会环境消防队、超市、宠物医院、建筑工地、铺路环境、采集核酸等生活场景，引导幼儿关注细节，并在多种游戏中表现出来，拓展幼儿的游戏经验，从而也增进了幼儿的社会情感，发展多种能力。游戏是儿童认识世界的途径，很多家长都反映，小孩子都很喜欢做游戏，因此，家长对幼儿园开展游戏教学持肯定支持的态度。但是，游戏时间的长短会直接影响到幼儿的游戏质量。因此，在开展游戏教学时，一定要保证幼儿有充足的游戏时间，让他们在充足的时间里去寻找游戏伙伴、选择角色并且计划游戏情节等等。充足的游戏时间是加强幼儿同伴之间合作的有力保障，让幼儿在游戏中健康快乐成长。

但是，如果游戏时间过短，幼儿不仅玩不出高品质的游戏来，有时候还不得不放弃要玩的游戏内容。经过实践研究表明：游戏时间最好控制在两个小时左右。但是从实际效果来看游戏教学并不是很理想，很多时间都被白白浪费掉，例如，幼儿在早晨入园以后，有些教师只是简单地让幼儿看书或者呆呆坐着，过渡时间太长，必定会挤占游戏时间。其他时间比如排队、吃饭、说教时间等都比较长，这样也就缩短了幼儿的游戏时间。过短的游戏时间只会让幼儿出现闲散、旁观行为，而游戏时间合理分配，幼儿则不会感到厌烦或者无事可做，游戏也会让幼儿更加沉浸在复杂多变、丰富多彩的氛围之中。所以，教师在开展游戏教学时一定要尽量保证孩子自由游戏的时间，根据实际情况，减少过渡时间的浪费，对每次游戏时间要科学合理地安排。比如说，有些体育类游戏时间较短，教师一定要灵活掌握。有些游戏需要较长的时间才能玩得尽兴，因此，教师也要尽量满足幼儿游戏的不同需要。让孩子们都能在轻松的游戏活动中学习、健康快乐地成长。

幼儿游戏需要多样化的活动方式，只要从幼儿发展的需要，时刻关注到幼儿的游戏，让游戏中快乐的故事引领幼儿幸福愉悦地发展，就会让我们的教育内容更加生动，促进幼儿全面地发展。

第十章

激发潜能：幼儿的自主表达活动

语言是交际的工具，在人们交往中起重要的作用，语言教育是专门的语言活动，同时语言也是早期教育的基石。幼儿期是语言发展的一个非常重要和关键的时期，语言表达能力的培养必须从幼儿抓起。孩子只有真正学会了说话，把自己的愿望用正确的语句表达出来，才能自由地和人交往，同时也能接受成人传授的知识和经验。

一个人的道德修养、文化水平、社会身份往往可以从他说话用词、语调口气中看出。因此，提高幼儿的语言表达能力是幼儿园教育工作者一项艰巨的任务。《幼儿园教育指导纲要》中要求"创造一个自由宽松的语言交往环境，支持、鼓励、吸引幼儿与教师、同伴或其他人交谈。体验语言交流的乐趣"。

多年的幼教工作使我体会到：幼儿语言能力是在运用中发展起来的。单纯的集体的语言教学活动是远远不能满足幼儿语言发展的，幼儿语言表达能力培养的关键是创设一个使幼儿敢说、想说、喜欢说、有机会说的语言环境。要正确地看待幼儿的语言表达问题，语言的自主表达能力亟待提高。作为一名一线幼师，我从幼儿的实际出发，结合自己的教学经验，探讨如何给幼儿创造表达自己的机会，调动幼儿善于表达的欲望，让幼儿的思维更加灵活。

第一节　培养幼儿自主表达的策略

培养语言表达能力在幼儿教育中扮演着重要角色，与幼儿个人情感的准确传递、语言逻辑的强化以及表达风格的形成等都有着密切联系。因此，进一步明确语言表达的培养目的与方向对促进幼儿的全面发展有积极影响。

一、幼儿教育中语言表达能力的培养优势

制定健全、科学的培养方案及计划，不仅对幼儿语言表达能力的逐步提升有辅助效果，而且对幼儿语言表达基础的巩固与强化有支撑性作用。由于良好的语言表达能力能够帮助幼儿快速理解对方所传达的信息，同时也能在清晰明了的交流状态中增强自信心，所以很多幼儿园会对幼儿进行定期的语言训练与指导，使其在实践互动与锻炼学习中不断提升个人语言魅力，形成个性鲜明的表达风格与方式。对于一些缺乏语言表达能力的幼儿来说，注重对其进行有针对性的培养可以帮助幼儿更积极地融入班级学习中，同时也能让幼儿在语言表达中更真实地释放内心情感，从而为幼儿之间的友好相处构建良好环境。

二、幼儿教育中语言表达能力的培养难点

（一）幼儿配合度不高

导致语言表达能力培养工作难以落实的因素有很多，幼儿配合度不高就是其中之一，这与幼儿性格特点、教育环境以及培养模式等都有很大关系。如有些幼儿还不具备较强的自主学习意识，若没有教师的规范引导与指引，很难全身心投入到培养活动中，而这种情况的出现会给培养计划的实施造成阻碍，有时还会干扰到其他幼儿的思维观念。对于一些注意力不集中的幼儿来说，若教师没有在前期对其进行充分了解，或在常规教育中没有对其给予重视，那么语言表达培养结果便难以达到理想状态，需要教师加强幼儿的参与度和配合度。

（二）教师培养方法不当

虽然有些教师能够按照规范的流程步骤开展幼儿的语言表达能力培养工作，但在实际教育中却会因培养方式选择有误而出现效果不佳或浪费时间等情

况，是教师创新意识不高的体现。如部分保有传统观念的教师会习惯了固定培养幼儿语言表达能力的模式，若是在没有做好充分准备及调研工作的前提下强行将新型的培养方式应用到实际教育中，不仅会影响幼儿对语言知识的认知度与理解度，严重时还会引发培养片面化或形式化问题。若教师没有结合自身教育风格选择契合度较高的方式方法，而是盲目借鉴其他教师的培养方式，也可能弱化所选方式的利用价值，不利于幼儿语言表达能力的提升。

（三）幼儿适应力不强

一些幼儿处于陌生的集体环境中可能会出现不安或焦虑心理，有时还会因害羞而难以清晰表达自己的观点，若教师没有及时沟通或心理疏导，幼儿便容易在较大的压力下引发负面情绪，不利于与同伴之间的和谐相处，最终给教育及培养工作的开展造成阻碍。如有些喜欢独处或刚刚进入新环境的幼儿难以适应，教师要先帮助幼儿跨越过渡期，平复情绪，从而为后续培养工作的推进提供保障。

（四）家长重视度不够

家长对幼儿的语言表达能力培养工作不够重视，也会给教育工作带来一定影响。如有些家长可能会将更多的精力与时间投入到幼儿的健康发育、学习指导或兴趣培养中，却在语言表达能力上有所忽视。而导致这种现象出现的原因不仅与家长固化的思维观念有关，还与家长顺其自然的教育理念有关，这些都可能给存在语言表达障碍的幼儿造成些许影响，使幼儿的表达能力得不到更大的提升。

三、幼儿教育中语言表达能力的培养对策

（一）注重渗透式的引导培养

幼儿的语言表达能力是在时间的积累与长期引导下逐渐提升的，这就需要教师能在常规教育下与幼儿家长进行适当对接，了解幼儿实际语言交流环境，为制定科学、合理的培养计划提供参考依据。如有些幼儿可能会受家庭氛围影响而表现出少言少语或表达不积极等情况，导致培养方案难以在此类幼儿身上发挥出良好作用。教师可以与其家长进行沟通，对培养方案进行定向化调整，使幼儿在与教师交流过程中能感受到熟悉的氛围，从而以更积极的心态参与到语言表达活动中。

（二）选择合适的语言训练教材

幼儿除了能在面对面的沟通交流中强化自身语言表达能力，还能在阅读教材或书籍时在脑海中想象其中涉及对话场景，间接提升表达能力。这就需要幼儿园能够为学生提供健康、多元的学习材料，为其语言表达能力培养工作的顺利开展奠定坚实基础。首先，教师要对教材内容进行全面掌握，并有效区分易懂部分与难以理解部分，为幼儿提供正向的训练引导。其次，对于幼儿阅读教材时提出的疑问或不解之处，教师可以基于课本内容与幼儿进行探讨交流。通过这样的方式，不仅增加了幼儿语言表达的机会，而且让幼儿加深了对课本内容的印象，对培养其语言应变能力也有很大帮助。最后，教师可以让幼儿针对教材内容表达自己的感想，并为幼儿推荐合适的课外读物，在拓宽其视野的基础上让幼儿了解更多语言表达方式，提高学习兴趣。

（三）营造融洽的环境氛围

枯燥、严肃的环境氛围不仅会给幼儿带来一定的压迫感与紧张感，使其很难以放松的心态来面对教育内容，若教师的教学风格比较生硬，还会影响到幼儿想与之交流的想法，不利于语言表达能力的培养。因此，教师要从灵活、辩证的角度来营造符合幼儿心理需求的环境，从而为幼儿配合度的提升提供动力支持。

如在进行语言表达训练时，教师可以先利用音乐或辅助道具等来吸引学生的注意力，使其保持较高专注度后，再将训练内容逐渐引入其中。这样，幼儿既能在轻松愉悦的氛围下缓解负面心理及情绪，更勇敢地参与到表达交流中，又能渐渐适应后续的学习内容。教师要把控好氛围的营造力度，以免出现幼儿关注点脱节情况而增加培养难度。

（四）合理利用游戏培养模式

游戏培养模式具有互动感、体验感与真实感等特点，能让幼儿在模拟环境下融入游戏角色中，以自身主观意识来与他人进行沟通交流，从而实现语言表达能力的侧面培养。教师可以适当组织幼儿进行团体类游戏，让幼儿在真实的场景体验下表达自己的观点，并调动更多幼儿参与到表达交流过程中，使游戏培养模式发挥出真正作用。要注意的是，教师要对所选择的互动游戏进行精细化处理，在游戏规则中合理加设语言表达环节，或定期更换内容，同时保证游戏的安全。

（五）加强对幼儿的鼓励

正确的鼓励方式对培养幼儿语言表达能力有重要作用，是激发幼儿潜在能力的推动力量。由于不同性格幼儿语言表达能力存在一定差异，因此，教师要针对不同的幼儿，采用不同的鼓励方法。对内向、不自信或存在心理问题的幼儿进行适当鼓励，有利于提高其语言表达的欲望，再加上阶段性的培养与引导，幼儿的语言表达能力便能得到进一步提升。教师也不能忽视对外向性格幼儿的鼓励与赞扬，避免出现差别对待问题而降低幼儿的积极性与热情。

（六）培养幼儿自主表达能力

要想让幼儿的语言表达能力得到有效强化，教师要对其自主表达能力的训练加以重视。如教师可以采用小组划分的方式让幼儿先参与到小团队的沟通交流中，在提高幼儿主体地位的同时，使其在团队协作与互帮互助中找到与他人有效沟通的方式，以此锻炼自己的语言表达能力。有些幼儿会存在过于依赖教师的现象，针对此类幼儿，教师可以适当调整培养方案来降低幼儿的依赖心理。如可以给幼儿安排语言表达任务，或让幼儿以小队长的身份带领同伴学习，以此提高幼儿的主观能动性，降低对教师的依赖程度。这样，幼儿也能在锻炼学习中加强自主表达意识与水平，激发语言潜能。

如今，很多家长及教师在培养幼儿语言表达能力时，都能对涉及的培养方案、培养形式以及培养理念等进行细致研究。一方面是为了给培养计划的有效落实创造有利条件，帮助幼儿快速适应交流环境，发现语言表达的乐趣；另一方面则是为了给幼儿语言表达基础的不断巩固带来更多可能，为其日后的学习与发展铺设道路。对于实际培养中存在的细节问题和阻碍因素，家长与教师也能对问题产生的原因及时进行分析，并结合幼儿个性特点与培养条件等，制定出具有针对性的解决方案，从而为幼儿提供良性引导，发挥培养模式的实施价值。

第二节　语言游戏促进自主表达

游戏对于在幼儿的学习过程中发挥着重要的作用，语言游戏有利于儿童锻炼语言思维，提升语言能力，还可以推动儿童思考如何"说话""说什么话"，从而促进幼儿的自主表达。本节结合我的自身实践，对语言游戏推动幼儿语言能力发展的相关情况做简要阐述。

一、语言游戏对幼儿语言能力的发展的重要价值

（一）激发幼儿的语言表达兴趣

对幼儿来说，语言游戏的开展能够很大程度上刺激幼儿的语言表达欲望，让幼儿能够在提高语言表达能力的过程中，与其他小伙伴积极交流和活动，从而使性格不同的幼儿能在与其他儿交流和交往的过程中获得语言表达能力的锻炼与提升，一方面性格外向的幼儿能在游戏的过程中展现自己的语言天赋和口语表达能力，另一方面，性格相对内向的幼儿也能在轻松愉悦的活动氛围和游戏环境中发挥自我的价值，找到适合自己的角色，勇敢地表达自己的想法，并通过交流了解其他小伙伴的想法，从而实现语言表达能力的进步，提高沟通与交流的能力。

（二）加强幼儿之间的合作与交流

语言游戏的开展，对幼儿的交流与合作有着非常重要的作用，通过语言游戏，幼儿在游戏的过程中能够充分发挥自身的主动性和创造性，大胆开拓，勇敢想象，借助对话和合作的模式，幼儿之间的交流互动更加频繁，互动模式也更加多元化，一方面激发了幼儿互动和表达的能力，另一方面也能提高幼儿的合作意识，让幼儿认识到语言表达并不是一个人的事情，而是在与其他人交流的过程中达成目标的。通过这样的方式，教师引导幼儿参与游戏的过程，也拉近了师生之间的距离，促使在幼儿园教师与幼儿之间建立起和谐的师生关系。

（三）丰富幼儿日常语言的内容

语言游戏在幼儿语言能力提高的过程中，能发挥重要的作用，这也体现在丰富幼儿日常语言的内容方面。在应用不同语言游戏的过程中，教师要通过创设语言情景，让幼儿感受到不同语言内容和不同的语言表达方式，使幼儿在课堂内理论知识学习的基础上，获得新的游戏体验和游戏体验的表达。在活动中创设一些贴近幼儿生活的日常语言，使幼儿在此基础上，培养幼儿对语言表达的兴趣，进而提高语言表达能力，同时通过这种日常生活和情境对话的方式，幼儿能够形成独特的语言特色，发挥自身的语言潜力，学会将游戏中的语言与现实生活相结合，提高幼儿的语言表达能力和灵活运用语言的能力。

（四）提高幼儿运用语言的能力

语言游戏在幼儿语言教学中的应用能够调动幼儿的学习热情，拓展幼儿的词汇面，也能够提高幼儿语言表达的准确性和连贯性，进而提高幼儿的语言表达能力。此外，在幼儿语言教育中，应用游戏的方式也能改变幼儿在游戏过程中产生的错用或误用口语的现象，创设有针对性的教学活动，让幼儿学会区别词汇。在开展幼儿语言活动的过程中，幼儿园教师应关注幼儿语言表达能力和语言应用能力的重要意义，要让幼儿在游戏的过程中能从短句开始练习，试着讲述自己的生活，并通过互相对话的方式提高抽象逻辑思维能力，具备完备的口语表达能力。

二、开展幼儿语言游戏的策略分析

（一）在语言游戏的教学中，培养幼儿的自主表达能力

幼儿园教师在对幼儿进行语言游戏教育时应充分关注到幼儿自主表达能力的重要意义，通过幼儿自身对语言材料的理解与领悟，使幼儿主动参与语言游戏的过程。为此，教师应鼓励幼儿进行有效的课前预习，每一节课结束后，要预先告知幼儿第二天要学习的目标，以及语言游戏的内容，使幼儿在课后能对知识进行提前预习，从而加深幼儿对语言游戏的理解。

例如，在"从头动到脚"游戏中，让幼儿听儿歌指令做身体游戏，引发幼儿活动兴趣。教师："小朋友，请起立，跟着老师动一动。"教师："转转头呀转转头，弯弯脖呀弯弯脖，耸耸肩呀耸耸肩，摆动胳膊我最棒。拍拍手呀拍拍手，捶捶胸呀捶捶胸，背背弓呀背背弓，扭扭屁股笑呵呵。跪跪膝呀跪跪膝，踢后腿呀踢后腿，跺跺脚呀跺跺脚。再来动动脚趾头。"幼儿积极参与，兴趣浓厚，且幼儿能根据教师的指令做出相应的动作。以提问方式引导幼儿倾听并理解动物与动作之间的对应关系。教师："刚才你们做的这些动作，有什么动物也能做呢？"教师："请认真听老师都说了哪些动物？它们都会做什么动作？"

在游戏的过程中，幼儿教师也要善于引导幼儿，让幼儿及时表达出自己的想法，说出自己的疑惑，并通过及时的指导与科学合理的解释，引导幼儿去发现自己在语言游戏学习中存在的问题，进而解决问题。

通过这样的方式，幼儿在语言游戏中会更加积极主动，自主表达能力也

得到了明显的提升。此外，幼儿教师也要关注到幼儿园游戏教学目标设定的合理性。科学合理的教学目标设定是培养幼儿自主表达能力的关键，在当前阶段的幼儿语言表达能力教育中，由于教师语言游戏的目标设定不够明确，往往把游戏当作语言表达能力培养的次要方式，这种方式严重影响了幼儿园表达自主性的提升。因此，在新的时代背景下，幼儿教师要充分关注到幼儿语言活动的设计，对语言游戏要达到的目标以及如何达到该目标进行恰当的设计和认真思考，从而避免语言游戏活动流于形式。

（二）善于营造良好的语言表达环境

良好的语言表达环境对幼儿园表达能力的提升有着非常重要的影响，幼儿教师必须关注到语言表达环境对幼儿语言学习能力和应用能力提升的重要意义，要让幼儿在潜意识中想说，能说，敢说。只有这样才能充分发挥语言游戏的作用，以良好的语言表达环境，助推幼儿表达能力的提升。为了实现这一目标，教师应结合幼儿的成长经历恰当地设定教学目标，采取分层教学的模式让幼儿在游戏的过程中，获得多样化的情绪和情感体验。

例如，学习打电话（集体教育）。观察模仿教师打电话。"喂，您好！我是李老师，请您帮我找某某接电话好吗？"某某接电话（教师替代）。"您好！您是某某吗？我是李老师，今天下班后您能来我家吗？"某某："好的，欢迎您，再见。"教师给幼儿打电话，让幼儿学习如何接电话。"您好！我是某某。"某某："您有什么事吗？"幼儿在实践中学习一问一答的语言，练习使用简单句。这样幼儿就能够很好地学会语言表达，培养他们的表达能力。教师也要培养幼儿的语言学习兴趣，要善于发挥幼儿的主观能动性，抓住幼儿兴趣的特点，采取合理的方式调动幼儿游戏的积极性，使幼儿在游戏的过程中，能够真正发挥主体作用。

（三）在游戏中融入多元化的游戏语言

语言的魅力并不仅是简单的模仿，幼儿教师在对幼儿进行教育时，也要关注到多元化游戏语言的重要意义，要利用多元化的游戏语言，使幼儿在游戏的过程中增加游戏体验。当然，教师也要善于采取表情动作以及其他幽默风趣的手段，对语言知识的内容进行系统的整合与直观的描述，通过这样的方式，幼儿在语言活动中能够更加积极主动。教师在幼儿语言游戏教育中，应以提高幼儿语言应用能力作为重要的培养目标，使幼儿在特定的游戏情境中获得创新性的发展，同时鼓励幼儿创造性地运用语言解决问题，采取多元化的分析方式，对语言进行分析，并通过与他人之间的交流和协调来强化自身的语言技能。

（四）通过多种游戏方式提高幼儿的语言技能

游戏方式对幼儿语言技能的提升有着重要的影响，教师应充分发挥游戏的多变性和游戏的自主性，借助游戏道具和其他工具，为幼儿的语言游戏增添乐趣，促进幼儿的社会化交往，使幼儿在游戏的过程中，能够自发地进行语言交往。在应用语言游戏的过程中，教师还应让幼儿适当接触社会性语言，通过角色游戏活动等分角色表演来提高幼儿的语言能力和游戏能力，进而构建起和谐的人际关系。

将语言游戏融入幼儿的语言教学能够有效地提高幼儿的语言表达能力，也能让幼儿在新的时代背景下学会利用语言表达自己的观点，从而实现幼儿的多样化发展。当然，幼儿园教师在对幼儿进行教育时，要以学前教育阶段儿童语言教育的方法为基准，关注到游戏对幼儿语言发展的重要意义，根据国内外游戏教学中存在的一系列问题实施具体改进措施，实现我国幼儿语言表达教育水平的提升。

第三节 看图讲述促进自主表达

《3—6岁儿童学习与发展指南》指出，语言是交流和思维的工具。幼儿期是语言发展，特别是口语发展的重要时期。皮亚杰理论认为，语言对思维有着促进作用。幼儿语言的发展也是幼儿智力发展的体现。讲述活动是一种有目的有计划地培养幼儿语言表述能力的教育活动，它能有效提高幼儿的语言水平，同时对幼儿的认知、社会化发展等方面也会产生良好的影响，看图讲述在幼儿园讲述活动中占有较高比重，在提升幼儿讲述能力发展的同时，也能够促进幼儿进行发散思维，提高幼儿的观察力、理解力和语言组织力。作为幼儿教育工作者应了解和掌握幼儿语言学习的特点和规律，创设良好的语言环境，充分发挥幼儿在语言活动中的主体性，有的放矢地发展幼儿的语言能力。

一、基于幼儿生活经验、年龄特点选择活动图片、内容

讲述活动在活动目标、活动内容、语言规范要求和适用范围等方面区别于谈话活动。谈话活动主要是在幼儿与幼儿之间，幼儿与教师之间进行的，一般围绕日常生活开展；而讲述活动则要求以幼儿为中心，从幼儿的实际生活经验出发选择一些幼儿熟悉的、感兴趣的且印象深刻的内容为讲述主题。3—6岁儿童讲述能力和发展水平存在差异，因此在看图讲述活动中，教师在选择图片时应考虑到不同年龄阶段幼儿的特点，也应着重考虑图片内容是否贴近幼儿生活，是否为幼儿所理解，选择在幼儿认知范围内的图片，幼儿一看到图片就有讲述的欲望。相反如果幼儿对图片内容不够熟悉，则会影响讲述的效果。

比如小班幼儿生活经验和感悟较少，在选择时应偏向有具体情节的图片内容，便于幼儿理解和讲述；中大班幼儿语言表达能力发展较为快速，讲述水平较小班幼儿高，同时也有较为丰富的生活经验，在内容选择上可以偏向兼具深刻内涵的图片，使幼儿可以进一步观察和感悟，提升讲述能力。不仅如此，教师还应根据不同年龄阶段幼儿的特点由易到难、循序渐进地加强对幼儿讲述能力的锻炼，熟能生巧，养成看到图片就能讲述的习惯。

二、营造轻松开放的氛围，鼓励幼儿自主表达

在活动中有了轻松开放的良好氛围，幼儿能无压力地进入活动，从而能产生良好的师幼互动关系，幼儿参与活动的积极性也会大大提高，这样更有利于活动的顺利进行。在看图讲述活动中也是如此，在教师营造的良好氛围下，更能激发幼儿的语言表达欲望。从活动的导入到具体实施，再到教师的指导和评价都应是积极的、正面的，不能因为幼儿一时语塞而否定幼儿。

（一）轻松式的导入

苏霍姆林斯基说："如果老师不想办法使学生产生情绪高昂和智力振奋的内心状态，就急于传授知识，那么这种知识只能使人产生冷漠的态度，而给不动感情的脑力劳动带来疲劳。"俗话说："好的开始是成功的一半。"巧妙的活动导入不仅能够安定幼儿情绪，更能引导幼儿积极地投入到活动中去。在开展看图讲述的活动中，轻松愉快的导入方式能将幼儿注意力自然而然地引到图片的内容上来。无论是形象的教具辅助，还是有趣的游戏渗透或者从幼儿感兴趣

的话题切入，都不失为一种好的导入方法。孩子们在轻松的氛围下，能更好地进入活动，融入主题。

（二）启发式的引导

在活动中，教师用启发式的语言引导幼儿去观察、思考和感悟图片中的内容。幼儿在教师的引导和启发下，学习观察图片，一步步思考，获取经验，逐步提高讲述和表达能力。教师通过开放式的提问，打开幼儿思维的大门，通过适度的追问，引导幼儿不断发现新内容，在教师提问—幼儿回答—再提问—再回答的良性循环下，帮助幼儿挖掘图片蕴含的深意。教师在注重启发幼儿的同时，还应注意表情、语调、动作等的使用，向孩子传达鼓励、信任与期待。这样既能使幼儿理解角色语言，又能促进幼儿进一步表达。

（三）信任式的互动

信任是良好师幼关系的基础，也是师幼互动的前提。教师在活动中与幼儿建立积极有效的互动关系是十分必要的，只有这样才可能始终引导幼儿以饱满的热情参与到活动中来。很多幼儿都是心中明白，但却表达不清，教师应及时对幼儿进行表扬，适当指出幼儿的不足之处，更要关注幼儿的需要，为幼儿提供必要的帮助，这样幼儿才能跟随教师的思路将自己的所想慢慢表达清楚，从畏畏缩缩到侃侃而谈。

三、进行"支架式"教学，促进幼儿自主表达

教师应做有帮助的倾听者，让幼儿成为更好的讲述者，因此在讲述活动中教师指导策略尤为重要。在看图讲述活动中，教师进行"支架式"教学，在教师的启发与支架的帮助下，使幼儿将图片内容讲述得更完整更清晰。往往幼儿在看到图片时，只能看到最表面的内容，比如图片上有谁，在干什么等，很少能看得很完整，极少幼儿能看到其中蕴藏的深刻含义。所以，在幼儿讲述的时候，教师的"支架式"指导非常必要。从图片中找到幼儿感兴趣之处作为切入点，建立支架进行开放式指导，幼儿从不同的角度和方向进行思考，联系自己的生活经验，探索事物可能出现的情况合理推理和创编。下面我就结合自身实践，讲一下我是如何指导小班幼儿进行看图讲述的。

（一）看讲图色彩搭配合理层次强，突出主体形象

小班幼儿的集中注意时间很短，有时活动刚上到一半，孩子们便不认真

听讲了，在观中我发现幼儿对色彩鲜艳、主体突出、层次感强的画面往往能延长他们的注意时间，所以在选择挂图时，我根据所讲内容把挂图的色彩合理搭配，突出主体忽略背景，以调动幼儿的积极性，吸引他们注意，更好地完成预定的教学目的。例如：讲述"下雨的时候"时，我筛选了几幅有讲述重点的图画，利用业余时间把图片主体形象扩大，并使用颜色鲜艳的彩纸制作了活动的大叶子，小动物的神态表情和动作也重点突出，背景是淡淡的浅色。这样在活动中幼儿的关注点就在主要人物和情节上，思考观察的重点也都围绕着目标，使他们的兴趣更浓了，提高了表达的欲望。

（二）把握看图讲述活动中的提问，帮助幼儿独立构思与清楚地表达

看图讲述是一种创造性讲述活动，在这一过程中，教师的提问非常重要，它能引发幼儿对图片的兴趣，促使幼儿仔细观察图片感知理解图片中的主体形象和背景环境，积极思考问题和讲述主要的情节。看图讲述活动中的提问一般有三种情形：

1. 通过提问引导幼儿构思情节，编出故事的开始部分。

开始阶段的提问是为了引起幼儿的注意，引导幼儿根据图片找寻故事发生的时间、地点人物、背景等基本的创编线索。如在教看图讲述"小猫在哪里"时，我问："图上的小动物什么？"幼儿说："一只小猫在冰箱后面。""一只小猫在椅子下面。""一只小猫在屋子里面。"这时，我接着问："小猫为什么在这些不同的地方呢，想一想他们在玩什么？"孩子们马上联想到在玩捉迷藏游戏。我又问："小猫都藏了起来，谁来找呢？"有的幼儿说"猫妈妈"，有的幼儿说"猫爸爸"，这下幼儿们便讲出了："有一天，猫妈妈或猫爸爸和小猫玩捉迷藏的游戏"这样的故事开端。由此可见，老师正确的提问有助于幼儿讲出合理的故事开始部分，从而会促进幼儿思维的活跃性，大胆的表达出自己的想法。

2. 通过提问引导幼儿大胆想象，创编故事发展部分。

在引导幼儿想象故事情节时，提问应有利于幼儿进行多角度的思考，这对引导幼儿编出不同情节的故事起着决定性的作用。如在讲述活动"雨中的小花狗"时，我的一句"雨下得真大呀，小朋友们快帮小狗想避雨的办法吧！"立即引起了幼儿的兴趣，大家争着为小狗想出了用荷叶、水桶、小桥、亭子等方法避雨，而当幼儿想象不够合理时，我便借助提问："如果你在那个地方能不能被雨淋到呢？"让幼儿结合自己的原有经验再次思考，最终编出合情合理的故事情节。再如：讲述"勇敢的小兔子"时，我把重点放在"你们想一想小兔子想了什么办法战胜了大灰狼？"幼儿都充分想象，运用原有经验说出了"兔子找到了朋友帮助它一起打大灰狼。""兔子找到了猎人用枪打死大灰狼。""兔子挖了让大灰狼跳进去。"他们根据自己的想法讲述了合理的情节，丰富了故事的情节，发挥了幼儿独立思考的能力。

3. 通过提问帮助幼儿理清思路，完整讲述故事。

在引导幼儿完整讲述时，教师的提问应有顺序，以帮助幼儿理清思路，组织好故事结构，按照一定的顺序去讲述。如在讲述"下雨的时候"时，我们就会用叙事性的提问："图上有谁？在什么地方？发生了什么事？后来是怎样解决的？"这样的问题便于幼儿按照"人物—地点—事件—结果"这一顺序较清楚完整地讲述故事。在讲述"小猪变干净了"时，我会按照事情发展的线索提问："小猪先遇到了谁？猜猜它们说了什么？又遇到了谁？这次小猪有什么变化？"这样提问后，幼儿会在观察思考时着重观察动物的表情和动作，根据表情猜想心理的活动，掌握图片中主要情节的线索，会按照动物不同的角色来讲述重复的语言，增强了幼儿表达的主动性。

（三）发挥挂图的作用，给幼儿充分自由讲述的空间

挂图是看图讲述活动不可缺少的教具，幼儿可以借助色彩鲜艳、形象逼真的图画来看看说说、想想、编编，继而达到促进幼儿语言发展的目的。但是在一次活动中不可能给每个幼儿独立在集体前表达的机会，因此为了让幼儿能更好地讲述图片内容，每上完一节看图讲述活动后我都把挂图放在活动室的一角，让幼儿自由地看、自由地讲，利用自由活动时间请平时不爱讲话的幼儿表达。这是提高幼儿讲述的一个好办法，孩子们都很感兴趣，每每自由活动时间他们都能自发地对图片观察、讲述、交流，并把新发现告诉老师。好多幼儿还能在下午离园时把讲述的内容讲给自己的爸爸、妈妈听。听着孩子稚嫩的话语，家长们的脸上露出满意的笑容。由此可见，教师把挂图多挂几天不过是举手之劳，可余兴未尽的孩子们却会有不少收获，会对他们的语言发展起到不可预料的效果。

（四）灵活运用不同形式组织活动，注重个体差异，坚持因人施教

孩子们的年龄不同，生长发育也不同，如经常采用集体教育的形式，那么只能对一部分符合标准的幼儿产生影响，而对那些智力水平高或弱的幼儿就达不到有效的教育效果。我在进行教学时，注重幼儿的个体差异，采用分小组、个别的教育形式进行指导，使每个幼儿都有表现和发展的机会。如在讲述时把能力强的几个幼儿放在一起，让他们充分发挥想象力来讲故事，尽量讲得详细一些，而胆子小的幼儿，老师可以先带着他们讲，然后让他们讲给老师一个人听，慢慢地锻炼他们的讲述能力，从而使每个幼儿的讲述都在原有水平上得以提高。

幼儿期是学习语言的最佳时期，教师如果能引导幼儿进行正确的讲述活动，对培养他们的创造、想象和表达能力都有很大帮助。在今后的教学中，我还要继续研究实践，深层次地把握讲述活动的指导规律，更好地促进幼儿语言能力的发展。

第四节　支持幼儿自主表达爱的策略

著名作家冰心曾说："有了爱就有了一切。"爱是人类最伟大的情感，是所有高尚品质和美好道德的核心。幼儿期正是人生的启蒙期，其基本情感的形成已开始，并正处于迅速发展而不断完善的过程，是塑造健康人格和形成良好道德素质的重要时期，他们对爱的感受最自然、最丰富。那么怎样唤起孩子们的"爱心"，让他们在幼小的心灵中萌发爱的情感呢？我在实践中发现从幼儿身边的人和事入手、创设幼儿喜闻乐见和易于接受的教育教学内容以此来渗透爱的情感教育，会潜移默化地感染每一个孩子，在这种充满爱的教育环境中，爱的种子如同春雨"随风潜入夜，润物细无声"让他们在获得感激和爱的情感的同时，体验着情感表达方式的多样化。

一、教师以自己爱的情感打动、感染孩子的心灵

孩子的成长需要爱，需要周围人的尊重，理解与支持。教师作为影响孩子成长的重要他人，应把自己的心血、才智、温柔、激情都凝聚在对每一个孩子的爱中。我在和孩子们共同的生活中，从微小的一点一滴的"小事"做起，亲

切而自然流露出自己的关爱，以自身的情感和行为去激发、引导他们爱的情感，努力体现"以爱育爱"。

（一）特殊的见面仪式

孩子们早晨来园时，我不时改变花样来亲近他们并有意识地寻找机会接触每一位孩子，分担他们的忧愁，分享他们的快乐。如对小班的孩子都要抱起来、亲一亲、抚摸他们的头，用微笑和亲切的话语迎接他们；中班时我就关注那些胆小的、不善于表达的孩子，抱着他们转个圈或开飞机，逗着他们开心；在大班每天入园时我都和孩子们说悄悄话并用拉钩、击掌、手指碰碰等动作来为他们加油鼓劲。在迎接孩子时我和他们都是开心快乐的，孩子们享受着我每天和他们的亲密接触。在我付出情感的同时也换来了孩子们爱的行为，有时他们会主动地对我说："老师，今天我想和你转个圈。""老师，我来亲亲你吧。""老师，我今天一定能自己做好手工，我们来击掌吧。"……就这样，孩子们在和我的亲近中感受到了无限的爱：包容、接纳、关爱、信任和鼓励。

（二）新颖的表扬信

孩子们在发展中都有不同的差异，但是他们也都有自己的闪光点，为了能够让他们感受到老师的爱，我关注着每个孩子的成长，除了日常生活中的随机鼓励外，我每天都用有香味的小纸、有图案的小纸片或把小纸片剪折成各种形象做成表扬信，并在后面写上一句表扬的话或者鼓励的话，如："蒙蒙的小手真灵巧，你剪的六瓣花真漂亮，加油呀！""轩轩，你给小鸡起的名字真好听。""小雪，你学会跳绳了，老师真为你高兴……"当我把表扬信奖给他们的时候，他们高兴极了，会蹦蹦跳跳地回到座位，会第一个拿给爸爸妈妈看，还不停地说："你们看我的表扬信，我又进步了。"新颖的表扬信增强了他们的信心，也使他们感受到了尊重和爱。

（三）生活关注

我在每天的工作中都耐心细致的关心和呵护每个孩子，善于发现孩子们的新变化，如某某小朋友今天新理了头发、某某小朋友穿了新衣服，某某小朋友来得很早……夏天为孩子们擦汗，冬天给孩子做好一个暖和的被窝；女孩的辫子开了，我就变换花样给她们梳理整齐；每天的离园时间我都要仔细检查一遍孩子的衣服是否整洁；迟迟未接的孩子盼着亲人来接，我就讲故事陪伴着他们，安慰着他们，孩子们温馨地享受着这份爱的关怀，在他们的心底也升起了暖暖的爱意。

二、以社会生活为源泉,体验"爱"的互动

爱是一种情感教育,让孩子心中有爱,并非一朝一夕能够实现的,爱心教育的核心,归纳起来就是"获得爱"和"给予爱"。"获得爱"是指获得来自周围环境的关心、帮助、怜悯、同情及身心的愉悦等;"给予爱"是指关注周围的人、事、物,通过自己的努力,使他人得到关爱、帮助、同情、理解等。在孩子们的社会生活中到处都蕴含着"爱"的教育,如果我们能够把握孩子心理发展的特点,在孩子们享受爱的同时激发他们的爱心,会在"爱"的互动中使孩子的情绪和情感得到健康的发展。例如在小班,孩子刚入园后得到老师爱的情感后,我就有意识地培养他们从爱自己开始,到爱身边的人和事,随着他们年龄的增长我就逐步引导他们学会关爱。

(一)爱自己

三岁前,孩子的自爱表现是很不明显,常常是通过别人对自己的态度得到情绪的满足。如果自己的行为得到成人或同伴的好评,他会感到高兴;受到了批评,则会感到难受,这表明孩子开始产生自爱了。于是我在各种学习活动、游戏活动中有意去培养孩子的自爱。首先,通过幼儿园的一日常规对孩子们进行养成教育,让孩子保持仪表整洁,督促孩子经常换洗衣裤,教孩子学会擦鼻涕,帮助孩子剪指甲,养成良好的卫生习惯,让孩子知道,一个整天流鼻涕、衣冠不整的人是不讨人喜欢的。其次,根据五大领域的教学丰富孩子的知识,经常给孩子讲一些故事和生活常识,让孩子们能正确认识自我,能较好地评价自己的行为,有一定的自我保护意识。孩子的知识丰富了,就能博得成人的赞赏和小朋友们的信赖。再有,通过绘画、唱歌、跳舞培养孩子们开朗、活泼的性格,组织孩子参加各种游戏活动,让孩子自由自在地和小朋友玩,不过多地限制孩子们的行动。鼓励他们大胆地交流,遇事要多从积极的方面去启发,不过多地责怪孩子。鼓励孩子们的自信心,保护孩子们的创造性,调动孩子们学习的积极性和主动性,使孩子们懂得自爱,懂得做人的尊严。

(二)爱老师

小班孩子由于年龄小,又是第一次离开父母长辈,难免会产生一些焦虑和不安,要消除孩子这些心理,就需要老师像妈妈一样关怀孩子。孩子得到爱

以后也想表达自己的情感，我在班上开展了"甜甜话"接龙游戏，当我神神秘秘地在一名孩子耳边说一句悄悄话时，开始他有些紧张，当我对他说出"我爱你"时，发现他的脸上立刻绽出了笑容，而当他把这一句简单的话传给其他孩子时，我发现每个小朋友都很开心，他们通过这个活动也是在传递着爱和快乐。当孩子感受到这一切后，自然而然地会对老师有一种亲切感，继而也会给予老师回报。孩子们会在保育员老师擦玻璃时说上一声："老师，您小心，别摔着。"会在我们咳嗽时主动端来一杯水，会在我们累的时候搬来一把小椅子。有一次我外出学习，一天没有回幼儿园，第二天就有孩子问我了："老师，你昨天怎么没来呀？是不是生病了？""老师，你干什么去了，我都想你了。"听了孩子的话，心中很感动，虽然这仅仅只是一句问话，但却体现了孩子对老师的关心，孩子在学着爱老师。

（三）爱妈妈

孩子们离开家庭最依恋的是自己的妈妈，于是我利用"三八"节日，引导他们面对面表达"爱"之情。当"三八"节来临时，我就请孩子们进行调查活动，即回家观察妈妈都为你们做哪些事情，并运用语言、粘贴和表格的方式进行交流。在交流中孩子们会说："哎呀，这些都是妈妈为我做的事呀？""妈妈太累了。""妈妈照顾我，还要照顾爷爷、奶奶呢。"于是在庆祝节日时，我邀请孩子们的妈妈来园，让孩子们面对面用各种方式向妈妈表示祝贺。孩子们把自己动手制作的礼物送给妈妈并大声地说出自己的祝福和想对妈妈说的话，我还鼓励他们用自己喜欢的方式表达爱，如：热烈的拥抱；为妈妈敲敲背；讲笑话逗乐等浓浓爱之情自然流露，妈妈感受到孩子们浓浓的亲情和深深的爱意，孩子们则通过妈妈收到礼物后的深情回报（亲吻、夸奖），真切地体验到了自身的价值和"爱"的温馨。

为了让孩子们能够把这种爱表达在每一天，我和孩子们设计了"好孩子计划表"的活动，请孩子每天帮助家里做一件事，并记录下来与小朋友交流分享，在活动中他们体会到了妈妈每天的辛苦，也体会到了帮助妈妈做事的快乐，学会了表达爱的一种方式。我也可喜地看到孩子们的进步，他们会说"爸爸妈妈上班很累，我要做个好孩子""爷爷奶奶年纪大了，我要帮助他们"；他们懂得了如何说出自己的爱，如何感谢他人的付出，也知道了"自己的事情自己做"。

(四)爱同伴

在小班,要让孩子学会爱同伴是很难的,于是我就让孩子们从相互交往,相互关心开始。在开学初,我就让孩子们每天带一件小玩具来,在自由活动时交换着玩,孩子们在交换玩具中有了交流,伙伴间的关系也日趋亲密。我还经常引导孩子们学习换位思考,例如:有一次,班里小朋友尿裤了孩子们就嘲笑他说:"你真不害羞,这么大了还尿裤子。"我就问孩子们:"小朋友,你们谁尿过床、尿过裤?"在我的启发下,孩子们有的说"我尿过床","我尿过裤"……我接着问孩子们:"那你们尿床、尿裤的时候是怎么想的?"晴晴说:"我睡着觉时尿过床,我什么也不知道。""我只顾玩,再去厕所就来不及了,就尿在裤子里了。"洋洋也说。"有一次我尿床了,小朋友都起床了,我赖着不起,跟老师说出汗了,老师没批评我,还给我换上了干净的裤子,可舒服了。""那我们应该怎样对待尿裤的小朋友?"孩子们都说:"不要笑他,要帮助他。""我们以后提醒他去小便。"……在这种换位的思考中孩子们体验到了如何关爱同伴,怎样与他人友好相处。如果班上有小朋友病了,孩子们会自觉关心他,我们一起打电话询问病情,孩子们会制作自己的慰问礼物,同时还录下祝福的话语带给生病的小朋友。又如,我们班有几个能力特别差的孩子,不会穿衣服裤子,而每次我总不会嫌弃他们,总是耐心帮他们整理整齐。小朋友们看在眼里,记在心里,几个能力强的小朋友自己穿好后总会主动地去帮助他们,从这里我们可以看出,老师的行为给孩子做出了榜样,孩子会模仿着老师去关心别人,去爱别人。

(五)爱他人

我有意识地利用身边的教育资源和社会环境,引导孩子们把视野转向身边的人和事,在亲身体验和经历中也真切感受着身边一些人的辛苦,也知道要去关爱他们。例如在一次参观"红绿灯"的活动中,孩子们看到交警叔叔在指挥交通都很感兴趣,为了让他们体验到交警叔叔的辛苦,我鼓励孩子们都去试一试,他们都学着交警的姿势去指挥,可是一会儿孩子们就受不了了,一边喊着累一边说:"我的胳膊都疼了""我都站不住了""太晒了"在体验中他们都说:"交警叔叔真了不起,我以后要遵守规则,不让爸爸妈妈闯红灯。"此外,我还在"重阳节"时,带领小朋友来到老年公寓,给爷爷奶奶表演节目,制作小礼品,一起做游戏,为爷爷、奶奶送上自己的祝福。除此之外,我还定期组织孩子们开展"我是爷爷奶奶的小帮手"的活动，孩子们在家里帮爷爷奶奶做力所能及的事，如：搬凳子、拿鞋子、拿眼镜、报纸等，激发了"尊老爱老"之情。

三、创设富有爱心的环境，渗透爱心教育

教育环境中隐性渗透德育，往往是一种无声的教育，而它对孩子们的作用及其影响都是巨大的，不仅如此，它还有一种特殊的功能，即能将某些难以用语言讲清的观点渗透到教育环境之中。在实践中我发现结合孩子们的经验和感兴趣的内容创设的环境不但能感染他们的情绪，同时会促进孩子们之间的主动交流，增进爱的情感。

（一）生日墙

过生日是每个孩子最快乐的事情，他们会真实感受到他人对自己的爱，同时也享受着这份快乐，实践中我结合不同年龄班孩子的特点布置富有"爱心"的生日墙饰，激发了孩子们相互间爱的表达。

我带小班时，用一个大蛋糕做底托，把一个月中过生日孩子的照片贴上，做上生日标记，孩子们都很兴奋，每天都去看上面的标记，问老师还有几天过生日，共同期待切蛋糕、唱生日歌和表演节目的日子，在这个等待的过程中，孩子们关注的不再是自己的生日，也关注他人的生日，在每个孩子过生日时感受和同伴一起吃蛋糕、说祝福话的乐趣，体验到了相互之间爱的传达；在中班时，我结合孩子们认识数字的特点设计了"生日月历"，月历上的生日空间让他们自己设计，有的孩子就用绘画的形式表达自己过生日的快乐，同时其他小朋友也会随时把自己制作的礼物和作品展示在那里，过生日时他们会相互赠送自己的礼物，有的孩子还表演小节目，我也用照片和文字记录他们的表现，并每月装订一个生日册子，孩子们可以随时翻看，感受同伴的关爱；在大班时，我充分发挥孩子们的自主性和主动性，鼓励他们和家长一起设计自己的生日画报，其中有设计的图案、照片还有自己的愿望，并留一块空间给其他孩子，我随时把近期孩子的生日设计板块展示出来，其他孩子可以把自己的祝福和礼物随时丰富到版面上。过生日时，孩子们自己讨论过生日的庆祝活动，组织形式、环境布置、邀请卡和主持都由他们自己设计，这样使每个孩子都关注的不再是自己，同时也去关心周围的同伴。

（二）勤劳的炊事员阿姨

我还引导孩子们从身边的教育资源开始，关注伙房阿姨做饭的情景，体验阿姨们干活时的辛苦，例如：孩子们最喜欢吃"宫保鸡丁"，我就带孩子们亲自去观察、体验，他们看到伙房阿姨做一个菜要十几个工序，实在是太辛苦了，回来后孩子们用绘画和照片展示自己的真实情感，在与墙饰的互动中激发了孩子们爱劳动和关心身边辛苦劳作的人们的情感，懂得珍惜他们的劳动成果。

（三）有活力的自然角

我们的自然角里有各种花卉、植物，还养了金鱼、小鸡、小白兔等动物，孩子们分工协作共同照顾它们，他们自己参加浇水、洗涤器皿、喂养小动物，在充分分享自然角给他们带来情趣的同时，激发着孩子们参与劳作的积极性。在实践中我还改变了以往的一些做法，如：在自然角饲养小蝌蚪时，以前我通常只是引导孩子观察小蝌蚪成长的过程，而现在我就有意识地注入了情感教育因素，我会和孩子们一起讨论"小蝌蚪离开了妈妈心情怎样？""小蝌蚪长大变成青蛙有什么本领？""小蝌蚪在我们自然角开心吗？""小蝌蚪想去哪？""我们可以帮助小蝌蚪吗？""怎样帮它们呢？"小朋友虽然在日复一日的观察中越发增添了对小蝌蚪的喜爱，但他们还是迸发出提议送小蝌蚪回家的不舍之情。在孩子们的建议下，我与孩子们把小蝌蚪送回了大自然，孩子们在送小蝌蚪时嘴中不停呢喃着"小蝌蚪再见啦！""小蝌蚪回家吧！""小蝌蚪去找妈妈吧！"就这样，在日复一日的观察中孩子们不仅增添对小动物的喜爱，对植物的照顾，同时体验着自然环境的爱心教育价值。

对幼儿进行爱心教育是幼儿园教育永恒的话题，也是幼儿素质教育的基础工程，实施爱心教育对幼儿一生的健康发展起到了重要作用。只要把爱的种子撒在幼儿们的心里，就会结出硕果累累的果实。一个个游戏的片段，折射出的是幼儿们表现出来的品性态度：他们敢于表达，能够协商，会观察爱动脑；他们富有想象力，乐意和同伴一起享受游戏的快乐；他们会坚持、有策略。身为幼儿童年的陪伴者，我感动着，也学习着。每个人都只有一个童年，我们要做的就是珍惜童年独特的教育价值，成长是缓慢而愉悦的，学习是幼儿们自己的事，他们自然会在游戏中一路收获快乐与智慧。我相信最好的教育就是做幼儿最贴心的陪伴者，爱幼儿，用心关注幼儿。

后　记

成为一面正向反馈的镜子

在我业已过半的人生中，我陪一批一批的孩子们走过最懵懂无知的幼儿时代，看着一批一批的孩子们长大成人，成为国家的栋梁之材，追寻着自己的理想，也在这个过程中逐步积累经验，完成了自己的成长。如果说在这几十年的执教生涯中，我学会了什么的话，莫过于观察。幼儿正是好模仿的阶段，他们在观察着我，而我也因为自己的职责，观察着他们，成为映照他们成长的一面正向反馈的镜子，同时自己也获得了正向反馈和成长。

幼儿教师，观察了解幼儿是必备的一种教育技能，在我的记忆里有很多孩子趣味的小事，例如我在带小班的时候，果果小朋友会喊我："好陈老师"，当时听到非常开心，觉得自己让这么小的孩子认为我自己好得不得了，每天都喊，可是，有一天，他跑过来抱着我的大腿，使劲向上举，一边举一边说着"好沉好沉"，这时我才意识到，他把我的姓理解成了很重的意思，我感觉很有趣，这就是孩子特有的一种天性。因此，发生的许多小事会引起我们的思考，那为何不通过教师与孩子之间发生的故事，自我分析和判断自身的观察能力呢？这也是一种自我评估和反省。

我们开展了追逐孩子趣事的活动，从回忆教师与孩子间有趣的事反观我们的观察能力，看似很搞笑的事情，但是笑过背后会引发我们思考儿童和教育。既然教师的观察力那么重要，何不让教师讲一讲发生在孩子生活中哪些趣事呢？也能深度地了解一下教师是不是真的能捕捉到孩子有趣的话题。但当我让老师们讲出这样的有趣的小故事时，出乎我的意料，能够讲出来的寥寥无几，这让我不能理解，老师们不是每天与孩子在一起吗，不是每天都在观察孩子吗,应该老师脑子里的故事是不计其数的,为什么没有精彩的故事,没有滔滔不绝地讲述的趣事呢? 我们一起分析讨论原因:原来老师不知不觉地把孩子很多声音都屏蔽掉了,有些老师自认为一笑而过的事情没有那么重要,当然也就没有放进脑子里,认为不是自己感兴趣的事,认为与自己的工作任务没有相关的信息内容,老师当然会抛脑后……原来是这样,难怪老师们与孩子在一起找不到有意思的趣事呢。

这次追逐孩子趣事的话题让老师意识到,原来听到,看到,想到可不是那么容易的事,虽然每天和孩子在一起,但我们听到孩子说的话却少之又少,这也能折射出我们教师的观察能力也是差得很远。

孩子们无时无刻不在观察着教师的观察。他们其实会观察,其实孩子可以的表现会为我们创造很多观察的机会,幼儿也会随时关注教师的一举一动,一言一行,一颦一笑,孩子的观察和感受能力一直都不亚于老师,只是他们还不会用笔写下来,他们每次见到自己喜欢的人都会向对方叙述自己看到的事情,原原本本,没有任何自己的成见,看来不是老师在写观察记录上出现的困难,问题应该在于教师是否有对儿童的敬畏之心,是否乐于俯身去观察儿童呢,连孩子都能讲出的观察细节,对于教师来讲有什么困难呢,我们平时需要教师记录的观察内容不就是这样的自然观察吗,就是把自己观察到的儿童的表情,行为,语言,反应和乐趣等用叙述性的语言记录下来,并不需要教师的主观判断。

孩子们在观察着我们的观察,他们常常会用试探的方式来关注身边的人和事,我想这也是他们建立自我,认知他人,了解社会规则,建立边界的方式,也就是他们在观察着我们的观察。当孩子的言行得到老师的肯定和追问,这样孩子就会产生与老师之间的积极情感,教师要理解孩子行为的原因,不论是孩子怎样的语言和行为都能够得到教师的回应,教师用研究的眼光,在心中不停追问和思考儿童为什么会有这样的语言和行为时,才能改变过去教化式的方式来判断儿童,这样教师的观察才会客观,也只有这样观察才有意义,教师大量的记录才能对孩子的发展有价值。

观察能力是幼儿教育的基本功,《幼儿园教育指导纲要》在组织与实施部分明确提出:关注幼儿在活动中的表现和反应,敏感的观察他们的需要,及时以适当的方式应答,形成合作探究的师幼互动。观察是教师反思的过程,观察是自己考量对照我们学习的教育学，心理学等专业知识深度分析儿童的过程，观察也是我们照镜子的过程，我们是不是乐于与儿童玩在一起，是不是乐于看到儿童的语言行为并做已记录分析，是不是觉得这些记录和分析对我们指导儿童的策略方法真的有助力，孩子每天都给我们成人很多次的观察机会的，要看我们在意没在意，发现没发现，懂得没懂得。

我们要珍视儿童的天真。教师的观察能力是从儿童的情感投入中来，越长时间地与孩子在一起，我从点点滴滴对孩子的观察中越发敬畏儿童，越发要立志向儿童学习了。老师在孩子的眼里是非常重要的玩伴和朋友，孩子会用自己的方式引起教师的注意，常常会听到班里的孩子讲：老师，我小便好了；老师，我吃完饭了；老师，刚才豆豆把树叶放到兜里了；老师，你在干什么呢？老师，昨天我妈妈带我去动物园了；老师，我们一起来玩捉迷藏的游戏吧……看似没有什么意义的话，甚至会觉得都是一些鸡毛蒜皮的告状、毫无意义的提问、故意地寻求帮助，当然还有突如其来的表白，等这些现在想来都是孩子给予我们教师的信号，只有尊重儿童、欣赏儿童，想进一步了解儿童的老师，才能够抓住儿童释放的信号，才能看得见儿童，愿意去捕捉儿童，才能够把孩子这些所谓的琐事当作乐趣。

就是在这样琐碎的、看似日常的过程中我们才能够理解孩子、欣赏孩子、尊重孩子、让自己也变成孩子。这让我也更加理解了张雪门讲的不能够抹杀儿童特质的观点，他说："人生的生长，不但是求进步，同时还需要维持与保存。"那么我们应该维持和保存的是什么呢？我想一定是儿童时期的烂漫天真、创造心、好奇心、求知欲等美德吧。所以我们教育者在面对孩子们看似无意义的言行举止时，不但不应该把儿童的现在看作"不完备"，还要想法使之继续维持，因为到了成人时反而好奇心和求知欲会逐渐缺乏了呢！有的人还把好奇心与幼稚画上等号，这是我极力反对的，我认为这才是一种思维的倒退呢。当然也只有抱着这样的心境，才能激发儿童对周边事物充满好奇，愿意去乐此不疲地追问和探究。

经常会听到教师应该具有敏锐的观察力，那么教师敏锐的观察能力是怎样拥有的呢？教师的观察力是通过观察方法的学习得来的吗？观察力的习得是通过模仿别的老师得来的吗？观察力是不停地练习观看孩子得来的吗？观察力是通过文本不断的书写得来的吗？我经常会不停地追问自己。

　　教师的观察能力不是一种技巧，我们不能简单地把观察力的培养降低到技术层面，观察力强的教师不仅仅是有好的技巧与方法，而是通过与孩子一起真实实践、全身心的情感投入、愿意俯身与儿童一起游戏的热情激情、每天与孩子游戏的耐心和投入。观察力就是在这样的前提和基础之上习得的。因为有这样的情感为基础，才会乐意去思考下一步要带孩子玩什么？怎么玩？怎样玩才会有价值和意义？追问自己内心的过程需要的就是细心观察和了解儿童。

　　当然教师对儿童的情感是需要表达出来的，针对幼儿园老师来讲表现力是很重要的，爱的表现就是要微笑、就是要拥抱、就是要交流，如果教师说我把爱悄悄地藏在心里，这样是不能够激发出孩子的情感的。在活动中只有教师的情感表现、动作反应和语言交流，才能够把握好恰当的教育契机。适时的介入能力，启发孩子发现问题，协助儿童解决问题，从而让师幼互动更有效。教师能够捕捉到孩子的关注点，积极挖掘到适宜儿童的教育资源，自然生成孩子的游戏内容，采取不同的教育策略，满足儿童的不同的发展需要。

　　观察力的习得需要教师与儿童的心灵互动，需要全神贯注的情感投入，需要教师乐于与儿童玩儿在一起的激情，这样教师自然就会把孩子的各种游戏中的细节关注到、思考到、实践到、影响到，自然也就会创造多种的机会和条件为孩子的发展服务，自然也会生成孩子的游戏内容，采取不同的教育策略，满足儿童的不同的发展需要。

　　我很幸运，在最美的时光里遇见我学生们最初的模样，在一阵阵欢笑声里，在一次次稚嫩的话语中，我观察着他们，也影响着他们。人生路上虽留不住时光，但镌刻的记忆，都会为自己的命运之画上美好的色彩。

　　我感恩于伟大的时代，是习近平总书记擘画的"幼有所教"蓝图，为我们撑起了办好人民满意学前教育的伟大梦想；我感恩于纯朴的家长朋友，是他们把全家人的希望和信任托付给我们，支持和鼓励我们全心全意奉献教育、服务社会；我感恩于天真烂漫的孩子，他们是祖国的未来，是幼儿园发展的希望，是他们给了我们生命中最美的记忆！

　　工作的每一天都被浓浓的爱意包围，被深深的情怀感染。每当看到孩子们脸上绽放笑容，我想，这就是我存在的全部意义。

参 考 文 献

［1］何伏春，李丹丹.游戏在幼儿教育中的重要性及应用策略实践［C］//廊坊市应用经济学会.社会发展——跨越时空 经济基础论文集.

［2］宣莹.学前教育对幼儿个性发展的重要性研究［J］.新智慧，2023（01）：80—82.

［3］张丽.游戏在幼儿教育中的重要性及应用［J］.学园，2022，15（36）：90—92.

［4］王晴语，康永祥.回归生活世界：儿童角色游戏指导的应然取向［J］.教育理论与实践，2022，42（35）：57—61.

［5］肖娟.在幼儿教育中应用自主游戏的重要性及策略分析［J］.天天爱科学（教育前沿），2022（12）：7—9.

［6］吕如心.角色游戏中幼儿角色选择现状的调查研究［D］.山西大学，2022.

［7］沈幼娣.论钢琴伴奏在中职学前教育专业声乐教学中的重要性［J］.戏剧之家，2022（32）：108—110.

［8］周秀娟.浅谈德育教学在幼儿教育中的重要性［J］.天天爱科学（教育前沿），2022（11）：22—24.

［9］陈嘉.高职学前教育专业课程思政协同育人的重要性［J］.新课程，2022（38）：4—5.

［10］赵晶.高校幼儿园园所文化建设探究［J］.教育家，2022（38）：62.

［11］郭莹莹.区域游戏在幼儿教育中的重要性及其开展策略［J］.新课程研究，2022（26）：99—101.

［12］从梦滢.高职学前教育专业学生音乐素质培养的重要性与有效策略［J］.戏剧之家，2022（21）：187—189.

［13］杨阳.论学前教育专业舞蹈基本功的重要性及训练方法［J］.尚舞，2022（14）：159—161.

［14］许丽熔.学前教育中游戏教学的重要性［C］//中国智慧工程研究会智能学习与创新研究工作委员会.2022双减政策背景下的学前教育发展重庆论坛论文集.2022双减政策背景下的学前教育发展重庆论坛论文集，2022：695—698.

［15］郝中豹.从现实走向美——论写生在高职高专学前教育专业美术课程中的重要性［J］.才智，2022（17）：55—58.

［16］孙悦.游戏在幼儿教育中的重要性及应用策略［J］.新智慧，2022（16）：70—71.

［17］黎露.角色游戏中幼儿深度学习及影响因素研究［D］.广州大学，2022.

［18］李玉婧.深度学习视域下大班角色游戏中教师支持策略研究［D］.山东师范大学，2022.

［19］耿念念.小班幼儿角色游戏中同伴模仿行为研究［D］.山东师范大学，2022.

［20］程绘绘.同龄、混龄班幼儿角色游戏活动中同伴合作行为的比较研究［D］.广西师范大学，2022.

［21］孙倩.幼儿园新手教师角色游戏中的教师介入行为研究［D］.辽宁师范大学，2022.

［22］何丹.角色游戏情境下大班幼儿同伴互动的现状研究［D］.江西科技师范大学，2022.

［23］梁梦凡.角色游戏促进大班幼儿自主性发展的行动研究［D］.江西科技师范大学，2022.